Carmen Sáez Buenaventura

¿La liberación era esto?
Mujeres, vidas y crisis

Colección Fin de Siglo Serie Mayor / 45

Carmen Sáez Buenaventura

¿La liberación era esto? Mujeres, vidas y crisis

EDICIONES TEMAS DE HOY

Colección: FIN DE SIGLO SERIE MAYOR

Paseo de la Castellana, 93. 28046 Madrid
Diseño de cubierta: Bravo Lofish
Fotografía de cubierta: A.G.E. Fotostock
Primera edición: octubre de 1993
ISBN: 84-7880-308-4
Depósito legal: M. 26.222-1993
Compuesto en Fernández Ciudad, S. L.
Impreso en Grafiris Impresores, S. A.
Printed in Spain - Impreso en España

INDICE

A la memoria de Carmen Buenaventura
y Pedro Sáez, mis padres.
Para Bruno y Brenda, mis hijos.

PRE-TEXTO

Es muy frecuente que al emprender la tarea de escribir un libro, cuando todos los folios —desde su blancura— nos desafían y nos acobardan y comenzamos a hilvanar las frases iniciales del primero, nos preguntemos con insistencia el porqué de acometer tarea semejante, con todo lo que implica de placer y desasosiego a un tiempo.

En el fondo, creo que subyace la ineludible necesidad de hacerlo, resumen sin duda de otras muchas y diversas; inconscientes unas, más conscientes otras tales como la atención, el afecto, la pervivencia, la comunicación y tantas más. Pero también, de manera intensa y permanente, existe la necesidad de clarificación de quien escribe con respecto a una serie de cuestiones, ideas u opiniones que, plasmadas sobre el papel, irá modelando poco a poco, hasta que le resulten más inteligibles y aceptables, en cuyo caso se hace deseable que otras personas las reciban, ya editadas, para utilizarlas del modo que prefieran.

Por lo que respecta a la autora de estas páginas, subyace el interés y la necesidad de continuar una tarea de reflexión y divulgación sobre cuestiones que conciernen a las mujeres y sus avatares en general, así como sobre los más específicos de «lo psíquico» y/o «lo emocional», reflexión iniciada hacia 1975, de la mano como he dicho siempre de otras mujeres feministas españolas y de algunas de fuera de nuestro territorio, aliadas en el quehacer y la teorización, desde una perspectiva crítica, de la realidad de nuestro colectivo y de nosotras mismas en un mundo o sistema que durante tantos siglos se creyó pertenecía a otros.

La necesidad de escribir sobre las crisis comunes de la vida cotidiana cristalizó de algún modo hace unos seis o siete años, más concretamente al regreso de las Jornadas Internacionales Latinoamericanas sobre «Mujer y Salud» de 1987 en San José de Costa Rica, punto de encuentro de más de mil mujeres de todas las latitudes y colores imaginables, entre las que también acudieron algunos niños y niñas, e incluso ancianas.

El proyecto fue posponiéndose por diversas circunstancias, pero en el intervalo sufrió una mutación: la idea inicial de dedicarlo a las crisis, en una forma de vida que respecto a las mujeres solemos llamar tradicional, «pedía» ser abordada con un intento de visión transgeneracional y que abarcase tanto a las jóvenes —bastante diferentes hoy a las de hace medio siglo— como a las que lo cumplen o desbordan en los momentos actuales en nuestro país.

La referencia a las mujeres de los estratos socioeconómicos de tipo medio y de ámbito urbano se debe, sobre todo, a la consideración de que en esta amplia franja de población, si bien no sólo en ella, es donde en los últimos lustros se han producido cambios considerables en muchas costumbres, proyectos, realizaciones, fantasías o deseos cotidianos de manera más rápida y llamativa que en décadas anteriores, tratándose además, desde mi punto de vista, de un estrato social más transitivo y fronterizo entre los más depauperados y privilegiados. A tenor de todo ello también aparece y se concitan nuevos temores, frustraciones, incertidumbres y conflictos, que, por lo escasamente conocidos o por lo insospechados, en muchas ocasiones pueden sentirse no sólo como turbadores, sino supuestamente infranqueables para las personas que los viven.

El planteamiento de los diferentes capítulos por décadas ha sido motivado fundamentalmente porque en esas etapas se conjugan, a mi modo de ver, entre otras muchas variables, las posibilidades ofrecidas/restringidas por el momento biológico individual y el social que, con sus calendarios, propician modulaciones fundamentales en el proceso de socialización y transmisión del legado cultural, creando una vivencia del tiempo interior, particularmente sentida desde el punto de vista subjetivo por un gran número de personas y que, por lo que se refiere a las mujeres, me ha sido posible constatar en un sinnúmero de ocasiones a través de la formulación de su propio sentir.

Estas etapas han sido tratadas siguiendo el tipo de ciclo vital predominante, aludiendo en lo posible a las variaciones más frecuentes en la actualidad en torno al mismo y de las que también, desde el punto de vista sociológico y no sólo individual, tenemos datos más o menos fiables por el momento.

He intentado no eludir en la medida de lo posible las intersecciones más frecuentes del ciclo vital con el llamado ciclo vital familiar, que si bien es considerado comúnmente como iniciado a partir de la constitución de la familia (matrimonio o equivalente) y finalizado con la muerte de uno de los miembros de la pareja, aquí intentamos contemplarlo a través de varias generaciones y no más allá del acercamiento a la vejez oficial, de la mayor a que nos referimos.

Al mismo tiempo, utilizar la familia como referente fundamental, no sólo ha sido motivado por el hecho de que continúa siendo la forma más común de convivencia, sino además por la propia transición y los cambios experimentados en cuanto a la mujer española de las capas medias se refiere en lo que va de siglo, dando lugar a nuevos tipos de familias, más o menos institucionalizadas, en las postrimerías en que nos hallamos, todo lo cual comporta conflictos nuevos a la par que nuevas opciones.

La intencionalidad y el fin de este libro no son en absoluto predictivos, sino descriptivos más bien, por lo que a las situaciones de crisis y las personas se refiere.

La forma de decir lo que pretendía ha sido la tarea más incitante por lo nueva en mi modo de hacer. Desearía haber acertado con un modo de comunicación que haga asequibles estas páginas al mayor número de mujeres y de hombres a quienes se dirigen. Porque también están los hombres. He querido y he necesitado que estuvieran junto con las mujeres, no como protagonistas en esta ocasión de los capítulos, sino inmersos en ellos formando parte de la trama general de la vida cotidiana de todas las personas, en todos los lugares, con interrelaciones mutuas de la más diversa índole, desde el nacimiento hasta la muerte. Me complacería mucho saber que algo de lo que aquí se dice pueda serles de utilidad para sí mismos y para su relación con las distintas mujeres con quienes traten, de una u otra forma, a lo largo de sus vidas.

Los elementos con que he contado para intentar el logro de este cometido han sido sobre todo, además de una dilatada experiencia profesional, que me ha permitido conocer a gran número de mujeres en momentos críticos de sus vidas, la observación de situaciones similares en el ámbito no sólo amical, sino laboral y de relaciones de índole diversa que constituyen mi propia cotidianidad, no exenta de crisis, por supuesto, en su transcurso hasta la actualidad. Parte de mi bagaje lo constituyen también los libros y escritos de otras mujeres y hombres preocupados por cuestiones similares a las aquí tratadas, además de la confianza editorial en este proyecto de otra mujer, a la que me siento sinceramente agradecida.

Mi mayor deseo es que las siguientes páginas puedan ser de ayuda, esclarecimiento o estímulo en algún momento a quienes les dediquen su atención.

PRIMERA PARTE
LAS CRISIS

ORÍGENES Y SIGNIFICACIÓN DE LAS CRISIS

El término «crisis» es ya por sí mismo muy particular en nuestro idioma: es singular y plural al mismo tiempo, lo cual explica e implica a la vez la esencia de lo que intentaremos desarrollar.

«Crisis» nos remite generalmente al concepto de algo que experimenta o denota un cambio muy marcado, tanto, que parece quebrar la estructura o el discurrir habitual de ese «algo», bien sea éste la vida de un individuo o un colectivo, un determinado ámbito o sector, tanto perteneciente a un orden más bien ideológico, pragmático o ambos, bien sea que afecte la marcha de un país, determinadas áreas de nuestro planeta, etc.

Parece que si bien la historia pudiera ser vista como la sucesión de una serie de crisis de la más diversa índole y a los niveles más distintos de la galaxia en que los seres humanos habitamos y la resolución más o menos satisfactoria de las mismas, hoy como ayer (y me refiero sobre todo al «ayer» de los comienzos de este siglo) nuestro mundo se encuentra sacudido por cambios que, gestados tiempo antes, muestran su faz visible de forma un tanto brusca o inesperada para la mayoría de quienes permanecemos alejados e ignorantes de semejantes procesos, que al suceder, parecen cogernos de improviso y un tanto ayunos de recursos para superarlos y reanudar la marcha de los acontecimientos, evitando así que se produzcan fracturas irreparables y que éstas puedan dar lugar al derrumbe o muerte del sistema en que aparecen, sin posibilidad ya de recuperación alguna.

Así, en los últimos años y cada vez con más frecuencia, vivimos, hablamos y oímos hablar de crisis económicas, políticas, ideológicas y de valores que, como grandes enunciados, nos remiten indefectiblemente a las personas y las formas de convivencia entre ellas, desde las más próximas e inmediatas, como pueden ser la pareja o familia con sus diversidades, a otras más complejas y elaboradas, tanto de la vida civil como de los aspectos político-administrativos de mayor o menor envergadura.

Pero comoquiera que sea, ya se trate de la crisis de una persona conocida o amiga, ya de una empresa o negocio, ya del gobierno de un país, de un determinado ecosistema, etc., en el origen de todas ellas encontraremos la existencia de *cambios*, sobrevenidos más o menos consciente o involuntariamente y en su trasfondo, *intereses en conflicto.*

Cambios y crisis

Sólo a quien posea un concepto estático o fijo de la vida o de determinadas etapas de ella puede resultarle extraña la afirmación de que ésta es la consecuencia de transformaciones y cambios constantes desde el punto de vista biopsíquico y social. Parafraseando a Ortega y Gasset, la interpretación de la vida que tenía el hombre antiguo, en rigor, anulaba la historia, pues para él la existencia consistía en ir pasando cosas; los acontecimientos históricos eran contingencias exteriores que caían sucesivamente sobre un determinado individuo o pueblo.

Nuestra idea actual de lo que es la vida está muy relacionada con una serie de hechos regidos por leyes determinadas, los cuales ha ido coligiendo y estructurando nuestra especie también a lo largo de su historia y mediante las cuales no sólo trata de comprender los fenómenos que le son propios, sino de prever las posibles consecuencias del hecho de vivir. Cambio y permanencia serían las fuentes básicas, gracias a las cuales la vida discurre, al tiempo que desde que comienza a ser vida humana van adquiriendo características propias en cada persona, según el tipo de socialización de que es tributaria, dados los diversos estatus de pertenencia (sexo, clase, etnia, etc.) y sus respuestas específicas, lo que da lugar a la elaboración de unos ciertos «estilos vitales» personales, exclusivos e irrepetibles en cuanto a individualidades se refiere.

Los cambios de mayor o menor magnitud suelen presentarse, consciente o inconscientemente, cuando una situación —sea cual sea su transcendencia o índole— se hace insostenible. Así, no se suele cambiar de casa, pareja, opinión, trabajo o incluso vestidos, a menos que la continuidad con alguno de ellos suponga incomodidad, inadecuación o sufrimiento, o bien se haya creído encontrar sustituciones a las mismas, que parecen más favorables o ventajosas y que por muy diversas razones anuncian mayores posibilidades de bienestar. En este sentido, conviene recordar que la rutina o las rutinas que forman parte de la vida de todas las personas no son sino la costumbre de hacer una cierta cosa o hacerla de cierta manera, que se sigue manteniendo aunque ya no haya razón para ello e incluso la haya en contra.

De cualquier manera, todo cambio, incluso el que aparezca como más satisfactorio, está lleno de incertidumbres y posibles riesgos, pues conduce hacia situaciones desconocidas que, por serlo y por muy atractivas que puedan presentársenos, no dejan de crear temores y miedos simultáneamente. Un ejemplo demostrativo de ello y que ilustra nuestros primeros pasos en la vida es precisamente el que proporciona la observación de niñas y niños al comenzar a caminar: en ellos es visible el alborozo y el temor con que, una vez logran ponerse en pie y mantener por unos momentos el equilibrio en posición erecta, inician una todavía torpe carrerilla hacia los brazos de la persona que les incita a la marcha o hacia el lugar de la habitación a que desean llegar, lo cual no realizan en muchas ocasiones en un solo recorrido, sino a través de intentos más o menos numerosos y afortunados, habiendo quienes desisten en lograr la meta propuesta por algún tiempo, si la experiencia ha resultado excesivamente traumática en cualquier aspecto, o quienes se muestran notablemente felices al alcanzarlo tras mayores o menores dificultades a lo largo del acontecimiento.

En este ejemplo se deduce que la permanencia en posición supina o sentada resulta cada vez menos satisfactoria para las criaturas a través de determinada etapa de su desarrollo musculoesquelético, cerebral y emocional, a la vez que los estímulos del entorno, atractivos aunque también temibles, los animan a iniciar un cambio de posición en el espacio, logrando asegurarse en otro tipo de permanencia (la bipedestación), a partir de la cual se emprende un nuevo cambio como es la marcha. Cabe suponer, que aunque no solamos recordar semejante proceso de nuestras vidas, debe tener seguramente todas las características de una gran aventura que, transitada y consolidada por hacerse permanente y automatizada, permitirá la tentativa hacia otras posteriores. En todas ellas estarán en juego tanto los aspectos psicofísicos (cuerpo y emociones) que nos remiten a un tipo de capacidad y de sentimiento de vitalidad determinada como los psicosociales, derivados de la interacción constante y mutua con nuestro entorno, el cual contribuye a nuestra conformación o socialización, a la vez que contribuimos e influimos en él también permanentemente y como agentes socializadores al mismo tiempo.

Pero cuando nos referimos a cambios lo hacemos también a aquellos menos visibles o ajenos por completo a su percepción desde el exterior, que corresponden a nuestro «espacio interno» y que pueden ser evidentes para nosotros (resolución de un problema mediante la reflexión o inicio de una molestia o dolor físico), o bien pasar totalmente desapercibidos (momento en que se produce una ovulación, circunstancia que pudo trastocar nuestro estado de ánimo, etc.). Asimismo somos conscientes de la existencia de un «tiempo interior» diferente al exterior, medido y controlado de manera fija y pautada a través de relojes, agendas y calendarios, pero que, vivido personalmente, puede convertir unos minutos en horas (como la espera del médico) durante la gravedad de un ser querido o los días en segundos (cuando realizamos una actividad que nos entusiasma especialmente). Pues bien, este tiempo sufre asimismo especiales transformaciones, a través de distintas épocas, cambios y sobre todo de crisis.

Pero así como decíamos que las crisis tienen su origen en los cambios, no todos éstos tienen un desenlace crítico. Los cambios, sean más o menos deseados o temidos, resultarán menos problemáticos para las personas cuanto más tolerantes y adaptables sean éstas a los riesgos y los imprevistos, siempre que los imprevistos y los riesgos no sobrepasen excesivamente esas posibilidades de adecuación y flexibilidad personales, lo que no sólo está en consonancia con el tipo de personalidad «rígida» y «estática» o «plástica» y «adaptable», sino con las características de los acontecimientos o las circunstancias externas que puedan acaecer en determinados momentos de la vida y que a veces son considerados como catastróficos, por significar una agresión de magnitud insoportable para la integridad o el sentimiento de identidad de personas que han asimilado, sin especiales conmociones, otros cambios importantes en sus biografías, aunque no de semejantes proporciones (tortura, ataques violentos contra la propia vida, cataclismos bélicos, ecológicos, etc.).

La mayor o menor capacidad para experimentar los cambios se verá influida también por las expectativas o las consecuencias que se esperen de ellos, en tanto aquéllas sean más o menos adecuadas a los resultados comunes que de ellos suelen derivarse, o que, por el contrario, se hayan magnificado o idealizado a tal extremo, por parte de quienes esperan, que cualquier resultado frustrará tan desmedidas esperanzas. Esa mayor o menor capacidad de previsión tiene que ver, no sólo con la posibilidad de autoconocimiento y recuerdo de las propias reacciones respecto a cambios previamente experimentados por uno mismo u otras personas afines, sino por lo novedoso de la experiencia de cambio en general para la mayoría, así como por la mitificación o idealización social de alguno de ellos, elaborada por el imaginario colectivo. Así, suele haber más capacidad de previsión cuanto más avanzados estemos en nuestro desarrollo personal (etapas medias o aún más avanzadas de la vida). De manera similar, los pioneros en determinados cambios carecen del referente que arroja la vulgarización o popularización de esas mismas experiencias cuando se convierten en comunes o mayoritarias y su «realidad» será menos «real» cuanto más se haya llevado a cabo sobre todo desde la teoría de los que observan los fenómenos alejados de la experiencia de lo que *son*, es decir, desde la inmersión en el baño de lo cotidiano.

Todos estos factores y algunos más sin duda contribuyen a la hora de experimentar un cambio como una transformación gratificante, aunque no exenta de incomodidades en determinados casos como un paso que una vez iniciado nos deja suspendidos, bloqueados o paralizados durante un tiempo en otros muchos o como una situación que parece dar al traste con todo lo conocido hasta el momento de nosotros mismos y nuestro entorno, lo cual da la impresión de un derrumbe vital o la pérdida de la estabilidad psicológica mantenida hasta el momento. Ante la vivencia más o menos prolongada de un sentimiento de fragmentación y pérdida de la totalidad que fuimos, a la vez que la desaparición de los puntos de referencia que hasta entonces nos fueron útiles, sin duda podemos afirmar que la persona se halla en crisis.

De lo apuntado hasta el momento han quedado al margen otras circunstancias que pueden resultar especialmente críticas y que parecerían contradictorias, sin serlo, con lo que hasta ahora acabamos de plantear. Me estoy refiriendo a aquéllas en que la permanencia o la persistencia aparente en «lo de siempre», en las rutinas, parecen ir minando la vitalidad, la perspectiva de futuro, creando una especie de estancamiento, de agostamiento vital, que se asemeja a un estado agónico que por no desembocar en nada, ni siquiera en la muerte, socavan y terminan por convertir en inservible el estadio precedente, fragilizado a fuerza del desgaste a que la reiteración cotidiana le han sometido. La contradicción en estos casos es sólo aparente; el cambio interno, traducido en el inicio de la crisis está en marcha, ya que de no ser así, la persona en cuestión no percibiría como lesiva o insoportable la rutinización permanente en que se encuentra y que hace insostenible su situación vital. Podríamos denominarlas «crisis por pasividad», en las que sin sufrir cambio externo aparente o llamativo sí se produce en lo que respecta a instancias interiores (deseos, fantasías, necesidades, etc.), externas (cambios y evolución de personas allegadas y/o afines, presiones e influencias intergeneracionales, etc.) y también biofisiológicas (ligadas a la imagen y la autopercepción corporal incluso), todo lo cual pone de manifiesto consciente o inconscientemente la ingratitud y la insoportabilidad de esa forma de vida durante más tiempo.

Dado que nos estamos refiriendo constantemente a conceptos como «persistencia», «cambio» y «situaciones críticas», y asimismo repetidamente mencionamos el transcurso o ciclo vital personal, debemos detenernos, por un momento, en un fenómeno o característica fundamental en la especie humana en la cual coinciden todos los aspectos o conceptos anteriores: la identidad personal.

Ha cabido a Erik H. Erikson el mérito de ser uno de los autores que con mayor interés y dedicación ha reflexionado sobre las crisis de identidad, significando sus aportaciones al respecto una referencia obligada, si bien corresponde a quienes nos ocupamos de lo que acontece a las mujeres matizar, y si es posible ampliar, algunos aspectos, en cuanto a lo que a ellas concierne.

De forma muy sencilla podemos aludir al concepto de identidad, sobre el que existen numerosas revisiones, como *el sentimiento-reconocimiento subjetivo de uno mismo a través de una cierta continuidad personal, ligada e interrelacionada con cierta creencia en la identidad y la continuidad de una determinada imagen del mundo compartida,* sentimiento que presenta, si bien con fluctuaciones, vaivenes y a veces rodeos, una especie de columna vertebral o hilo conductor que nos permite considerarnos como unidad-individualidad característica y específica, a nuestros propios ojos, ya sea desde una perspectiva física o psíquica.

El *quid* de la cuestión, en tanto que mujeres, quizás estriba fundamentalmente, por un lado, en nuestra peculiar biofisiología y por otro, pero estrechamente ligado a ella, precisamente en esa «creencia en la identidad y la continuidad de una determinada imagen del mundo compartida». Y es que, a lo largo de este siglo, estamos asistiendo como espectadoras y actoras en nuestro país a un hecho no exclusivo de éste ni de la actual centuria, pero que en ella resulta especialmente llamativo para las españolas y sobre todo para aquéllas de las que nos ocuparemos en estas páginas, y es que en unas más que en otras, pero en todas, el reconocimiento subjetivo de sí mismas está relacionado con una imagen compartida del entorno y de los demás, que las incluye en él como copartícipes, a la vez que comienzan a percibirlo en alguna medida como suyo, bien en su totalidad, bien en muchas de sus áreas. Ya no son invitadas, intrusas o extranjeras en un reducto apartado, aunque aún la diversificación existente en el tipo de socialización masculina o femenina les haga sentirlo así muchas veces, pero en otras muchas también se sienten propietarias, y responsables del mismo en consecuencia.

Por ello, frente al concepto de identidad femenina esencialista fraguado con antelación, pero consolidado en el siglo XIX, la acepción que me parece más pertinente y adecuada al momento actual fue la expresada en 1985 en las conclusiones de las I Jornadas sobre Mujer y Salud Mental, a través del acuerdo de las más de doscientas participantes allí reunidas de edades muy diversas, provenientes de distintos lugares de nuestro país y que en resumen venían a cuestionar las «ideas (presupuestos) reduccionistas que consideran el psiquismo de las mujeres, derivado exclusivamente de su biología y anatomía, hecho ampliamente contestado mediante los cambios experimentados por la "condición femenina" en las últimas décadas; en consecuencia, la identidad de la mujer no es algo creado *a priori*, sino el resultado de una búsqueda constante que posibilite el nacimiento de un individuo satisfecho de sí mismo a través de logros diversos».

En las crisis este sentido de autorreconocimiento, de percepción de que una es quien transita consigo misma a través de las coordenadas vitales que son el tiempo y el espacio, parece romperse, quedar anulado o suspendido durante una etapa más o menos prolongada, en la que se experimentan sensaciones contradictorias de sufrimiento, confusión, gran vulnerabilidad, ausencia de metas o proyectos, o bien grandes expectativas de futuro, así como incapacidad para manejar ese caos que incluye todo y que se presenta muchas veces como lo más parecido a la muerte que un ser vivo puede imaginar. Este estado anula durante un tiempo o invisibiliza los intereses en conflicto, que permanecen en el trasfondo de la crisis, originándola, pero borrados o bloqueados a la conciencia.

Las crisis, como apunta E. Erikson, suelen aparecer o ser características en periodos de desarrollo en los que se dan condiciones somáticas, cognoscitivas y sociales particulares, de donde se infiere que su solución, al igual que su origen, depende de factores *psicobiológicos*, pero las circunstancias *psicosociales* pueden abreviarlas o prolongarlas. En este segundo caso, aunque se prolongue el sufrimiento, no tiene por qué ser de manera infructuosa, pues ello puede tener lugar cuando las características peculiares de la persona requieran una búsqueda prolongada del marco ideológico y ocupacional necesario, o también, cuando el cambio histórico obliga a posponer el compromiso con la etapa siguiente, intuida, prevista o deseada.

Al igual que el sentimiento de identidad depende en gran parte del pasado, como fuente de importantes identificaciones producidas durante la infancia a través de los modelos parentales (madre, padre o sustitutos), familiares y del grupo más o menos amplio de pertenencia, también se basa y va elaborándose mediante los nuevos modelos encontrados, no sólo en la juventud, sino a lo largo de todas las etapas de la vida, lo que alude a cómo la historia personal (historiobiografía) se encuentra entretejida con el proceso histórico general.

Sin embargo, es preciso subrayar que tanto el concepto como el sentimiento y la expresión de la identidad abarcan los aspectos conocidos y conscientes, positivos y negativos, así como aquellos otros que, por conocidos y no gratos a nuestros ojos ni a los ajenos, tratamos de ocultar, además de un acervo de otros desconocidos, inconscientes, ignorados en nosotros a base del sepultamiento a que fueron paulatinamente sometidos en el proceso de socialización, por considerarse inadecuados según el sexo, la clase, la etnia, la religión y otros estatus de pertenencia de cada individuo. En las crisis, el caos en que la persona se encuentra sumergida, es tanto más ingobernable a veces, a consecuencia del surgimiento de estos aspectos ignotos, pero que también la conforman y que hacen acto de presencia en el escenario complejo y abigarrado de la convulsión vital crítica. Esos son los *intereses en conflicto* que mencionaba con anterioridad y que contribuyen a aumentar la perplejidad y el no autorreconocimiento, al evidenciar deseos, impulsos, actitudes o necesidades, que siendo propios, han venido negándose e ignorándose de una u otra forma, sobre todo cuando se trata de aquéllos que socialmente se prohíben como no lícitos y se castigan, por igual motivo, si se ponen de manifiesto libremente.

No obstante, tanto a nivel social como individual, forman la cara oculta, pero cara al fin aunque olvidada, de lo que también somos como especie y como personas concretas.

Pretendemos afirmar, por tanto, que en las crisis se manifiesta todo cuanto somos, *todos* los ingredientes que nos conforman como si hubiera tenido lugar la ruptura de los diques o las compuertas que mantienen unos elementos separados de otros, jerarquizados según un orden más o menos aceptable para cada uno y para la mayoría del entorno. Por ello la resolución de las crisis traerá consigo, en el mejor de los casos, la reacomodación de aquellos fragmentos inconexos, con un ordenamiento nuevo, o al menos un tanto distinto, que se hace necesario para salir de un estadio e iniciar otro, que siempre llevará «algo viejo, algo nuevo, algo prestado, algo azul» como es característico en el atuendo de la novia el día de la boda, época de transición y crisis en la vida de cualquiera.

«*Vivere militare est*», decía nuestro Séneca. En nuestro tiempo, el «tema» de las mujeres es, en resumidas cuentas, la consciencia más o menos aguda, más o menos permanente de hallarse en un dilema histórico y personal. Aceptarlo es en realidad combatir desde uno de los lados de la trinchera así creada. Difícil o imposible es tomar partido en una lucha que ya se ha resuelto en nuestro interior; por eso, cada generación combate sus combates y dentro de cada una de ellas, cada mujer los suyos.

Las crisis como acontecimientos habituales de la vida cotidiana

Según lo anteriormente dicho, podemos afirmar que las crisis vitales no son catástrofes sobrevenidas fatal o casualmente, o a consecuencia de incapacidades individuales, sino más bien hitos fundamentales de nuestras vidas, necesarios incluso como procesos mediante los cuales se metaboliza una serie de circunstancias procedentes de las distintas *líneas* o *perfiles* que se entretejen formando el cuadro de la vida humana. Inevitables unos, como el perfil temporal o cronológico y el sexual; evitables otros, como el matrimonio, la elección o el mantenimiento de una determinada profesión, y probables, la mayor parte de ellos, aunque en diverso grado, de acuerdo a las «estructuras normativas y de oportunidad» como nos recuerda K. J. Smelser entre otros, el entrelazamiento complejo y diversisímo de todos ellos, crea el verdadero contenido y continente de la cotidianidad.

Mediante los procesos críticos puede tener lugar un enriquecimiento personal gracias al rescate y a la aceptación de una serie de cualidades tanto negativas como positivas, pero controladas, rechazadas, sustraídas y negadas como componentes de nuestra personalidad o estructura individual y que, retomadas y reincorporadas, bajo la luz de la conciencia, no sólo permiten un autoconocimiento más adecuado y cabal, sino a la vez el desarrollo de una serie de capacidades o posibilidades entorpecidas o impedidas hasta entonces.

El hecho de que el sujeto sufra más o menos durante las crisis y que precisamente suceda en sociedades que, como también la nuestra, tienden a negar de forma progresiva el dolor y el sufrimiento como elementos constitutivos de la existencia humana, asimilándolos cada vez más a la enfermedad, a través de la medicalización constante de la vida cotidiana, trae consigo varias consecuencias: una es que el propio sujeto confuso, dolido y asustado, tiende a buscar ayuda para terminar cuanto antes con esa situación desagradable o angustiosa; otra puede ser que con una frecuencia y rapidez extremas busque alivio en los circuitos públicos de atención a la enfermedad, lo que es mayoritario en las capas medias, o privados en un segundo término; en tercer lugar suele suceder que tanto en uno como en otro sector, los profesionales que se autodefinen como eficaces y modernos tienden a erradicar los síntomas lo antes posible, lo que sin duda les ahorra tiempo y energías, reportándoles a la vez una imagen de técnicos eficientes, pero que, con respecto a la persona en situaciones críticas, les priva de la ayuda necesaria para conocer el porqué de su inquietud interior y, tal vez, de la necesaria compañía, en tanto logran acceder a la nueva etapa que aquélla está anunciando.

«Muerto el perro se acabó la rabia.» Un antitérmico puede aminorar o atacar la fiebre por el momento, sin que por ello debamos creer que haya desaparecido el proceso que la produjo y que si continúa en marcha, se hará notar de nuevo con las mismas señales u otras, que evidenciarán su existencia y la necesidad de una atención más amplia y comprensiva del fenómeno general que está teniendo lugar y cuya primera señal fue la fiebre anunciadora.

Algo similar sucede con las crisis del ciclo vital. Por ello es útil saber que determinados periodos de la vida son especialmente delicados, ya que en ellos confluyen, conformándolos, multitud de exigencias externas e internas, diversas, complejas y contradictorias, que acrecientan la vulnerabilidad personal, quizá en momentos que convertidos incluso, a través de la tradición y del ideario sociales en aquéllos de los que deben esperarse mayores venturas y gratificaciones, significan para determinadas gentes todo lo contrario.

En consecuencia, la crisis vivida y entendida como síntoma o signo de cambio y evolución personales permitirá, tras un cierto tiempo, la recuperación de una identidad más compleja, pero también más rica y gratificante.

Aunque a lo largo de la segunda mitad de este siglo diversos autores y autoras han dedicado en mayor o menor medida sus trabajos a las crisis vitales y ello también desde distintos enfoques, la mayor parte de la literatura existente o bien tiende a dedicar especial atención a la adolescencia y la etapa juvenil, o bien se centra sobre todo en la edad adulta más o menos avanzada. Tanto unos como otros adolecen generalmente de no dedicar una atención prioritaria a las mujeres, sino que suelen ocuparse de ellas como consecuencia de los hallazgos en el camino de focalizar su interés hacia los hombres, lo que produce opacidades, solapamientos u homologaciones poco rigurosas en cuanto a la reflexión deseable respecto a aquéllas.

Y sin embargo, comoquiera que hasta hoy la socialización genérica diversifica a los humanos desde el nacimiento y la pertenencia a uno de los sexos biológicos mayoritarios, de forma que tanto desde el punto de vista intelectual, emocional y actitudinal contribuye a elaborar, en interacción con una biofisiología determinada (de macho o hembra humanos) entidades individuales orientadas, tanto desde el punto de vista afectivo como instrumental, hacia intereses bastante diferentes, cuando no antiéticos, respecto a deseos, emociones, actitudes y habilidades para desarrollarlas, etc., a consecuencia de todo ello cabe esperar no sólo que el ciclo evolutivo vital de las mujeres se rija por un «calendario» en cierto modo distinto al de los hombres, sino que las páginas críticas del mismo tampoco correspondan a «fechas» similares en la cotidianidad de ambos; ni, por último, que tales circunstancias o etapas críticas se expresen de igual manera por parte de unas y de otros.

No obstante, potencialidades y capacidades similares en niñas y niños recién nacidos, el llegar a ser hombres o mujeres en una sociedad como la nuestra, común a tantas otras, parece ser a costa de eludir, censurar y censurarse, prohibir y prohibirse desarrollar al máximo posible un determinado repertorio de ellas, a la vez que servir de cultivo y ser cultivadores de las más aceptadas, auspiciadas y reconocidas socialmente como prototípicas de «lo femenino» y «lo masculino», según se trate de mujeres o de hombres respectivamente.

Aunque se trate de una cuestión polémica, opino que las capacidades no desarrolladas, cohibidas o silenciadas no dejan de encontrarse en germen por formar parte de «lo humano», germen que brotará o no según se le dedique cuidado o atención o, por el contrario, se olvide o se abandone totalmente.

En este sentido, cuando mediada la vida o quizá más tarde, muchas mujeres vuelven la vista atrás y repasan con la memoria proyectos o fantasías que les parecieron disparates de la infancia o de la juventud, por no corresponder entonces a lo que una niña «normal» debía desear, por ser impropio de lo que se supone deben soñar las niñas que serán las mujeres de mañana, algunas suelen observar, no sin cierto asombro, que muchas fructificaron con el tiempo a pesar de todo y que, respecto a otras, se abriga el sentimiento vago de que nunca verán la luz o quizá esperen su turno todavía.

También las hay que ni siquiera recuerdan aquellos sueños o que, aun recordándolos lo experimentan o viven como si se tratara de recordar difuntos enterrados antes de haberlos conocido, lo cual no suele dejar más que una cierta nostalgia de pérdida desconocida, un vacío extraño e inefable.

De una u otra forma, junto a esta tendencia socializadora todavía masiva, que hace de las niñas mujeres vicariantes, cuidadoras y valedoras de cuantos les rodean, entre las generaciones actuales más jóvenes con más certeza y quizá sólo intuido más o menos en las de más edad, se sabe que «la pareja, la casa y los hijos son muy importantes, pero no lo son todo» y menos aún la vida entera. A través de las jóvenes y las de edades intermedias, las etapas críticas devendrán en consonancia con circunstancias en que más intensas resulten las exigencias emocionales, en contradicción con las derivadas de su desenvolvimiento en el ámbito público, todavía problemático y conflictivo como lugar para las mujeres; todo ello adquirirá aún mayores proporciones, si resulta subrayado por circunstancias o procesos de tipo biopsíquico de relevancia especial, tanto desde el punto de vista social como individual.

En contrapartida y de manera simplificada, si al niño que debe convertirse en hombre «normal» se le disciplina consciente e inconscientemente para que logre ser la antítesis de las niñas-mujeres, es fácil comprender que las etapas críticas de su ciclo vital sean más coincidentes con aquellos hitos en que debe demostrar una masculinidad estereotipada, a expensas sobre todo del desarrollo de un quehacer laboral y sexual, entendidos como conquistas de puestos de cierto prestigio, al menos aparente, y de mujeres con alguna de las cuales lo más común es que se empareje de manera estable y decida procrear.

En resumen, diremos que en el trasfondo de las crisis de mujeres encontramos sobre todo, aunque no exclusivamente, intereses afectivos (positivos y negativos), y en las de aquéllas a quienes dedicamos estas páginas aparecerán, más o menos sutilmente también, y formando parte de los nudos o periodos de transición o críticos, intereses ligados al acervo de lo profesional y del quehacer público, confundidos y muchas veces confrontados con aquéllas.

En otros aspectos coinciden, sin embargo, las personas jóvenes de uno u otro sexo, las de mediana edad, maduras o preseniles cuando entran en crisis; unas y otros se sienten desbordados, confundidos e inermes por un tiempo, cuando el torbellino interno de intereses en conflicto se encuentra en la etapa de mayor acuidad. Suele ser común también para todos que, aunque previamente y durante un tiempo variable, intuyeran que algo marchaba mal y que ciertas insatisfacciones, autocomplacencias o autoengaños no eran solución para su malestar y su descontento con la vida, con otros y consigo mismos, llegado el acmé de la crisis, la traduzcan en un desasosegado: «¿pero qué me pasa?», o un «no puedo más, así no puedo seguir», o tal vez «estoy enfermo, voy a volverme loco», «a mí me va a dar algo: yo me muero».

Ambos —ellas y ellos— desean también una solución feliz

e inmediata que los saque de semejante atolladero, como si se tratara de reparar un cortocircuito eléctrico con el simple movimiento de la palanquita que restablece la corriente y da luz a la casa de nuevo en unos segundos. Desde mi punto de vista, sería preferible que todos supiéramos que la frase mágica «curalotodo» o la panacea, sólo existen en películas mediocres, hechas para consumir el tiempo frente al televisor, con cualquier otro comestible sintético traído del supermercado y que todo lo humano encierra una complejidad bastante mayor y por tanto más interesante y delicada que, en general, y sobre todo en situación de crisis, precisa de una dedicación y un interés mucho mayores que los que puedan exigir una máquina o artilugio por muy sofisticados que éstos sean y, a la vez, que todavía posee áreas de desconocimiento en los momentos actuales.

No obstante, la inmensa mayoría de las personas, por muy ajenas que se encuentren respecto a sí mismas, son capaces de intuir, sospechar e incluso precisar con cierta claridad, si se atienden algún tiempo, qué sucede en sus vidas y cómo en ciertos momentos se tornan confusas, difíciles de entender y que en las crisis están jugando junto con «lo de siempre, consciente y conocido», «aquello otro» que se fue apartando de sí, excluyéndolo como propio por lo intolerable. Al fin y al cabo suelen ser cuestiones tan sencillas como la envidia, la hostilidad, el egoísmo, la cicatería, la sexualidad distinta, la glotonería, la pereza o el deseo de venganza; aficiones prohibidas, proyectos negados, deseos de saber desatendidos, necesidades de amparo aunque se sea adulto y otras tantas, tan humanas y corrientes.

La mayor parte de las mujeres sabe también a finales de este siglo, o intuye por lo menos, que la vida no es un azar cósmico y tratan de hacer de la propia, de distintas maneras más o menos satisfactorias, según los casos, un principio, además de un derecho.

Esta tarea que reviste la importancia de trascender a lo humano como especie, desde lo individual como persona-mujer, desde luego no es coser y cantar, sino que a veces se pierde el hilo, se llora y se desespera hasta coger la hebra de nuevo o quizá se cante un rato y la canción quede interrumpida por un desgarrón no previsto, que hay que resolver hasta seguir tejiendo y finalizar ese complejo y todavía insondable entramado que parece ser la vida, con sus momentos álgidos y tórridos como son las crisis y otros porosos, placenteros y agradables después de resolver aquéllas.

SEGUNDA PARTE

MUJERES Y CRISIS MAS FRECUENTES

I. LA DECADA DE LOS VEINTE

Entre otros muchos rasgos comunes y característicos de las chicas veinteañeras de clase media española, podríamos decir que son aquellas que ya han caído en la cuenta de que la afirmación-amenaza esgrimida en casa, más o menos desde los quince o dieciséis años, para autodefenderse y contrarrestar las censuras, las prohibiciones o las obligaciones familiares de «en cuanto cumpla los dieciocho años haré lo que me dé la gana», era pura fantasía y que hacer lo que a una le da la gana exige, entre otras cosas, saber lo que se tiene ganas de hacer, conseguir además los medios suficientes para llevarlo a cabo, empeñarse lo bastante para conseguirlo, al menos hasta cierto punto, siempre y cuando no se considere, antes o después, que no era aquello precisamente lo que se quería, sino más bien aquello otro.

Sin embargo, cuando los padres y las madres de estas jóvenes y de otras de su generación, o incluso de otras más adultas afirman: «hoy la juventud lo tiene todo y lo que pasa es que no sabe lo que quiere», creo que despacha bastante cómoda e inexactamente la situación de ese grupo etario, que oficialmente se ha dado en prolongar hasta los treinta años. Curiosamente los condicionamientos económicos y su repercusión en el terreno laboral están propiciando unos/as jóvenes cada vez más viejos/as en nuestro país, a la vez que unos viejos/as cada vez más jóvenes.

Es verdad que hacia los veinte años *todo* parece aún posible, pero ese *todo* en realidad se resume, por lo general, en tener dinero y libertad para lo que se desee; pero a esa edad y en la clase media se suele saber ya, que eso será siempre y cuando se logre encontrar un trabajo estable o bien múltiples sucesivos e inestables, una vez finalizados los estudios básicos (si es que se cumple con el principio de escolarización obligatoria hasta los dieciséis años), pues la economía y la estructura familiares no permiten ser autónomo e independiente. No obstante, por lo que respecta a las jóvenes, la independencia de la familia de origen puede producirse también si en vez, o además del trabajo, contraen matrimonio con un hombre empleado, si no rico, lo que tampoco suele ser fácil ni frecuente en esta década y en los momentos actuales.

Si partimos de la base de que las madres y los padres de esta juventud veinteañera suelen ser adultos en torno a los 45 años (ellas) y los 50 (ellos), nos encontramos con que las comparaciones y fricciones más frecuentes entre sus descendientes y ellos mismos se establecen, sobre todo, en torno a algunas diferencias concretas que les resultan especialmente llamativas y a veces difíciles de aceptar y que se encuentran en relación con el cambio de régimen político y el aumento consecutivo de libertades en general, así como la laicización de la vida cotidiana. Estos factores suelen reflejarse en comportamientos más abiertos y directos compartidos entre chicos y chicas, opiniones más abiertas y espontáneas en las conversaciones en casa y fuera de ella, críticas más explícitas y frecuentes a las personas adultas, así como la tendencia creciente al consumo de bienes materiales o la percepción del emparejamiento o el matrimonio como algo posiblemente transitorio.

No obstante, las madres y los padres de estos chicos y chicas vivieron su juventud a caballo entre finales de los años sesenta y comienzos de los setenta sin dejar de tener en cuenta el mítico Mayo del 68, donde las profundas grietas del régimen político anterior, a pesar de los tremendos coletazos previos al cambio, fueron ampliados y aprovechados por ellos mismos, entre otras gentes, de manera que más o menos abierta o clandestinamente las costumbres de sus hijos fueron vindicaciones o logros tímidos y escasos de su generación. En ella y entre los «progres», la emancipación y la salida del hogar parental solía ser el norte de todos los proyectos, a la par que desde el enfoque de muy diversas disciplinas, el análisis crítico sobre la familia, como institución de instituciones, ponía en solfa el núcleo autoritario sobre el que se fundaba y reproducía, análisis que aún hoy resultan esclarecedores a quienes nos interesamos por estas cuestiones.

Así, en la familia siempre aparecen intereses en conflicto, no sólo generacionales, sino de tipo socioeconómico e incluso político, a niveles que hoy se denominarían «micro», pero que lejos de percibirse como tales en el seno familiar, suelen derivarse o achacarse a pecularíedades, antagonismos, simpatías o antipatías de las personas que en él conviven; cosa cierta pues sin duda existen, pero que tampoco son ajenos a los factores, antes referidos y que sin duda merecen alguna atención, pues afectan de manera diversa a casi cinco millones de jóvenes, de los cuales la mitad son mujeres, y a las madres y los padres correspondientes.

En la actualidad y desde el año 1988, nos encontramos con la tasa mayor de personas jóvenes entre los veintidós y veintitrés años que se haya registrado nunca hasta el momento en nuestro país, lo que convierte a quienes están en esta década en protagonistas de nuestro interés, por derecho propio.

La familia de estas generaciones está constituida generalmente por una pareja en que el padre trabaja fuera del hogar y la madre en él. Ellas, las madres, a pesar de haber sido mujeres que se encontraron en su juventud con un buen momento del mercado laboral, carecían por lo común de una formación adecuada, tanto básica como de carácter profesional, para acceder a él con facilidad, y las pocas que llevaron a cabo una formación reglada (bachiller o incluso estudios universitarios), pertenecieron a una generación en que todavía las deserciones de las carreras o los estudios medios se producían de forma masiva, al contraer matrimonio e incluso antes, o bien permanecían en casa definitivamente tras el nacimiento de los hijos.

Es decir, la mayoría de las jóvenes a quienes nos referimos tiene como modelo inmediato y cotidiano el de una mujer adulta dedicada a las tareas domésticas —muy desvalorizado actualmente—, mujer que, en líneas generales, se siente bastante insatisfecha y atrapada en un quehacer diario que consume la mayor parte de sus energías psicofísicas, casada con un marido al que ve poco, pues a esas alturas suele estar más casado con su trabajo que con ella en su afán por ascender, no sólo para aumentar los ingresos económicos con que mantener casa, esposa e hijos o hijas, sino a la vez su autoestima viril según mandan los cánones estereotipados al uso.

Estas madres suelen desear para sus hijas un porvenir que las aleje de lo doméstico, para que no repitan su propia historia o limitaciones, pero paradójica e inconscientemente muchas veces aunque no siempre, es con ellas con quienes cuentan o de quienes echan mano para que las ayuden a descargarse aunque sea muy parcialmente del trabajo de la casa, de lo que vienen a beneficiarse los hombres de la familia (padre y hermanos, si los hay); a la vez, la mayoría de estas mujeres madres, aunque no sólo desea hijas-amas de casa, piensa que «algo tendrán que saber hacer cuando se casen», aludiendo así implícitamente a lo doméstico.

Con respecto a los padres de estas jóvenes, en el mejor de los casos, «dejan» que estudien, salgan y tengan amistades, pero perciben como la cosa más natural del mundo que compartan con la madre las tareas del hogar, a las que no suelen sentirse vinculados casi nunca. Niegan ser machistas, por supuesto, «pero hay cosas que hacen mejor las mujeres, sin lugar a dudas».

Tanto estas madres como los padres, pero sobre todo éstos, son mucho más restrictivos en cuanto a los horarios de salida y regreso al domicilio de hijas que de hijos, así como al tipo de compañías y amistades que frecuentan, lugares a que acuden e indumentaria que utilizan, además del dinero de bolsillo o cantidad de «propina semanal» que se les asigna. Sin embargo, a las primeras (las madres) ha correspondido no sólo la crianza, el cuidado de enfermedades infantiles, los asuntos escolares, incluidas reuniones de APAS (que en buena ley deberían denominarse AMAS, pues la concurrencia de padres es exigua o nula), intentar que adquieran modales y comportamientos adecuados a su edad y estrato social, tanto dentro de casa (lo que resulta batalla perdida por lo general incluso a comienzos de la veintena) como fuera de ella (donde suelen esmerarse más en su comportamiento), a la vez que estar al tanto de sus dificultades o preocupaciones, lo que trae consigo un cierto desarrollo de la capacidad adivinatoria, a la par que la comunicación intergeneracional es menos frecuente en torno a la pubertad y la intimidad y las confidencias se reservan para las amigas. No será necesario recordar que por añadidura, ellas, las madres, también se ocupan del confort doméstico que incluye limpieza, abastecimiento alimentario y de vestimentas variadas, además de cuidar la relación de pareja con el marido de cuyo trabajo en ocasiones son auxiliares «a ratos perdidos». Este, en algunas ocasiones, e incluso a veces sin refunfuñar apenas, va al «hiper» con el coche por la compra semanal o mensual y muchas veces suele ser el encargado de lo que concierne a la burocracia hogareña mayor: letras, préstamos, seguros, cuenta bancaria, etc.

Son familias donde suelen desarrollarse plenamente las contradicciones generales, emanadas de la presión por parte del Estado, para la satisfacción de las necesidades reconocidas como derechos de cada uno de los miembros de las mismas sin que, como contrapartida, aquél disponga los recursos públicos suficientes para satisfacer esos derechos-necesidades, que son tanto más acuciantes cuando los más jóvenes van dejando de serlo y consideran que el acceso al trabajo, la vivienda y unos medios económicos, es decir, su autonomía, les son ya del todo indispensables. Estas exigencias se orientan con mejor o peor talante, pero cotidianamente, hacia quienes están más próximos e identificados desde siempre como proveedores de la mayoría de sus necesidades básicas y algunas de las superfluas incluso y a quienes consideran en la *obligación* ineludible de atender tales requerimientos como sea; es decir, las madres y los padres.

Dado que en estos sectores medios, el norte de los proyectos se sitúa en el ascenso social y el peligro a evitar se cifra en el desclasaje descendente, en las sociedades del llamado «capitalismo avanzado», resulta un hallazgo o truco político realmente ingenioso el hecho de que sea la familia como *institución privada* la que haya de resolver mediante cualquier renuncia, esfuerzo o sacrificio de sus miembros los desequilibrios entre sus necesidades concretas y los recursos públicos insuficientes a ellos dedicados.

Como afirma L. Balbo, está claro que el mecanismo de privatización se determina desde las siguientes premisas: la familia como institución privada en tanto que *competitiva* (se procuran recursos para la familia propia sin concurrencias con otras); *contrapuesta a lo colectivo*, en el sentido de que se busca la solución para el caso único que viene a ser considerado como «particular», frente a necesidades que por el contrario son generales; *no política*, ya que las necesidades y los problemas son referidos al ámbito aislado y cerrado de cada unidad familiar, según una lógica que impide la solidaridad y fomenta el individualismo; y desde el punto de vista *ideológico*, porque los valores fundamentales, según los cuales cada uno es socializado básicamente, tiende a asegurar el bienestar familiar antes que el de ningún otro individuo, extremo que podría redundar en perjuicio de la propia familia, lo que se considera en todo caso como un error, cuando no como casi un delito intramuros del hogar. Este tipo de familia es sin duda alguna un buen amortiguador u homeostato en los momentos de crisis social económica-laboral, política, etc. Por ello y por significar una muy amplia franja de población, es uno de los sectores del electorado más mimado y adulado en épocas de campaña y más presionado y estafado una vez que se celebran los comicios, sobre todo en los países capitalistas de tipo neoliberal.

Todas estas líneas de fuerza o tensiones entre las estructuras e instituciones públicas y los núcleos familiares de las capas medias, revierten por último sobre la adulta-esposa-madre-ama de casa con dedicación plena, que viene a significar el pararrayos o catalizador de la mayor parte de ellas en el ámbito doméstico, en el que va a tratar de aliarse, con éxito o sin él, con las hijas antes que con el marido o los hijos, para aminorar, o al menos intentarlo, los aumentos de presión o crisis de la más diversa índole, ya que en el núcleo familiar se crean y recrean lazos y relaciones de tipo legal, emocional, económico, burocrático, de supervivencia física, intendencia, transmisión de valores, creencias y símbolos amén de un largo, diverso y complejo etcétera que engloba otros muchos.

A su vez, el cabeza de familia posee también un papel bastante rígido en cuanto a horarios y obligaciones. Ausente en gran medida del ámbito familiar salvo los fines de semana, por lo general, en los que desea disfrutar de la casa con la mujer y los hijos, en tanto ella está deseando salir a la calle, al campo o donde sea con él y con los chicos/as, quienes a su vez lo que planean es perder de vista a los «viejos» y largarse por ahí con los amigos y las amigas.

No es infrecuente que a estas alturas de sus vidas estos hombres-padres-proveedores, escasamente vinculados a través de lo cotidiano al ámbito familiar y más realistas respecto a los posibles y relativos logros en el terreno laboral, al que tan adheridos se encuentran a través de muchos años de dedicación, cuando reciben tanto de una (la casa) como de otra parte (el trabajo) más exigencias por lo general que gratificaciones, empiecen a plantearse qué es lo que realmente están haciendo día a día con su existencia y no saben qué responderse la mayoría de las veces.

TODO EL TIEMPO POR DELANTE: COMERSE EL MUNDO, HACERSE UN PORVENIR

Efectivamente, aunque a los dieciocho años se haya llegado a la mayoría de edad legal y, en este sentido, se pasa a integrar el mundo de los mayores y además esto suceda a tantos millones de jóvenes nunca vistos, cualitativamente hablando, como en la hora actual, parece que es en ese periodo donde se inician las paradojas y contradicciones más fuertes, entre lo que por posibilidades biológico-legales se puede y quiere hacerse y por condicionamientos socioeconómicos no suele ser posible realizar.

Muchos de nosotros hemos oído exclamar a chicos y chicas con catorce o quince años y ahora en la veintena: «Yo para qué voy a estudiar nada que sea muy largo y muy pesado si luego no voy a tener trabajo.» Y *esas no expectativas de futuro* temidas, deseadas o ambas cosas a un tiempo, de alguna forma han venido a significar una variable en sus vidas, que aun transcurriendo por vericuetos diversos, sin duda no puede carecer de significación como elemento constructivo de su forma de transitar hacia esa etapa de la adultez llamada juventud, mientras que padres y madres tratan de lograr hogares más confortables y surtidos a base de consumir objetos superfluos, que se convierten en imprescindibles, quejándose a la vez de la cierta «comodidad» de sus retoños.

Curiosamente, parece como si el término *joven* viniera a ser un arreglo más para salvar el hiato entre la denominada «adolescencia», cuyo inicio está más claro, pues se define sobre todo gracias a los acontecimientos o marcadores biofisiológicos (telarquía o menarquía), pero cuya terminación también sufre los avatares de las políticas económicas más o menos coyunturales en cada país, y esa otra secuencia de la vida denominada «adultez» que también se define como «segunda juventud». Comoquiera que sea, es en la década de los veinte donde tienen lugar antes o después, pero mayoritariamente, la iniciación de los compromisos más relevantes del ciclo vital, que en gran medida definen los cambios. Reversibles unos, como el emparejamiento estable o el matrimonio, abandono de la familia de origen, elección laboral o profesional, etc.; irreversibles otros, como v.gr. la maternidad o paternidad, todos significan en mayor o menor grado, por lo fundamentales, nuevos hitos, no sólo desde el punto de vista individual e interno, sino social en el más amplio sentido de la palabra e indudablemente histórico también en la andadura de cada país. Y todo ello con un protagonismo individual de estas personas un tanto «fronterizas» como también lo son los términos que tratan de definirles, según lo que más convenga y a quiénes: «adolescentes tardíos», «jóvenes adultos», «adolescentes maduros»; y cualquier día de éstos «niños viejos», si nos descuidamos.

Es evidente que las discordancias, contradicciones y dobles mensajes también forman parte inherente del ciclo vital humano, pero en etapas determinadas como ésta y otras, a que aludiremos sucesivamente, se multiplican con una profusión enorme, lo que quizá contribuye de forma esencial a las crisis y confusión que en ellas reina tantas veces.

La sociedad, que somos todos, pero que para la juventud es la de los adultos y los más mayores, por ser a ellos hacia donde miran, les decimos: «Ya eres alguien, ya eres mayor, tu opinión es decisiva para la política del país», etc, etc. Y a la vez, a la hora de la reciprocidad entre derechos y obligaciones o lo que es igual, la interacción individuo-sociedad o viceversa, se les continúa haciendo mucho más subsidiarios de las segundas que de los primeros. Es decir, continúan en una situación mucho más subordinada y dependiente sobre todo, que en poco se diferencia de años anteriores.

Es posible que gran parte de las contradicciones internas tan típicas de los comienzos de esta década y finales de la anterior tengan que ver también con todo esto. Experimentan la sensación íntima y reconfortante de «contar ya para muchas cosas», «ser alguien en determinados lugares», sin conciencia de la finitud del tiempo vital, porque son excepcionales o inexistentes las pérdidas de los coetáneos o antecedentes, a lo que se une hallarse en la plenitud de las capacidades y posibilidad de rendimientos psicofísicos, que no comenzarán a declinar y sólo levemente a finales de esta década o comienzos de la siguiente, y a la vez, o a renglón seguido, todo puede ser angustia, temor a la muerte súbita o a determinada edad simbólica e incluso desear morir también como remedio a un fracaso inesperado.

En esta etapa y desde la pubertad, se está en un periodo enormemente expansivo desde el punto de vista biofisiológico también, y si como Roger L. Gould apunta, el crecimiento puede definirse como la transformación del concepto de sí mismo y éste es esencialmente una *licencia para ser,* mientras una persona opera dentro de tal licencia, siente un mínimo de angustia o inseguridad en sí misma; sin embargo, tanto en el ámbito más próximo, como es el familiar, como en los más amplios que desde el punto de vista social frecuenta la juventud, salvo entre coetáneos, las restricciones son bastantes más que las licencias.

Socialmente este colectivo está inmerso en una moratoria que se opone a su vitalidad y su necesidad de expansión no sólo en nuestro país, sino en la mayoría, y dentro de ella la falta de licencia para ser, es decir, las censuras o la dificultad de desarrollo de las capacidades, en general, son mucho más intensas respecto a las chicas que a los chicos.

ESCOLLOS HACIA LA INDIVIDUACIÓN: EL TRABAJO, LOS ESTUDIOS, LA FAMILIA Y EL AMOR

«Una generación es como un nuevo cuerpo social íntegro que ha sido lanzado sobre el ámbito de la existencia con una trayectoria vital determinada. La generación, compromiso dinámico entre masa (sociedad) e individuo, es el concepto más importante de la historia, y por decirlo así, el gozne sobre el que ésta ejecuta sus movimientos. Una generación es una variedad humana que definen los naturalistas en el más riguroso de los sentidos. Dentro de ese marco de identidad pueden ser los individuos del más diverso temple, hasta el punto de que habiendo de vivir los unos junto a los otros, a fuer de contemporáneos se sienten a veces antagonistas. Pero aun así, son hombres (mujeres) de su tiempo y por mucho que se diferencien se parecen más todavía.»

Esto, que Ortega exponía en 1931, sigue siendo válido hoy, porque es cierto que aunque en las últimas décadas se haya insistido más en la identidad sexual o la identidad genérica, aunque más transitoria que éstas, existe una «identidad de rol de la edad», en términos de B. L. Neugarten, a la que se concede menor importancia de la que sin duda merece. Es curioso que las personas que nos encontramos en torno al medio siglo digamos más o menos frecuentemente «en mi época» o «en mis tiempos», para referirnos generalmente a la década relativa a los veinte, cuando en realidad «nuestra época» y «nuestro tiempo» deberíamos vivirlo como lo que es:

EVALUACION DEL ALUMNADO QUE TERMINA LA EGB

	Mujeres	*Hombres*
CURSO 1980-1981		
Certificado Escolar	33 %	36,1 %
Graduado Escolar	67 %	63,9 %
Total alumnos	317.156	331.708
CURSO 1983-1984		
Certificado Escolar	29,5 %	34,4 %
Graduado Escolar	70,5 %	65,6 %
Total alumnos	338.054	343.593
CURSO 1984-1985		
Certificado Escolar	26,4 %	34,0 %
Graduado Escolar	73,6 %	66,0 %
Total alumnos	328.856	339.859
CURSO 1985-1986		
Certificado Escolar	24,5 %	30,4 %
Graduado Escolar	75,5 %	69,6 %
Total alumnos	327.546	352.028
CURSO 1986-1987		
Certificado Escolar	21,9 %	26,8 %
Graduado Escolar	78,1 %	73,2 %
Total alumnos	331.391	341.889
CURSO 1987-1988		
Certificado Escolar	20,5 %	25,7 %
Graduado Escolar	79,5 %	74,3 %
Total alumnos	331.291	350.877
CURSO 1988-1989		
Certificado Escolar	19,79 %	25,6 %
Graduado Escolar	80,21 %	74,4 %
Total alumnos	318.642	341.285

Fuente: Estadísticas del Ministerio de Educación y Ciencia (publicadas en «La mujer en cifras 1992», Instituto de la Mujer. Ministerio de Asuntos Sociales).

«nuestra vida» desde que comienza hasta que finaliza. Pero parece que, tanto social como individualmente, se destaca este periodo por lo enormemente significativo, no sólo en cuanto a la toma de decisiones y compromisos, que por primera vez nos introducen en «otra época» u «otro tiempo» social, sino también desde el punto de vista de la subjetividad, que da idea de ser «como la mayoría de las chicas de mi edad» o «diferente y por eso no me entiendo con la gente de mi edad», a pesar de lo cual, seguramente, también la joven se parecerá bastante a aquellas otras a quienes les ocurre algo parecido y que en principio son sus aliadas potenciales.

En esos años, la mayoría de las españolas expresa como vocación su independencia económica y constituir una pareja estable. Este es un dato que no sólo aparece en encuestas realizadas desde las instituciones públicas, sino con bastante frecuencia en las revistas ilustradas dedicadas a distraer e invitar a consumir al sector joven. En virtud de este proyecto parecería que ha habido un salto cualitativo de gran magnitud entre sus madres y ellas, hasta el punto de haberse invertido los papeles en aquellos casos en que la madre con estudios superiores o formación profesional y a lo mejor el desempeño de un cometido laboral antes del matrimonio, lo dio por finalizado tras la boda ¿Pero es así en realidad?

En las ciudades de nuestro país nos encontramos actualmente con los porcentajes mayores de chicas que ingresan a «los veinte» y con un nivel de escolarización más alto y más extenso que nunca durante toda la década de los años ochenta en lo referente a terminar la EGB, lograr el certificado escolar y realizar estudios de COU; y si bien en cuanto a alumnado total, el de chicos es mayor que el de chicas, éstas, comparativamente con aquéllos, representan porcentajes más altos al respecto.

Igualmente, el acceso de las chicas a las universidades ha ido aumentando paulatinamente por iguales fechas, hasta superar al de chicos, a partir del año académico 1986/87, en que existían 452.441 universitarias y 452.000 universitarios, si bien su presencia es menor comparativamente en cuanto a la Formación Profesional se refiere, aunque desde el curso

1975/76 va acercándose poco a poco hacia el 50 por ciento del alumnado.

Y así como en COU o la entrada a las universidades las jóvenes suelen elegir profesiones concordantes con la socialización genérica femenina, curiosamente su presencia va incrementándose de manera sostenida en varios sectores de FP (metal, hostelería, delineación, automoción y electrónica). Estas tasas de escolarización tan altas y prolongadas que han logrado superar no sólo las masculinas, sino la media de sus coetáneas europeas, guarda una relación evidente con el retraso en el calendario laboral y matrimonial.

En cuanto al primero (entrada en el mercado de trabajo), en 1986 tan sólo un 25 por ciento de las incluidas entre los 20 y 25 años trabajaban el resto o bien seguía engrosando sus currículums escolares con cursos, cursillos, masters, etc., bien continuaban haciendo cola en las oficinas de empleo, se acomodaban a las tareas domésticas, simultaneaban todo u optaban por «seguir en casa» y hacerse más o menos asiduas del mundo discotequero para poder «ligar» y «entretenerse». Tanto una como otra alternativa parecen ser un aperitivo o preámbulo al también deseado emparejamiento estable.

Es cierto, sin embargo, que a mayor nivel de estudios, mayores posibilidades de trabajo, el cual se incrementa aún más si el estado civil continúa siendo el de soltera y sin hijos. Por añadidura y también comparativamente, si como todavía suele ser común, la experiencia y la formación de las mujeres continúa valorándose menos que la masculina, a igualdad de currículum y edad y los salarios de las mujeres en general son también hoy un 30 por ciento inferiores en nuestro país a los de los hombres, cabe afirmar que en este tramo de edades, en que lo que se intenta es el logro de primeros empleos, el desplazamiento económico-laboral sigue contando en perjuicio de las jóvenes.

Pero en el ámbito familiar la única forma de no observar las diferencias más ampliamente restrictivas de que ellas son objeto es no tener hermanos, porque si los tienen perciben (a edades prácticamente similares o incluso siendo aquéllos algo más jóvenes) cómo tendrán más inconvenientes que ellos para levantarse y acostarse a la hora que quieran, salir de casa y regresar a la hora que deseen, contar con un determinado dinero de bolsillo, elegir sus amistades, contribuir a las tareas domésticas, que para estudiantes de ciclos superiores o secundarios son de cuatro a siete veces más que para sus equivalentes masculinos, disfrutando de un 20 por ciento o 25 por ciento menos de tiempo libre o de ocio, siendo el control parental respecto a las chicas, en líneas generales, entre un 40 y un 60 por ciento mayor que respecto a los chicos de su edad, refiriéndose dicho control además a cuestiones como dar fiestas en casa, recibir al acompañante habitual o novio, así como para llevar a cabo algún tipo de relación sexual en el domicilio parental.

A la vista de estos hechos algunos podrían pensar que estas restricciones son naturales en las chicas, a consecuencia de «su psicología femenina». Que ello no es así, se comprende fácilmente si se consultan los datos sociológicos oficiales disponibles y si se observa el disgusto que las mismas crean en las jóvenes que, de una u otra forma, todos conocemos y que, con mayor o menor vigor, suelen oponerse a las mismas. De hecho, muchas de estas jóvenes ocultan en su casa que tuvieron que hacer largos desplazamientos andando por la ciudad de noche si se les acabó el dinero del sábado porque era escaso, pero prefirieron correr ciertos riesgos que quedarse en casa; o cómo se ayudan unas a otras con préstamos cuando están más apuradas, e incluso intercambian ropas, a hurtadillas de las familias, para ir de fiesta o a la discoteca «con algo nuevo»; o se cuelan con mayor frecuencia y facilidad que los chicos en algunos lugares de diversión, porque, con mejor o peor intención, los responsables de los mismos hacen más la vista gorda respecto a ellas, aunque a la entrada ya no se vea el cartelito de los años cincuenta de «señoritas gratis»; o que como Paula y algunas otras conocidas mías que fueron víctimas de asaltos callejeros (robo o intento de violación), prefirieron no comentarlos en familia, por si ello se traducía en mayores restricciones para salir, atribuyendo el sofoco y la angustia visibles al llegar al domicilio a una pelea con una amiga, o a haberse caído en la calle, en unos u otros casos.

Todo esto sucede en un momento en que las jóvenes están informadas sobre su derecho a la igualdad de libertad y oportunidades, en lugar de aceptar como realidad la definición de inferioridad esencial por el hecho de ser mujeres. Sin embargo, la estrecha relación-identificación con la madre, lo es con una adulta, que a la vez que renunció a su cometido no doméstico o no lo tuvo nunca y propicia en general los estudios de la hija, se apoya en ella en primera o segunda instancia como aliada doméstica y es protagonista o vehículo, a través de la normativa impuesta por el marido-padre, de las censuras y controles referidos, lo que sucede inconscientemente, la mayor parte de las veces o tratando de eludir la violencia más extrema y más temida de los hijos, en cuya socialización se han permitido y auspiciado los ingredientes de oposición e incluso hostilidad, más o menos encubierta, como variable importante de masculinidad.

De esta forma nos encontramos con la acertada afirmación de que «la infantilización» de las hijas en el hogar se hace especialmente patente en los subconjuntos de mayores de veinte años, donde la proporción de jóvenes completamente autónomas apenas crece y en todo caso no pasa nunca de una quinta parte, aun considerando la categoría de las que estarían dispuestas a una bronca familiar con tal de conseguirla (una quinta parte del total).

La independencia completa o autonomía del sujeto, que conlleva no sólo la capacidad de autosuficiencia económica en un hábitat independiente del parental y de autogobierno en todos los aspectos, incluida la independencia afectiva suficiente y necesaria, parece no llegar a cotas próximas al 50 por ciento hasta los 26-27 años, tanto para chicas como chicos.

Aun así, en el último grupo de edad (28 o 29 años) una cuarta parte de *los* jóvenes y un tercio de *las* jóvenes dependen en alguna medida de la familia de origen, lo que sin duda guarda alguna relación con la edad media del matrimonio, que para ellas ronda los veinticinco años y para ellos los 28-29 años, como puede observarse en el siguiente cuadro:

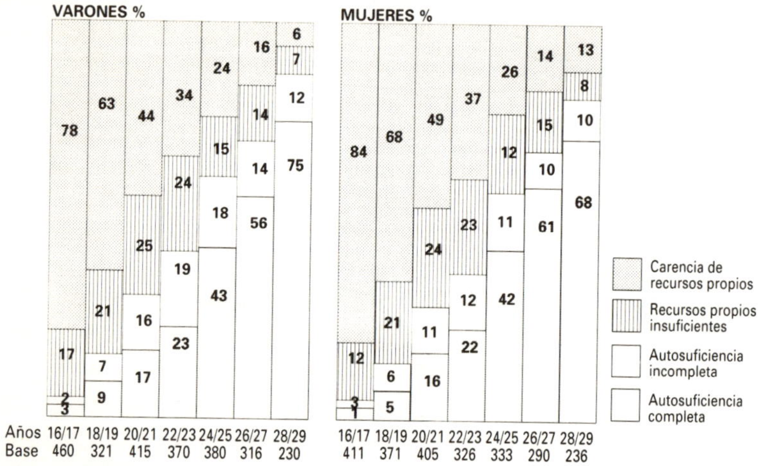

Fuente: Informe «Juventud en España 1988» (Instituto de la Juventud. Ministerio de Asuntos Sociales).

Todo esto refrenda el concepto de moratoria que respecto a este colectivo utilizábamos al comienzo de este epígrafe; es decir, una prolongada situación de dependencia que, en ocasiones, afianza muy por encima de lo deseable los lazos familiares, porque cada vez se hace más lento y arduo el proceso de transición hacia la creación de otros exteriores y, sobre todo, del bosquejo de la propia individualidad autogestionada.

En cuanto a las chicas se refiere, esta doble vinculación se da a dos bandas y de manera más compleja: en tanto que la socialización y los lazos de dependencia respecto al orden doméstico y la figura que los representa, se prolongan y se implican más en ellos «ideológicamente», ese no es el referente idóneo ni para las madres, ni para muchas de las hijas como proyecto de futuro, que ciertamente no descarta el matrimonio y la creación de una familia propia, pero que prioriza, o al menos trata de compaginarse, con una autonomía mediante un trabajo o profesión, que no se facilita porque la formación sea mayor y mejor, a no ser que accedan a los estudios superiores, permanezcan solteras y sin hijos.

Como podemos apreciar no son precisamente con licencias, sino con falta de ellas con lo que suelen encontrarse estas jóvenes en una etapa que, además, se caracteriza para todos por los continuados intentos, más o menos conscientes, de transformación de los vínculos afectivos y de identificación con las figuras parentales y de las chicas en general con las madres, proceso que se inicia más o menos aguda y exitosamente en torno a la pubertad.

El *nosotras* hacia el que se van vinculando, más sólidamente, es el grupo de coetáneos o generación, con el que se sienten más cómodas y afines. La familia, en tanto, pasará a ser el *ellos*, cuando se logre hablar desde un *yo* que ya tiene su razón o sus razones de ser, porque cuestionó lo que durante la infancia creía que encarnaba «la verdad», el «como son las cosas», con un sentido de totalidad del que sólo empieza a sospecharse su valor relativo cuando el propio criterio (sentido crítico) emerge y no lo hace sólo como una rareza sino que, en el mejor de los casos, se encuentra respaldado por el de otras/os que coinciden con él. Cuando no se tienen los anclajes generacionales suficientes (el grupo de referencia) e incluso se carece de la fratia (hermanas/os) en quienes percibir el cambio, aunque diverso según cada cual, es fácil que ocurra lo que a Belén y su familia, y es que el tránsito hacia la autonomía se confunde o lo confunden con una enfermedad psíquica.

Como en tantas ocasiones, Belén de diecinueve años y Soledad de cuarenta y seis años, su madre, acudieron juntas en búsqueda de ayuda al parecer para la primera. Al comienzo de la entrevista Soledad, visiblemente afectada y a punto de llorar en varias ocasiones, explicó extensamente que su hija había sido «un modelo» hasta hacía dos o tres años en que había cambiado por completo. Obediente, alegre, brillante de siempre en los estudios, primera de la clase en todo el bachiller, ordenada y cariñosa en casa con ella y con su marido, había sido el orgullo de los dos que tanto habían sufrido cuando murió el primer hijo, cuatro años mayor que Belén y que se habían sacrificado mucho: «Yo haciendo duros de las pesetas y mi marido todo el día arreglando coches, para que no nos falte de nada desde que nos vinimos a Madrid, casi recién casados.» La madre enumeró todas y cada una de las comodidades de que disfrutaban, incluido el bonito cuarto que había arreglado para su hija el año anterior, «hasta con un televisor para ella sola, porque nos hacemos cargo de que ya es mayor». Lo peor venía después para la madre, cuando comenzó a referir el «cambio» de Belén: terminados los estudios en el colegio donde estuvo desde los cuatro años hasta 3º de BUP y desde que pasó al Instituto «no ha hecho más que suspender, entrar y salir, desobedecer, contestar de mala manera y hasta soltar palabrotas; se enfrenta a su padre, no respeta los horarios y si por lo menos estuviera contenta, vaya por Dios, pero a veces no hace más que llorar encerrada en su cuarto, siempre está de mal humor, no come casi y mire cómo viste, da pena verla. Yo creo que estoy hasta mala, pero mi marido es el que más sufre aunque no dice nada y hasta ha tenido que pegarle varias veces. Llevamos dos años padeciendo y ahora dice que se va de casa donde sea». A estas alturas, el llanto que Soledad había ido conteniendo a duras penas, se desbordó y le impidió seguir hablando.

Mientras se calmaba fuera del despacho nos quedamos con Belén, una chica que hasta los diecisiete años había sido la preferida del profesorado y, en consecuencia, había carecido en general de las simpatías de sus compañeras y compañeros de estudios. Iba de casa al colegio y del colegio a casa, salía los fines de semana con los padres a una casita, que su padre había logrado ir construyendo poco a poco, en las afueras, a pesar de que desde los trece o los catorce años aquello se le hacía un suplicio. Desde que terminó BUP ya no sabía si quería seguir estudiando o no, ni tampoco lo que le pasaba. Con quien mejor se entendía en el Instituto era con el grupo que vestía como ella y que el profesorado tenía entre ojos; se daba cuenta de lo que sufrían sus padres, aunque los odiaba a veces, y según decía: «Sobre todo a mi madre que es la que está más encima, aunque al final hace lo que mi padre la dice, porque es más anticuado que ella y también la manda mucho; pero cuando la veo así llorando y medio mala, creo que me he vuelto loca, que soy muy mala hija, que no sirvo para nada, porque ya ni estudio y cuando salgo por la noche ni lo paso bien, no disfruto casi pensando en la que se va a armar cuando llegue a casa y así todo el tiempo. Cualquier día no vuelvo o hago una barbaridad, ¡yo qué sé!»

Verdaderamente no es fácil saber en estas situaciones; sin embargo, no fue difícil que empezaran a saber muchas cosas que les fueron útiles y mejoraron una situación dolorosa para todos, pero que, en resumidas cuentas, no era más que el comienzo de ruptura de unos lazos excesivamente estrechos entre un padre, una madre y su única hija que, como ellos, se había dedicado exhaustivamente a rendir mucho «laboralmente», olvidando las relaciones de compañerismo, amistad y distensión y que si bien para los padres en su estadio vital eran sinónimo de éxito por lo logrado hasta entonces, para Belén en el suyo, eminentemente expansivo y tentativo, había dado al traste con una infancia que devino adultecida y una adolescencia y comienzo de juventud infantilizadas, que estallaban, rompiendo como podían una normativa que la asfixiaba día a día.

Había encontrado, como aliados del momento, al grupo que simbolizaba todo lo contrario a lo que ella había sido o había estado haciendo y a lo que de alguna manera necesitaba renunciar, sin saber cómo, aunque parecía intuir que aquello tampoco era lo que deseaba; no se sentía a gusto, se mortificaba más que otra cosa y se debatía entre una lealtad a los padres como la manifestada hasta cuatro o cinco años antes, que ya era imposible a esas alturas o la alianza con unas chicas y chicos con los que tampoco sintonizaba como pares. Intuía que la vida para ella ahora era algo distinto a la época del colegio; que ella también estaba cambiando, sólo que no sabía cómo ni hacia dónde iba. Posiblemente, de haber tenido hermanas, hermanos o amigas y amigos entre sus condiscípulas/os desde niña, y sus padres más relaciones con personas de su edad, las situaciones no se hubieran extremado tanto y la supuesta «locura» de Belén y la casi «enfermedad» de Soledad, hubieran venido a ser la etapa clásica, aunque no por ello fácil, de la hija adolescente en busca de otro tramo vital, a través de un intento de adquisición de características propias e individuales con mayores o menores facilidades para ello por parte de una adulta y madre adherida a ella en exceso, lo que hacía mucho más turbulento y difícil el proceso de cambio que cada una, con sus biografías y en diversos estadios de su ciclo vital, estaban acusando de manera muy extrema.

Por parte de muchas familias de las clases medias, sobre todo media baja, y más si la madre y el padre proceden de ámbitos no urbanos, donde el sistema patriarcal suele ser más sólido todavía, se acepta mal, no se acepta o se atribuye a la «locura», que una hija abandone o proyecte abandonar el hábitat parental sin tener unos medios económicos «suficientes»; pero lo que los adultos suelen considerar suficiente, ya establecidos, resulta excesivo e innecesario para algunas jóvenes sin pretensiones consumistas, máxime si llevan tiempo saliendo con un chico, que ya no es de los primeros que conocen, estudian todavía y les quedan unos años para finalizar su formación inicial y ganan además poco dinero todavía en el trabajo eventual que encontraron por fin y en el que no es seguro renovar el contrato. Comoquiera que tampoco suelen estar muy duchas en las tareas domésticas, la pregunta que suelen formularse y formular muchas madres de hijas «disidentes» como Charo suele ser: «¿Cómo se las va a arreglar en ese piso que queda tan lejos y con esas chicas que estarán como ella o peor?, ¿qué necesidad tiene de irse de su casa?»

Pero otras veces sucede, aunque no con excesiva frecuencia, que se sospecha de alguna anomalía en el desarrollo o la evolución de la joven, si ésta no da señales de querer abandonar el domicilio familiar, sigue estudiando o trabajando y saliendo con amigas/os, tan tranquilamente mientras se acerca a los treinta años, como ocurría con Paloma, que después de dos rupturas sentimentales «se había quedado anestesiada para el amor y para todo» según sus palabras, ante la preocupación de su madre viuda y ya mayor.

Quizá quienes cuentan con menos reticencias familiares, al menos explícitas, son aquellas que, concluida o sin concluir la formación profesional o laboral en general, encuentran a un «chico mayor» con el porvenir resuelto (trabajo fijo y bien remunerado), «atento y cariñoso», con el que se casan después de unos años de relaciones más o menos completas, aunque suelen considerar que «debería terminar de estudiar, porque ahora se divorcian de repente y vete a saber lo que puede pasar».

¿Es que las familias y sobre todo las madres son el espíritu de la contradicción? En general, no.

Lo más frecuente es que estas adolescentes mayores o jóvenes adultas, como queramos llamarlas, hayan radicalizado (en realidad, es más bien una pseudorradicalización) sus posturas o sus supuestas convicciones respecto a qué hacer de su emancipación, en disonancia u oposición con las posturas también más enconadas y menos flexibles familiares y maternas, es decir, menos «licenciosas», respecto a las opciones adoptadas por la veinteañera; a la par, si se preocupan más o menos intensamente por ella, tratan de ver el resquicio por donde pueden salirle al encuentro las dificultades, lo que no deja de ser, casi siempre inconscientemente, un cerrarle las puertas de salida a la emancipación y la autonomía económica y emocional. Los padres, si bien ya no las posponen tanto respecto a su formación escolar o incluso académica, respecto a sus hermanos, suelen exigirles tan buenos rendimientos como a ellos, aunque no les concedan tanto valor cuando los consiguen, y aunque lo expliciten poco o nada consideran que lo más normal es que se casen. Es evidente que para bien o para mal continúan identificándose más estrechamente por lo general con hijos que con hijas, asuntos todos a los que dedicaremos más espacio después de referirnos «al físico» o «lo físico», tan importante en la vida de todas las personas.

¿Qué hago con este cuerpo mío?

La antropóloga británica Mary Douglas afirma con razón: «El cuerpo social condiciona el modo en que percibimos el cuerpo físico.» La experiencia física del cuerpo, modificada siempre por las categorías sociales por las que lo conocemos, mantiene a su vez una determinada visión de la sociedad.

Como resultado de esta interacción, el cuerpo en sí constituye un medio de expresión sujeto a muchas limitaciones, y las formas que adopta en movimiento y en reposo expresan en muchos aspectos la presión social. El cuidado que le otorgamos en lo que atañe al aseo, la alimentación o la terapia, las teorías sobre sus necesidades con respecto al sueño, al ejercicio o las distintas etapas por las que ha de pasar, el dolor que es capaz de resistir, su esperanza de vida, etc., es decir, todas las categorías culturales por medio de las cuales se percibe, deben estar de acuerdo con las categorías por medio de las cuales percibimos la sociedad, ya que éstas se derivan de la idea que del cuerpo elabora la cultura.

Desde antes de la pubertad, es decir, desde la primera menstruación, el cuerpo de la niña va adquiriendo unas proporciones que le muestran a ojos vista que ya no es aquélla, pero el problema estriba en saber en qué «tipo de mujer» convertirse; incluso verbalmente se expresa así con frases como: «no me gusta mi tipo», «yo quisiera tener ese tipo», etc.

Añadido al cambio biofisiológico que en la mayoría de las ocasiones proporciona el último estirón en estatura y el desarrollo completo de los caracteres sexuales secundarios (mamas, nalgas, vello pubiano y axilar, distribución de todo el corporal y voz definida), los problemas adolescentes en torno al esquema corporal no cesan por ingresar en la veintena.

Si he de ser sincera, creo no haber escuchado nunca decir a ninguna joven, ni hace años ni hoy, «cuánto me gusto» o «qué buen tipo tengo» o «francamente me veo guapa». Y no creo que sea por falsa modestia, porque las que se sienten satisfechas consigo mismas no lo expresen o porque me haya olvidado de la persona a quien pude oírselo decir. Simplemente creo que esa autosatisfacción es muy difícil, dadas las circunstancias psicobiofisiológicas de la chica a esta edad, así como de los factores psicosociales y culturales, todos ellos en íntima relación e interdependencia.

Una vez más y respecto al cuerpo —nuestra presentación

visible y tangible en el medio en que nos desenvolvemos—, la joven se encuentra desde la pubertad en un mar de paradojas, desde el cual no es fácil arribar indemne a tierra firme y que no cejarán, aun cambiando de signo, hasta la ancianidad.

El cuerpo, eso que somos y a la vez nos alberga durante toda la vida, es una realidad anatómica y una elaboración simbólica, una concreción humana en carne y hueso, impensable, en tanto que humana, si la enajenamos o abstraemos de la percepción y el condicionamiento culturales. Y esto que afecta tanto a hombres como mujeres, a la corporeidad masculina y la femenina, con peculiaridades diversas (caracteres sexuales secundarios adaptados para la procreación en los hombres y para la procreación y la lactancia en las mujeres), tiene además, en lo que a ellas se refiere, la particularidad de cambios y transformaciones numerosas a lo largo de sus vidas, más allá de los procesos evolutivos habituales, hasta la maduración, el envejecimiento y la muerte.

La corporeidad femenina cambia y las mujeres se notan y sienten cambiar, a veces, en todos los premenstruos y, desde luego, durante los embarazos, tras los partos y una vez transcurrida la menopausia; por lo que a lo largo de la vida, además de muchos otros cambios, han de realizar múltiples ajustes e intentos de reelaboración con esa realidad física, que a veces parece no querer obedecer los mandatos de los deseos o la voluntad de cada joven, cada mujer de mediana edad o anciana, que quisiera que su corporeidad fuera un trasunto fiel de su ideal de sí misma. Pero además de todo ello, no podemos dejar de subrayar que, una vez más, gran parte de ese ideal está conformado a través de las ideas, los deseos y las necesidades del género masculino, de forma que, lo que muchas mujeres desearían ser, en última instancia, es lo que la mayoría de los hombres desea que sean. Como no podía suceder de otra manera, la cultura del cuerpo femenino es masculina y la de los hombres también, de manera que cuando la joven se sitúa ante el espejo desearía ver la imagen «ideal» para los ojos de los hombres que a ella le interesan.

Al muchacho adolescente o veinteañero, lo que más suele preocuparle es no crecer bastante, no ser fuerte y, si aparece, el acné en la pubertad; el resto, incluida la idea de belleza, es algo más relativo o secundario. Al menos, estas aspiraciones son más fáciles de precisar mediante los centímetros y los kilogramos, cosa que si sucede con las adolescentes y las jóvenes, son medidas acuñadas para ellas a través de los gustos de ellos en cuanto mayoría. Por eso, las muchachas en general quisieran ser como algunas de las modelos publicitarias, las actrices o las cantantes de mayor popularidad y atractivo entre los chicos de su generación, si bien se trata de estereotipos físicos distintos y cambiantes según la velocidad con que ascienden o desaparecen de las cimas del éxito, asociado a su rentabilidad mercantil en cualquiera de aquellos ámbitos.

Lo que más claro suelen tener las jóvenes y la mayoría de las mujeres en general, también en todas las etapas posteriores pero sobre todo en ésta, es el rechazo a la obesidad, el «no estar gorda», pero en relación a todo lo anterior tampoco está claro lo que eso es, sino que suele aproximarse a lo que más las asemeja al modelo o estereotipo físico ideal para ellas en cada momento.

Si también es cierto que los chicos rechazan la obesidad, entre otras cosas porque suelen ser el blanco de las bromas más o menos pesadas y descalificadoras de familiares, amigos, compañeros y también de las chicas, ciertos kilos por encima del promedio de sus coetáneos suele asociarse también a fortaleza o corpulencia, lo que no deja de asimilarse como un atributo que refuerza, en lugar de desmerecer, la idea de virilidad; en cambio las muchachas en iguales circunstancias, no sólo se sienten «poco femeninas» por igual motivo, sino que si se encuentran sobrepasando el aspecto de la mayoría por exceso, además de los comentarios desvalorizadores de las personas más próximas, suelen ser objeto de procacidades, piropos o exabruptos callejeros, aún más desagradables y frecuentes de los que suelen dedicar algunos «donjuanes transeúntes» a jóvenes y mujeres en general.

Todo esto no es extraño, sino perfectamente acorde, si recordamos las reflexiones de Mary Douglas con que iniciábamos este epígrafe y tenemos en cuenta que todavía nos encontramos en un tipo de sociedad donde la mujer no ha dejado de ser percibida como objeto físico y erótico-sexual ante todo y que uno entre los proyectos prioritarios, tanto de ellas como de ellos a lo largo de la veintena, es tener pareja estable o contraer matrimonio.

Es necesario gustar, atraer, ser querido y si no se fue o se cree no haber sido una «niña guapa», lo que se recuerda con malestar y con tristeza, si bien algunas tiran antes la toalla y aceptan mal que bien un físico que no concita parabienes, ni adhesiones, en la veintena la mayoría trata de lograrlo a toda costa. Cómo cubrir, descubrir, aderezar, corregir, realzar esa corporeidad, que es lo que «entra por los ojos» y primero se percibe, es una de las grandes preocupaciones de esta etapa, heredada sin duda de la anterior y respecto a la cual se invierte tiempo cronológico, psíquico y el dinero más o menos escaso que se posea o que la familia está dispuesta a gastar sobre todo en el primer estadio de esta década, que podría llamarse «la de los espejos».

Esta preocupación por el aspecto físico de las jóvenes en los últimos años se ha visto influida además por dos fenómenos: uno consecutivo al hecho de que a lo largo de 1980 y hasta hoy se ha multiplicado de forma acelerada, en el mundo occidental al menos, la importancia concedida a todos los aspectos relacionados con «la imagen» y cuya influencia también ha comenzado a incidir de forma clara en jóvenes y hombres, lo que comparativamente con las chicas parece equilibrar la balanza un poco en estas cuestiones entre sexos; y otro más preciso y que les concierne sobre todo a ellas consistente en el aumento de la propia estimación no sólo basada en el mayor o menor atractivo físico, considerado por ellas mismas o los otros, sino en la valoración de capacidades de otra índole (sobre todo intelectuales y profesionales) y en el acceso y posibilidad de actuación en ámbitos diversos.

Ambos hechos dan que pensar un tanto: el primero por ser consecuencia de un reclamo general para hombres y mujeres desde la adolescencia, no ajeno sino estrechamente ligado al consumo y el mercado para jóvenes y que discrimina ostentosa y positivamente a los considerados «guapas» y «guapos» en detrimento de todos los demás, lo que tiene lugar en países pretendidamente democráticos, donde todavía se exige «buena presencia» para el desempeño de determinados cometidos; esto que se podría asimilar, sin demasiados miramientos, a una posible «femenización» en cuanto a lo estético, en mi opinión viene a resultar más bien una cosificación progresiva de los individuos sin distinción de sexo. El segundo aspecto trae consigo la interrogante de si algunas jóvenes están dejando un tanto al margen los pruritos estéticos, al ir accediendo a la categoría de personas, mediante el aprecio de aquellos atributos que por lo general siempre poseyeron, pero no fueron aceptados o promovidos por ser considerados socialmente privativos de los hombres, ya que son los exigidos y auspiciados para el acceso al ámbito público, lo que si por un lado tiene como ventaja el desarrollo mayor de esas aptitudes, podría ser por otro una vuelta más en la espiral sexista, en tanto que los niños, jóvenes y hombres no se sientan urgidos socialmente a desarrollar aquellas capacidades y virtudes inhibidas, por considerarlas «de mujeres» y, por tanto, menos valiosas, en lugar de considerar unas y otras patrimonio común del género humano, sin discriminaciones genéricas de por medio. En este sentido, en una encuesta realizada por una revista mensual de amplia aceptación entre mujeres de clase media y media alta, entre los 18 y 34 años residentes en 15 ciudades españolas en julio de 1992, el 15 por ciento afirmaba que «la belleza es lo que más se sigue valorando en la mujer», en tanto el 47 por ciento afirmaban «estar convencidas de ser la inteligencia, el trabajo y la independencia lo que más se aprecia»; lástima no poder conocer por tramos más reducidos de edad unos y otros porcentajes al respecto. En lo que la mayoría de las encuestadas parecían coincidir era en la presión social existente para que las mujeres estuvieran guapas (37 por ciento mucho; 41 por ciento bastante), presión que sólo el 26 por ciento consideraba que también se ejercía sobre los hombres. Algunas encuestadas, que se consideraban guapas, decían sentirse con mayor poder gracias a ello e incluso esgrimirlo conscientemente en situaciones competitivas con hombres, a igualdad de otros méritos, para obtener los logros perseguidos con mayor facilidad.

Hombres entrevistados aleatoriamente y de edades similares coincidían en admitir: «lo primero que me impresiona de una mujer es la belleza», «el hecho de que una mujer sea guapa, incluso en el trabajo, es un punto a su favor; aunque suene a machista yo lo veo así», «claro que no la queremos demasiado guapa, pues siempre da miedo que nos la quite otro o nos engañe»... y así más o menos sucesivamente.

Todavía en la veintena y en tanto la joven no se ha emancipado de la familia de origen, las tensiones, los desacuerdos e incluso muchas veces las disputas en la casa tienen como motivo no sólo el tipo de alimentación más o menos caprichosa que la joven, desde la adolescencia, viene realizando con el fin de eliminar algunos kilos por lo general, sino con el corte de pelo, la indumentaria o maquillaje con que sale a la calle. Que la presencia física continúa siendo una preocupación mucho mayor para las chicas que para los chicos, entre 19-24 años, se pone una vez más de manifiesto a través del hecho de que, a pesar de su menor disponibilidad económica, tanto si están en familia como fuera de ella, tan sólo aventajan a los chicos en cuanto a gastos se refiere, en los de perfumería (en un 140 por ciento) a edades similares para ambos.

Una vez más cabe subrayar la influencia de los medios de publicidad, en todos estos procesos invitando a un consumo «sexualizado» de determinados productos, que si bien comienzan a alentar a los muchachos al cuidado y al adorno de su cuerpo desde hace algunos años (vestuario, cosmética, etc.), tienen en las mujeres en general y las jóvenes en particular su mejor clientela, que tratan de aumentar a toda costa. De esta manera nos encontramos con anuncios publicitarios de televisión y revistas ilustradas muy numerosas y de grandes tiradas que invitan a jóvenes, incluso quinceañeras, a prevenir las arrugas, la celulitis, la deshidratación, la obesidad, el colesterol, el afeamiento de los cabellos, etc. a la vez que les prometen una mejor silueta, una belleza facial y una mayor facilidad para atraer a los chicos, a cambio de utilizar los mil y un productos que el mercado necesita que consuman.

Todo ello crea un temor y un rechazo a la corporalidad característica de otras etapas del propio ciclo vital (por lo general, final de la edad madura y vejez), a la par que la propia juvenil aparece sembrada de peligros que no sólo es preciso sortear, sino incluso prevenir, como si de enfermedades se tratase, con lo cual el disfrute y la identificación con la corporalidad personal, sea la que fuere, no sólo no resulta fácil sino a veces imposible, hasta el punto de sentir el propio cuerpo como extraño, ajeno, enemigo incluso, por lo antitético respecto al ideal que una u otra se fraguaron.

En resumen, en la veintena y sobre todo a sus comienzos, mientras ellos procuran hacer músculo, adquirir fuerza y no quedarse bajitos, ellas que ya van de mujercitas o mujeres suelen haber declinado casi por completo las prácticas deportivas del colegio y del instituto, salvo que vayan a profesionalizarse en alguna modalidad, han ido y continúan instalándose en un mayor sedentarismo y desde él analizan y contemplan durante largos ratos esos fragmentos más preocupantes de su anatomía, motivo de atención prioritaria para *ellos*: la cara, las piernas, los pechos y las nalgas son los grandes interrogantes del conjunto y nunca se sabe cuáles deben ser sus formas concretas, sus volúmenes, cuánto mostrar y cuánto ocultar. Es una batalla, un acertijo sin solución que tratan no obstante de descifrar; un día y otro es un ten con ten entre deseos, proyectos, capacidades y temores, pudores e inseguridades, de los que el cuerpo es escenario y encarnadura visible y cuyo protagonismo más o menos evidente no va a cesar a lo largo de todo el ciclo vital de las mujeres, de la mano en la mayor parte de las ocasiones del erotismo y la sexualidad.

SEXUALIDAD, ORGASMOS Y AFECTIVIDAD. ¿QUÉ ES LA NORMALIDAD?

Marcel Mauss, en 1936, afirmaba rotundamente en su obra *Les techniques du corps* que no existe ningún tipo de conducta humana natural: «Toda acción lleva en sí la huella de un aprendizaje, desde el hecho de comer al de lavarse, del reposo al movimiento y muy especialmente la conducta sexual. Nada se transmite más enteramente a través de un proceso de aprendizaje que esta última, la cual, naturalmente, está estrechamente relacionada con la moralidad.»

Pero si ello nos parece cierto, no debemos dejar de subrayar que entre los comportamientos que no se enseñan ni se aprenden en familia, ninguno hay más ajeno a este magisterio que la sexualidad, entendida como conducta que persigue el goce y la comunicación a través de la sensualidad y la corporalidad. Es el gran tema sobre el que, raramente o jamás, las madres y los padres expresan o comunican su propia experiencia, que continúa llevándose a cabo a puerta cerrada y procurando no hacer ruido; es decir, invisibilizando, disimulando o negando su existencia.

En cualquier caso, las primeras experiencias en este sentido tienen lugar entre coetáneos por lo general (infancia, adolescencia) y como ocultas y clandestinas, o bien se olvidan o se hace como si se olvidasen por considerarlas «malas», «sucias», «inmorales» o «pecaminosas» según las orientaciones de nuestra cultura. Otro tanto cabe decir de la escuela y otros centros de enseñanza, sobre la orientación o adiestramiento en el mismo sentido, en el que si algo cabe aprender es a hurtadillas o a escondidas entre condiscípulas/os.

Es un asunto sobre el que cada cual se inicia no como en otros, gracias a la demostración práctica y el «esto se hace así», sino precisamente tratando de intuir cómo debe ser a fuerza de oír «eso no se hace», «eso no está bien», que cohiben casi siempre la tendencia del niño o la niña, la del adolescente a tocar su cuerpo o el de otros y obtener placer de ello, mostrarse en posturas o actitudes que se consideran o desinhibidas o sensuales y que no suelen ser frecuentes ya pasada la pubertad, dado que al ser el tema tabú por excelencia, va quedando reservado a pesquisas e información a través de las amistades, los libros, el diccionario, las revistas ilustradas, el cine o los vídeos y la televisión. Es evidente que el tabú del incesto, reforzado por creencias y prácticas religiosas en muchos casos, continúa «negando» la sexualidad familiar, que sólo en contadas ocasiones es permisiva al respecto, aceptando que el amigo, la amiga o el novio o novia de turno «se acueste en casa con la niña» o «el niño», que a lo mejor son ya veinteañeros.

De hecho, según datos de 1988, las jóvenes de 20-29 años no suelen abordar o tratar con sus progenitores temas sobre sexo y relaciones sexuales, y menos aún con el padre que con la madre, dándose el caso que, con respecto a los padres, el 74 por ciento de chicos y el 77 por ciento de chicas no lo hacen nunca o casi nunca, y el 19 por ciento de chicos y el 15 por ciento de chicas con poca frecuencia. A esta escasa comunicación sobre el particular, hay que añadir que es respecto a estas cuestiones y no con respecto a otras (trabajo o estudios, política, diversiones, inversión del tiempo libre, planes de futuro o cuestiones morales y religiosas) en las que se da el mayor grado de desacuerdo entre hijas, hijos, padres y madres; es decir, que se habla poco sobre estos asuntos y cuando se habla, se disiente en general. Es como si los tabúes que imperan en tantas sociedades y también en la nuestra, reforzados o no por cuestiones que emanan de una sociedad católica confesional hasta no hace mucho aunque bastante desacralizada hoy, gravitasen con especial fuerza todavía en cuestiones como ésta, sobre la que se dan una serie de desacuerdos que no sólo deben atribuirse a la diferencia de perspectiva en consonancia con la edad (se supone que madres y padres serían más conservadores que sus hijas e hijos, aunque no existe tal evidencia), sino con el grado de sinceridad con que se abordan.

En general, existe una tendencia más o menos acentuada en unos y otros a engañar y engañarse con respecto a lo que fueron sus experiencias o inexperiencias. Así, en las familias se suele actuar en virtud de suposiciones, temores o sobreentendidos, pues «la cuestión en sí» continúa teniendo mucho de vergonzosa y clandestina, por lo que la gente joven sigue estando desinformada y/o malinformada, por lo general, tengan o carezcan de más o menos medios a su alcance para evitarlo.

Lo más corriente es que inicien sus contactos físicos, casi siempre comenzando por besos, besos y caricias en lugares públicos o la calle, hasta los prolegómenos coitales o el propio coito furtivo en alguna «fiesta» de amigos, aprovechando que los padres de alguien están fuera de casa; así, en contra de la opinión general de las personas adultas, los/las veinteañeros españoles inician ese decenio con menos experiencia de la que se supone por parte de los más «progres» y algo más de lo que desearían los más conservadores; es decir, son muchas y muchos los que ingresan en los veinte sin haber iniciado relaciones sexuales completas en cuanto a la genitalidad (coito) se refiere, y bastantes quienes tienen encuentros de los que salen desorientados sobre si lo han sido o no, y hasta qué grado, aunque esto suela ser poco creíble por parte de los adultos. La cuestión referida afecta más a las chicas que a los chicos, para quienes son también más frecuentes unas primeras experiencias completas no sólo insatisfactorias o desagradables, sino en las que no experimentan un orgasmo, lo que no suele tener lugar hasta transcurrido más o menos tiempo del inicio y la repetición de experiencias coitales y difiere según las necesidades e interrelación entre las personas que forman la pareja.

Así como según los datos del clásico estudio de M. Schofield para Gran Bretaña, a mitad de los años setenta, las jóvenes encuestadas disfrutaban mucho menos y rechazaban mucho más que sus parejas masculinas los besos «en profundidad» o «besos franceses» (besos con entrelazamiento o penetración de la lengua en la cavidad bucal), ello también lo refieren con frecuencia muchas jóvenes españolas actuales de las capas medias. Estas, aunque consideran normal masturbarse, todavía siguen siendo más proclives a ser elegidas por un chico, que a ser ellas quienes den el primer paso cuando uno les agrada, pues culturalmente se incita y se espera de los hombres (los jóvenes en este caso) que tomen la iniciativa y cuando así lo hacen, suelen poner en práctica aquellos comportamientos más placenteros para ellos, aunque para ellas no lo sean igualmente, de manera que las relaciones genitales y sexuales entre jóvenes, en general, se encuentran muy mediatizadas todavía por las actividades preconizadas por los chicos como normales, quedando relegados a un segundo plano la iniciativa o los «modos» que a las chicas les proporcionarían más placer y que sólo descubrirán más adelante, a veces mucho más adelante e incluso algunas nunca a lo largo de la vida.

En estas etapas de estreno sexual o sexual-genital, incluso si hablásemos de este único aspecto, como separado de todos los referidos hasta el momento, el cometido no resulta precisamente simple o fácil, pero sin duda lo es mucho menos cuando tratamos de observarlo, lo más ampliamente posible, con el cortejo de dudas, expectativas e interrogantes que suelen traer consigo, de las cuales mayúsculas es el orgasmo: «¿orgasmo sí?, ¿orgasmo no?, ¿uno, dos o tres orgasmos?» El orgasmo a estas edades constituye el mito de la sexualidad, y alcanzarlo supone, por lo general, algo parecido a llegar a la cima del Everest por la cara más difícil, o lo que se imagina que debe ser el doctorado *cum laude* o el primer empleo con contrato fijo y un millón al mes: es decir, el no va más. Y claro, cuando las primeras experiencias eróticas, sensuales o eroticogenitales no parecen arrojar ese éxtasis, que siempre aparece en las películas a la primera, la desorientación tantas veces acompañada de la frustración, suele ser lo más común y si ello se prolonga a medida que las experiencias menudean, la pregunta que suelen formularse mucho más frecuentemente las chicas que los chicos es: «¿seré normal?», así como la afirmación más frecuente para consigo misma es: «esto no debe ser normal, eso es que algo raro me pasa».

A ello contribuye la creencia, sobre todo a comienzos de los veinte años, en «valores fijos y verdaderos» todavía; respecto a casi todo y que en cuanto a la sexualidad se refiere hace creer que hay que alcanzar la cantidad y la normalidad de placer propios de las mujeres normales porque la mayoría lo son, a diferencia de una misma. Pero, ¿a quién preguntar?, ¿cómo enterarse?; la madre quizá fuera una vía, «pero ni pensarlo y con mi padre mucho menos; antes me muero que hablar con ellos de eso». Otra vez la búsqueda de información, de soluciones a través de las amigas, las revistas y los libros, etc., todos los cuales suelen dejarla algo más orientada pero aún muy confusa, porque además está el asunto de que «yo creo que estoy enamorada de él, pero en cambio me parece que él se acuesta conmigo porque lo pasa bien, pero de enamorarse nada».

Libertad sexual: entre la autonomía y el temor a la utilización

En estos ensayos que las jóvenes vienen llevando a cabo en pos de una vida integral, más o menos generalizados desde la pubertad y que antes o después conllevan la incorporación de la sexualidad genital, aún existen contradicciones herederas de otras viejas o algo más recientes; una de ellas se deriva de esperar de los hombres sentimientos similares a los propios, vetados, inhibidos o prohibidos en aquéllos en general, mediante el tipo de socialización culturalmente normalizada para los varones; y la otra, consecutiva sobre todo a la denominada «revolución sexual» y referida a los años setenta, fundamentalmente en los países anglosajones, pero con importante incidencia y repercusión en el nuestro también.

La vulgarización de los anticonceptivos, a pesar de su prohibición legal, junto con la pujanza manifiesta del movimiento feminista de aquella década, hicieron clamar a muchos y a algunas que las mujeres ya habían logrado su «liberación» dado que podían disfrutar de la sexualidad sin verse abocadas necesariamente a la procreación, lo cual les permitiría zafarse de una vez por todas de su situación de subordinación respecto al colectivo masculino, el otro 50 por ciento de la cuestión. Craso error como apreciación «total», ya que de no cambiar el sistema de valores y poderes que desvalorizan las capacidades de las mujeres en loor de la hipervaloración de las masculinas y que legitiman como poderes, habilidades y lugares aquellos ejercidos, expresados y frecuentados por los hombres prioritariamente, en detrimento de los que desarrollan y realizan y transitan las mujeres de cualquier edad, sosteniendo, creando y recreando la otra mitad del mundo, poco y muy lentamente pudo incidir aquello, si bien continúa influyendo parcialmente día a día.

A estas alturas y a consecuencia de todo lo anterior, el malestar de muchas chicas jóvenes y más tarde de mujeres que ya no lo son tanto, e incluso dejaron de serlo tiempo ha, se cifra, junto con las elucubraciones en torno al mítico orgasmo, en preguntarse si los chicos se acuestan con ellas porque las quieren, las quieren porque se acuestan con ellas o también se acuestan con ellas sin quererlas y sólo por el placer de acostarse. Constituyen, por lo general, situaciones incómodas y desasosegantes por lo disyuntivas, pues la mayoría no puede aceptar sin empacho o cierta violencia subjetiva, el hecho de que puede darse tanto lo uno como lo otro y tratar de obtener satisfacciones propias de todo ello, y es aquí donde, en mi opinión, inciden —además de los factores ya descritos— los prejuicios de la tradición y la moral católica-conservadora, que, aun aconfesionalmente, todavía impregna nuestra cultura formando parte de los cimientos de conciencia, prejuicios, temores conscientes e inconscientes de la sociedad y sus individuos y, por tanto, hombres y mujeres.

Creo, sin embargo, que se camina lentamente hacia la sutura de la grieta o la escisión creada en siglos anteriores, entre el concepto de las «mujeres buenas», intactas sexualmente o que en último extremo sólo «se dan por entero» a través del amor total, que suele incluir el beneficio social de la reposición de la especie, y las «mujeres malas», «puro sexo», que se pueden comprar, vender o intercambiar con menos complicaciones y de las que se derivan todavía las supuestas «chicas fáciles», en tanto que a las difíciles ha venido a caerles la curiosa denominación de «estrechas».

Hacia la difícil sutura de esa brecha se dirigen las chicas y los chicos jóvenes, cada cual con sus características individuales, aunque muy influidos aún por la socialización genérica bastante diversa en todos los órdenes y también en éste. Ellos tienden todavía de manera un tanto compulsiva (impelidos por las expectativas de su entorno) a iniciar en un momento dado una relación sexual-genital, que más allá o más acá del placer y del afecto, les ratifique su valía, su virilidad concreta mediante la conquista «completa» de una chica, no sólo para su propia autovaloración positiva, sino para la que sobre él desea que tengan sus camaradas, amigos y conocidos casi tan importantes como la propia y a quienes suele referir muy pronto la experiencia, que, antes o después, trasciende a la familia donde suele contar con votos a favor, aunque se emitan en silencio.

Ellas, todavía muy inducidas desde niñas a ser complacientes y atentas con los deseos de los demás y estableciendo lazos emocionales más rápidos e intensos con quienes se relacionan, saben desde hace mucho, lo hagan notar o no, pero desde luego dentro de sí mismas, que la experiencia sexual, genitalidad incluida, una vez realizada no contará con un refrendo general tan claro y positivo como para los chicos de su edad. Para sí, despejarán algunas dudas y se les ofrecerán otras nuevas; entre conocidas, compañeras o amigas, sólo a las más íntimas se lo referirán o ni siquiera a ellas; y en familia, por lo general, ni mencionarlo, por lo que la cuestión sigue siendo una interrogante cuya respuesta continúa sin hallarse durante bastante tiempo todavía.

Otras, las menos, parecen llegar con menos dificultades tras un periodo más o menos largo de experiencia a un cierto equilibrio, logrado a través de no coartar la propia iniciativa en determinadas ocasiones y actuar más sinceramente de acuerdo a los propios deseos, y sin anteponer a éstos los de los muchachos que las solicitan. Saber cuántas se encontrarán en esta circunstancia no es posible por el momento, ni siquiera aproximadamente.

En torno a todo ello, las dudas de Charo y su crisis reflejan las de otras muchas chicas que, en mitad de una de estas encrucijadas, sienten hallarse en una trampa sin salida.

Charo tenía veintiséis años cuando la conocí y desde los diecinueve trabajaba en una oficina durante toda la mañana; a los veinte ingresó en la Universidad, simultaneando ambas tareas.

Era la tercera de tres hermanos, de los cuales los dos mayores que ella, varones, eran uno abogado y otro perito. El padre y la madre no habían previsto que Charo hiciera nada de particular después del bachiller, si acaso trabajar en lo que le gustase hasta que se casara. «Mis padres, bueno más bien mi madre, me decían que era la más guapa de la familia y que era una tontería que estudiase nada más, porque lo dejaría plantado en cuanto tuviese novio.» La madre, ama de casa, al parecer comunicativa, locuaz y organizadora, era el contrapunto del padre, dedicado de la mañana a la noche al negocio de electrodomésticos de su propiedad, el cual rara vez expresaba en familia una opinión y con quien Charo se sentía más unida e identificada «desde siempre» según ella.

Refería, dolida, que la madre parecía querer más a sus hermanos, que sin embargo no se ocupaban para nada de ella, pero de los que decía estaba orgullosa y que en cambio a ella, aparte de decirle que era guapa y tenía un tipazo, en todo lo demás le ponía faltas: le insistía en que debía arreglarse más, que en la oficina que estaba no tenía porvenir y que lo de la Universidad era un capricho que no entendía; el padre, sin embargo, parecía no prestar demasiada atención a si su hija iba vestida de esta o aquella manera y decía que si le gustaba estudiar que estudiase.

Charo inició una carrera universitaria pagándosela ella misma, porque, según decía, cuando se matriculó el padre estaba enfermo y pasaban por un bache económico; parecía molestarle además que le ayudasen. Se veía fea y llamativa, aborrecía que le dijeran cosas por la calle, lo que solía ser frecuente, y por otra parte se hizo menos comunicativa en casa y en la oficina se sentía más incómoda a medida que pasaba el tiempo.

Al parecer, en la Universidad era donde se encontraba más a gusto y empezó a «ligar» con un chico tras otro: «...necesitaba acostarme casi como comer y, en el fondo, el acto sexual (coito) yo creo que no me gustaba, pero necesitaba acostarme con el chico que salía, porque me parecía que así me quería más, me comunicaba mejor, aunque después pensaba y todavía pienso que en realidad no les interesaba, ni me conocían para nada, y que la que perdía era yo».

Cuando la conocí había terminado su carrera y se había ido a vivir con una amiga, compartiendo un piso con ella, porque refería que la situación en su casa se había ido haciendo cada vez más agobiante; desde que el padre no estaba bien, todavía se entendía peor con su madre y a los hermanos no los podía soportar ni siquiera de visita. En los últimos meses tenía pesadillas y palpitaciones con frecuencia, «saltaba a lo más mínimo en la oficina» y presumía que la iban a despedir o se iba a ir en cualquier momento, «...porque no me aguanto ni yo; necesito ir a casa de mis padres pensando que allí voy a tranquilizarme y tener cariño, pero siempre terminamos tarifando y salgo de allí sin saber qué estoy haciendo con mi vida, por qué me marché de allí, por qué me acuesto con el primero que salgo; la carrera no me sirve de nada hasta ahora y estoy fatal en todas partes; últimamente me parece que los hombres me miran en el autobús o por la calle como si fuera una fulana... Mis padres me dicen que me encuentran desmejorada y rara y tampoco entienden qué me pasa; les parece mal que me haya ido de casa, sobre todo porque no me ven bien, piensan que ha sido otra barbaridad de las mías y que estoy pagando las consecuencias».

Y en realidad sí que estaba acusando las consecuencias de estar atravesando una difícil etapa de transición. Inteligente, luchadora, guapa para todos menos para sí misma se hallaba en plena crisis, en cuyo fondo batallaban el apego y la necesidad de despegue familiar, la inseguridad respecto a sus capacidades y cualidades físicas e intelectuales, y la necesidad de reasegurarse respecto a las segundas y no aborrecer las primeras, así como la obtención de logros laborales, de pareja y sexuales que satisfacieran sus necesidades, cuando tuviera claro cuáles eran. Ingenuamente, creía que todo ello podía alcanzarse rápida y sencillamente, sin renunciar a nada de momento y tener, sin malestar, dudas ni confusiones a lo largo de trayecto tan complejo y delicado. Su frase más característica y repetida era: «lo que me pasa a mí no le pasa a las chicas normales».

ENCRUCIJADA: INDEPENDENCIA ECONÓMICA Y TRABAJO MÁS O MENOS FIJO FRENTE A DEPENDENCIA AFECTIVA Y PAREJA MÁS O MENOS ESTABLE

Como puede colegirse de lo que antecede y según lo que manifiestan los resultados de una serie de encuestas en los últimos años, tanto llevadas a cabo por organismos oficiales como por revistas ilustradas de gran aceptación y de gran tirada en nuestro país entre las jóvenes, el proyecto mayoritario de las veinteañeras que rondan la mitad de ese decenio es lograr la independencia económica a través del trabajo, una pareja estable con quien compartir amor y sexualidad y con quien planear su futuro. Un 60 por ciento se decanta por el matrimonio civil o religioso y un 93,2 por ciento desea tener hijos, incluso sin tener muy claro el deseo de casarse. Otra tercera parte, aproximadamente, está formada por quienes se pronuncian contrarias, escépticas o desinteresadas hacia el matrimonio, lo que no obvia el desear la pareja, la independencia laboral y, en la mayoría de los casos, algún hijo o hija.

Por tanto, *lo que quieren las mujeres* de estas edades en las grandes ciudades y pertenecientes a los sectores medios de nuestro país fundamentalmente, es *amor, trabajo* y *descendencia*; es decir, una tarea profesional que no interfiera con la relación de pareja y un amor lo bastante generoso como para aceptar de ella que incluso llegue a tener tanto o más éxito laboral y económico que él sin sufrir en su amor propio, pues un 55 por ciento opina que los hombres se sienten amenazados por las mujeres que los superan en estos aspectos.

Este sería el ideal de futuro de la mayor parte de estas jóvenes, que, al planteárseles la disyuntiva de tener que elegir entre trabajo y pareja contestan con un «no sé» en un 44,8 por ciento, en tanto que un 12,4 por ciento elegiría el trabajo y un 28,1 por ciento se quedaría con su pareja, renunciando a lo demás.

Estas respuestas, incluso a nivel de expectativas, muestran las perplejidades y las dificultades de las jóvenes si no logran aunar todas estas aspiraciones, perfectamente razonables sin embargo.

Es un decenio crucial en el sentido literal de la palabra, de encrucijada de caminos y opciones que pugnan, casi por igual, por ocupar el primer lugar. Desean ser independientes económica y emocionalmente, pero sin prescindir de un compañero fijo o marido, con quien compartir amor, sexualidad y descendencia.

Los condicionantes psicosociales de que hemos venido hablando hasta el momento, además de las características más específicas y personales de cada uno, en esta etapa de pujanza vital por excelencia, aun con días mejores y otros peores, hacen más difícil o casi imposible que en otras etapas de la vida la renuncia a cualquiera de estos proyectos de futuro, aunque el contexto venga a señalar las incompatibilidades mayoritarias todavía, precisamente a la hora de tratar de unir trabajo y familia. Ellas lo intuyen o lo saben a ciencia cierta, pero aun así ¿cómo hacer para lograrlo todo?

Según se ordenen, pospongan o antepongan unas y otras opciones, además de las circunstancias precisas de cada cual, los y las aliadas que se encuentren en el camino, las características y expectativas del compañero y/o del trabajo y de eso que llamamos todavía «buena» o «mala suerte», unas irán decantándose por determinados derroteros, aquéllas por otros, y las habrá que continuarán sin acceder a renunciar a nada por el momento.

Evidentemente cada opción tiene su contrapartida, cada elección sus consecuencias y cualquier camino a recorrer sus riesgos, sus costes y sus satisfacciones correspondientes, de los que iremos hablando sucesivamente, poco a poco.

Embarazo imprevisto y alternativas

Si bien es cierto que la mayor parte de embarazos en jóvenes solteras se da en adolescentes entre los 15-19 años, decreciendo su frecuencia una vez iniciada la veintena, también lo es que este es un fenómeno que generalmente resulta sorpresivo.

Los trabajos de investigación sobre el mismo en nuestro país son todavía parciales y referidos a algunas regiones y comunidades autónomas concretas; sus resultados no son homogeneizables dadas sus características diversas, no sólo por lo que respecta a la metodología de cada investigación, sino de las poblaciones contempladas. En consecuencia, los porcentajes de embarazos en mujeres que todavía no alcanzaron la veintena, oscilan según los autores entre un 3,27 por ciento a un 1,678 por ciento y un 12,92 por ciento en las tres investigaciones llevadas a cabo hasta finales de 1980.

Pero en cuanto a las veinteañeras y estas cuestiones, todavía se sabe menos y ello quizá pueda deberse sobre todo a tres factores: en primer lugar, que ya no suelen ser consideradas «adolescentes» estadísticamente hablando en cuanto al hecho reproductivo se refiere; en segundo término, son más las que contraen matrimonio cuando atraviesan esta circunstancia; y por último, suelen resolver esta cuestión interrumpiendo el embarazo fuera o dentro de nuestro país, más a menudo que las menores de edad, con más dificultades para ello.

La serie de contradicciones producidas por la realidad socioeconómica y legal en que se encuentra inmerso este grupo etario de la veintena, sobre todo en su primera mitad, y por tanto la adultez y la madurez que se les supone por unos y se les niega por otros, pero que se concreta en una moratoria sociológica para los asuntos que se consideran normales y característicos de las personas plenamente adultas a los niveles relativos de lo humano, está muy relacionada con esta cuestión del embarazo fortuito, de las reacciones ante el mismo, así como de las alternativas al respecto, hechos todos ellos a los que no suelen ser ajenas las personas que rodean a estas jóvenes por su manera de obrar explícita o implícitamente con relación a dicha cuestión.

El hecho de que los métodos anticonceptivos hayan permitido deslindar la sexualidad y la procreación no implica que la información, la dispensa y la aceptación de los mismos sea universal, ni que las seguridades brindadas sean absolutas.

Es un hecho conocido y común, al menos en el mundo occidental, la escasa utilización de los centros —mal denominados de planificación familiar— por jóvenes de ambos sexos, porque concebidos desde una mentalidad adulta y atendidos por personal también de estas características, no se encuentran próximos a los lugares frecuentados por las y los jóvenes, no funcionan según el tipo de rapidez en la respuesta que ellas y ellos necesitan, son utilizados por personas mucho mayores y que para colmo pueden ser vecinos, conocidos y/o familiares. Como vemos, otra vez el sentimiento de vergüenza y clandestinidad con relación a las relaciones sexuales, auspiciado socialmente y no resuelto desde los servicios públicos, que, además de ser insuficientes en número, también suelen adolecer de escasez de personal adecuadamente formado, reduciéndose los mejores de ellos, muchas veces, a experiencias más o menos piloto, que dependen en su mayoría de subvenciones y mayor o menor voluntarismo por parte de los profesionales que en ellos desarrollan su trabajo.

A título indicativo hemos de decir que un estudio realizado sobre la situación de las mujeres en la Comunidad de Madrid en 1989 revelaba que respecto a las que se encontraban en edad fértil (de 18-50 años), tan sólo el 49,4 por ciento utilizaba algún método anticonceptivo y que de ellas la mitad no se sometía a revisiones periódicas. De las mujeres que en esas fechas se sometieron a una interrupción voluntaria del embarazo un 45,2 por ciento era menor de veinticinco años y la mayoría se encontraba entre los 21-25 años.

En estas edades en las que, en el mejor de los casos, toda la vida constituye un mero proyecto, bosquejo o apunte más o menos incierto de lo que irá convirtiéndose en hechos, consecuciones y logros que pervivirán durante más o menos años, las jóvenes desde luego ya no suelen ignorar que desde que comienzan a reglar pueden quedarse embarazadas durante relaciones sexuales genitales, pero aunque sobre todo a los adultos les cueste admitirlo, esta realidad se traduce para ellas en pseudocerteza, que se fragua así, como *pseudo*, en virtud no sólo de la ignorancia teórica y práctica de cómo es, no sólo el coito completo, la fecundación, etc., sino también de otros factores ligados asimismo a esta etapa de estrenos múltiples y experiencias en inicio, tales como la frecuencia de la negación inconsciente de que «eso pueda ocurrirle a ella», lo que denota el espíritu un tanto omnipotente de la adolescencia; que haya tenido lugar o vaya a tener lugar cuando «no debe ser»; y de la idea romántica del amor en estos años, en consonancia lógica con los factores anteriores, a los que se agrega una cierta repugnancia a incluir en el organismo elementos considerados un tanto «antinaturales» y de cuyo uso se derivan incomodidades, pudores o aplazamientos en el logro del placer «aquí y ahora», tan característico de estos años.

Todo ello explica en gran parte el hecho de que cuando estas jóvenes finalmente se percatan de la certeza del embarazo, la exclamación en voz alta o para sí mismas suele ser: «es imposible». Esta «imposibilidad» ante el hecho consumado es la síntesis de un conglomerado de sentimientos, temores y confusiones del tipo: «no hubo penetración total»; «ninguno de los dos queríamos un hijo»; «sería un desastre»; «mis padres me matan si se enteran»; «pero si él me dijo que no había hecho nada»; «yo estaba en los días en que no pasaba nada», etc., etc.

Esta tormenta de sentimientos angustiosos y de negación de la evidencia tienen que ver también, entre otras cosas, con que la chica ha creído a pies juntillas que la «pérdida de la virginidad», desvirgamiento, desfloración, rotura del himen, o como prefiera llamársele, de manera más o menos metafórica o científica, siempre se acompaña de dolor intenso y hemorragia, circunstancias ausentes en muchos casos, unida al desconocimiento de los días fértiles e infértiles entre menstruaciones y variaciones posibles de unos meses a otros en la misma mujer; a todo ello se une la ignorancia de que la falta de deseo de engendrar y concebir, no evita ni lo uno ni lo otro, por sí mismos. A la par, el muchacho inexperto tampoco conoce todavía con cierta claridad cuándo y dónde eyacula durante el coito y que no sólo durante la eyaculación, en el clímax de su orgasmo, los espermatozoides continúan viajando en busca del óvulo hasta dar con él.

La joven cae en la cuenta además, de manera más o menos confusa pero *entonces*, y por eso lo teme, de las consecuencias negativas que el embarazo puede tener, no sólo respecto a sí misma sino también en cuanto a su familia. Pensar «mis padres me matan si se enteran» expresa un enorme sentimiento de culpa, ligado en mayor o menor medida a la sexualidad como práctica que se realiza sin el consentimiento familiar, a escondidas y más en relación con «lo malo» y la transgresión, que con el inicio de una capacidad más y una necesidad a veces, pero carente de aceptación y cobertura suficientes, lo que casi siempre manifestará que se está haciendo lo que se espera que no se haga todavía. El «no puede ser» hace referencia sobre todo a «no debería haber sido», pues eso es lo que ha internalizado ella desde las instancias sociales más amplias, así como las familiares y las amicales más concretas, plagadas de dobles mensajes, incitadores al mismo tiempo sin embargo; es la lucha entre el *poder* y *el no deber poder*, el *es* pero *no debe ser*, lo cual concita estas emociones enfrentadas, disyuntivas, que significan siempre una crisis de mayor o menor envergadura, cuyas salidas diferirán, de uno a otro caso, según las circunstancias individuales de cada una, el contexto en que se encuentre, las posibles soluciones existentes y la opción por una u otra entre ellas. La tormenta emocional referida se agudiza, tanto más, en la joven que no tiene pareja de larga duración, sin emancipación económica o emocional de su familia de origen y que ignora todavía qué orientación pretende para su vida; la angustia, un profundo y difuso temor hacia todo y una sensación de sobrecogimiento en que la existencia parece haberse convertido en un tiempo enlentecido, doloroso y apesadumbrado en el que ya nada tiene sentido y sólo dominan la confusión y el miedo que impiden reaccionar, es lo más común en estos casos. «¿Qué hago yo ahora?», la gran frase eterna frente a las grandes dudas, que en esta situación se escribe con mayúscula.

Ni que decir tiene que esta circunstancia significa una crisis indudable en la biografía de cualquier joven y también en la de su familia si llegan a saberla. Su solución dependerá, como en todas ellas, del resultado final de la conjunción de proyectos, deseos, afectos conscientes de toda índole e inconscientes por parte de unos u otros, así como de la situación emocional, económica y madurativa del partener, más o menos mediatizado a su vez por la propia constelación de lazos existentes entre él, su familia, amistades etc., además de la ética en el vivir cotidiano de cada uno de ellos más o menos laicas o sacralizadas.

No es posible conocer el número de jóvenes (chicas) que optan por continuar o interrumpir el embarazo, ni tampoco el de las que ingresan en el matrimonio por esta vía; lo cierto es que todos conocemos resoluciones muy diversas para la misma circunstancia: el aborto que realiza la joven tantas veces gracias a la ayuda emocional y económica del grupo de amigas y amigos, que sirven de apoyo en todo momento, sin que el hecho transcienda en casa; el padre y la madre que pasados los primeros momentos, días, semanas de malestar, dudas, reproches, culpabilidades y disgustos, ayudan a que la hija pueda continuar o interrumpir el embarazo; la joven que se las ingenia haciéndolo pasar desapercibido la mayor parte del tiempo fajándose y cambiando su indumentaria hasta lograr parir y dar la criatura en adopción; la que se provoca el aborto como Dios le da a entender y lo logra o ingresa desangrándose en un hospital; la que se casa con el chico si éste trabaja y comienzan la convivencia como pareja, casi siempre gracias a la ayuda de ambas familias o tienen que optar por convivir con la madre y el padre de alguno de los dos, según las posibilidades económicas y de hábitat en uno y otro caso; y por último, la que se decide a continuar adelante y tener la criatura contra viento y marea y sin otros medios que los propios.

Todas estas jóvenes, aunque a todos los efectos y desde el punto de vista psicosocial adolescentes, de una u otra forma suelen verse arrojadas, bruscamente, incluso en el mejor de los casos y a veces de manera brutal, al mundo adulto, por obra y gracia de la ceguera biológica de las dos células de marras, la ignorancia, la curiosidad, el romanticismo, la impulsividad y la falta de previsión al comenzar a hacer del amor una relación concreta entre personas heterosexuales, en lugar de un tema para especulaciones, fantasías, relaciones platónicas o placeres solitarios.

La tentación y la angustia ante el matrimonio

Aunque las jóvenes lo ignoren, si bien algo intuyen, es una realidad incuestionable que el matrimonio sigue siendo la institución que confiere carta de naturaleza al comienzo de la adultez. Es el rito de paso que, junto al servicio militar para los jóvenes, confiere a éstos y a ellas también, el ascenso al mundo adulto, con todas sus consecuencias.

El establecimiento de una nueva pareja en un hábitat ajeno a los de origen y autosuficientes para el mantenimiento de sus necesidades básicas, se considera una nueva unidad familiar y supone el grado de autonomía y madurez necesarios desde el punto de vista emocional o psicológico, económico, relacional, interafectivo y de mutualidad suficiente por parte de ambos miembros de la misma para que perdure. Conviene precisar no obstante que «madurez», «crecimiento» y otros términos sinónimos utilizados con frecuencia por las ciencias humanas y sus profesionales, son unos de tantos términos «paraguas» o «perchas» que resultan cómodos, aunque no dejen de resultar ambiguos e imprecisos.

La sociedad es, en general, decididamente partidaria del matrimonio porque es básicamente familiarista y así, amigos y conocidos suelen, por lo común, alegrarse y mostrar su regocijo cuando alguien del ámbito próximo decide casarse o emparejarse de manera estable. Incluso los viandantes que ven salir a los recién casados de la iglesia o del juzgado, perfectamente desconocidos por otra parte, suelen sonreír ante este hecho al contemplarlos. La idea de matrimonio está, a pesar de los pesares, firmemente ligada a la de felicidad, ya que el clásico «y se casaron y fueron felices» todavía es un mito y un proyecto-deseo, que ni las más duras realidades en su contra, conocidas en carne propia o ajena, han logrado relativizar.

Sin embargo, entre otros muchos, Emile Durkheim, ya a mediados de este siglo y después de un amplio trabajo de investigación, concluía diciendo: «Las reglas impuestas a las mujeres por el matrimonio son siempre más restrictivas que las impuestas a los hombres, ellas pierden más y ganan menos de esta institución. El matrimonio no es el mismo para la mujer y para el hombre, no es tan bueno ni mucho menos para ellas.» E. Durkheim no era sospechoso de feminismo, ni el casi medio siglo transcurrido desde entonces ha modificado esta realidad en líneas generales. No obstante, como veíamos en páginas anteriores, la aspiración al emparejamiento estable o matrimonio es mayoritario y el descenso en las tasas de nupcialidad producida a finales de los años sesenta y a lo largo de los setenta ha experimentado un ascenso mantenido desde 1982 hasta la actualidad, de manera que en 1986 las españolas casadas ascendían a 9.010.292, las solteras eran 8.520.232, las viudas 1.856.307 y las separadas y/o divorciadas sumaban un total de 208.519.

Hoy la edad media para contraer matrimonio es de unos 25 años para las mujeres y para los hombres de 27 a 28. A lo largo de la década de los veinte y sobre todo cumplidos los 25-26 años, la mayor parte de las mujeres y también de los hombres siente y piensa que lo «normal» es casarse, que «ya va siendo hora», que «habrá que irlo pensando en serio», entre otras cosas porque en la familia y entre las amigas y amigos, alguna o alguno «ya ha caído» o «se ha animado» y secreta o explícitamente se les envidia, parecen invitarles a seguirles, a ser iguales que ellas y ellos, así como también porque a la mayoría, a lo largo y sobre todo a finales de los veinte años, le va surgiendo algún que otro trabajo quizá más estable, los padres y las madres aportan lo que pueden para el piso, los muebles, lo que se sigue llamando «ajuar», aunque hoy en tono más bien humorístico, porque el vocablo suena antiguo, pero no se le ha encontrado sinónimo de momento.

Es típico que en una pareja que lleva tiempo de relación, incluso sexual, se produzcan tiras y aflojas cuando una u otro proponen casarse ya. Cada vez conocemos más chicas, sobre todo si conservan fuertes lazos familiares (lo que no quiere decir que sean positivos y gratificantes en todos los casos, sino que pueden ser muy ambivalentes al mismo tiempo), que amenazan con romper o con dejar la relación. Si la propuesta matrimonial arrecia, el «no me agobies, no estoy segura», «no hablemos de eso, me presionas, necesito aclararme, mejor lo dejamos por un tiempo», están a la orden del día.

Si estudia y no ha adquirido la titulación, si desarrolla un trabajo que le agrada por lo económico, por los compañeros y las compañeras de tarea y ha tenido otras parejas, suele pensárselo bastante. Otra cosa es que realice uno y otro cometido sin demasiado entusiasmo o gratificación subsiguiente, en cuyo caso vienen a ser un entretenimiento o formas de «matar el tiempo», hasta lograr el estatus de casada o equivalente. También el matrimonio se ofrece como huida y elusión de la mala o costosa relación con la familia o lo que se vive como fracaso o incompetencia en otros cometidos. Para alguna, como dijimos en el epígrafe anterior, puede constituir la solución no demasiado meditada o entusiasta a un embarazo imprevisto y que se decide proseguir o se teme interrumpir. Otras, las menos, como al parecer muestran las estadísticas, consideran que aun con casi treinta años es preferible continuar aumentando y mejorando su formación, adquirir más práctica profesional, más solidez laboral y experiencia de vida personal, y les parecen un tanto disparatados los matrimonios de amigas y conocidas que ya llevan cuatro o cinco años casadas y han tenido que ir renunciando a una serie de cosas y/o personas que ellas consideran fundamentales, de manera que cruzan solteras, con o sin compromiso, la barrera de los treinta años.

Como todo tránsito de una etapa del ciclo vital a otra, y el matrimonio lo es, ya que inaugura un nuevo ciclo vital familiar, que involucra no sólo a los propios contrayentes, sino a los miembros de las familias de origen, está lejos de producirse sin una serie de ajustes, pactos, acuerdos y transacciones, tanto conscientes y explícitas, como inconscientes o no manifestadas entre las generaciones y personas que las encarnan y que son afectadas de una u otra forma, antes, durante y después de la boda o compromiso de convivencia, que se espera estable.

Una vez más en esta nueva experiencia vital entran a formar parte factores emocionales, económicos, sociales, legales y burocráticos; una «mudanza», en fin, en toda regla, con las ilusiones, los temores, las complicaciones y las satisfacciones correspondientes, que no conciernen por igual, ni mucho menos, a todas las partes implicadas.

Por parte de los padres y las madres de cada uno de los jóvenes, a medida que el momento del compromiso se acerca se reagudizan por lo general los sentimientos de «pérdida» del hijo o la hija, y como suele ser común el conocimiento previo entre sí de ambos binomios parentales (futuros consuegros), los ajustes-desajustes conciernen en realidad a tres parejas, que entran en juego e interacción, con las dificultades y las complejidades que todo ello conlleva y la conmoción emocional correspondiente. Es rara la despedida de soltera o soltero, si se celebra, o la boda, donde las lágrimas no hacen su aparición y casi todo el mundo suele decir, paradójicamente, que es a consecuencia de la alegría, en lugar de admitir que el dolor de la separación se mezcla con la alegría de ver a la hija o el hijo ingresar en un nuevo estatus de porvenir desconocido, que se desea feliz, pero que no deja de inquietar a cada uno en diferente forma.

INTENTOS DE SUICIDIO

Es una realidad bastante común y conocida, que las mujeres constituyen un mayor porcentaje con respecto a los hombres en cuanto a los intentos de suicidio se refiere, y que ellos mantienen un porcentaje también más alto en cuanto a los suicidios consumados; es decir, los hombres se autoaniquilan más frecuentemente que las mujeres, aunque ellas lo intentan más a menudo. Ello es así en el mundo occidental en general, a la vez que trabajos de investigación parciales y en nuestro país apuntan en la misma dirección.

También, todos los investigadores e investigadoras de estas cuestiones insisten en la escasa fiabilidad de las estadísticas en relación a los porcentajes de uno u otro tipo de intento autolítico, dado que se encuentran desvirtuadas en alto grado no sólo por los errores que puedan darse, en cuanto a la investigación de las muertes producidas por este procedimiento, sino que debido a los prejuicios de muy diversa índole (religiosos, de honor familiar, etc.), así como a los sentimientos de culpabilidad, piedad, temor u otros muchos en torno a las personas que llevan a cabo tales iniciativas, éstas suelen ser mucho más numerosas de las que se registran oficialmente.

No obstante, todos coinciden en que el suicidio es la segunda causa de muerte entre los jóvenes, después de los accidentes de tráfico. Pensar en la muerte como solución última de los problemas que nos abaten en cualquier momento o etapa de la vida es una experiencia conocida por casi todas las personas de una edad u otra. En último extremo, viene a resultar una fantasía pseudoconsoladora, cuando no es fácil encontrar la solución del dilema en que la persona se halla, pero poner en práctica la idea es pasar de la fantasía a los hechos, culminen éstos en éxito o fracaso, y ante estas circunstancias un sentimiento de culpa y corresponsabilidad implica, en mayor o menor medida, a quienes rodean y se relacionan con quien protagoniza el hecho en cuestión.

Las estadísticas en general coinciden en señalar que la mayor incidencia de intentos suicidas, seguidos o no de muerte, se da sobre todo en torno a la pubertad, alrededor de los veinte y de los cincuenta años, seguidos de edades mucho más avanzadas.

Un mito muy extendido, respecto a la valoración social del suicidio juvenil, es el que se expresa adjetivándolo de «superficial», «poco serio», «histérico» o como reacción impulsiva desmedida ante contrariedades tales como el fracaso en los estudios o en una relación de pareja. Parece como si la parte de sociedad que forman los adultos y los de mayor edad aún y que son quienes juzgan este tipo de actitudes, tratasen de banalizar todo cuanto hacen los jóvenes, en lo que, sin embargo, están bastante relacionados o implicados quiéranlo o no, incluido un asunto tan trascendente como el de querer morirse ante la creencia de la falta de solución a las adversidades, hecho que, al menos, debería hacer reflexionar en profundidad sobre una realidad que repugna tanto a la razón como a la emoción, como es que alguien que comienza las primeras etapas de la vida desee acabar con ella, al no saber cómo continuar transitándola.

Es cierto que con mucha frecuencia la causa parece ser uno u otro de estos fracasos (escolar, académico y/o amoroso) y también en los más numerosos intentos suicidas de las jóvenes; pero desde esta circunstancia y retrospectivamente, nos encontramos en un sinnúmero de ocasiones con personas enormemente vulnerables, dado el cúmulo de contradicciones y tensiones típicas de estas edades, a las que suelen superponerse otras imprevistas a veces, o de larga duración otras, lo que supone un cúmulo de confusiones, conflictos y contradicciones, cuya resolución parece inalcanzable para la joven.

Con frecuencia, durante la búsqueda de alternativas al conflicto, pueden haberse dado, o así lo han percibido, mayores tensiones o inestabilidad en el ámbito familiar, sintiéndose alejadas de los otros miembros e incapaces de pedir ayuda para sí mismas, pues entre otras cosas ignoran en qué puede consistir ésta o bien imaginan que debe ser complicada y muy difícil, cuando en realidad lo más difícil es dar ese paso inicial de demanda expresa y de aceptación de auxilio. A menudo la búsqueda de apoyo o afecto fuera de la casa les falló, por una causa u otra, no siendo raro que antes del intento su conducta haya diferido de la habitual, bien por un aumento de la crispación, malhumor u hostilidad, bien con una apatía y docilidad o pasividad desacostumbradas, e incluso con cambios en la manera de vestir discordantes con su estado de ánimo o iniciando comportamientos nuevos (beber alcohol, trasnochar excesivamente, encerrarse largas horas en su habitación, etc.) que, *a posteriori*, parecen haber sido «señales» o «pistas» inconscientes para reclamar una atención que no supieron o se atrevieron a solicitar de otra manera o que de hecho les resultó negada.

El suspenso en los exámenes o en la relación amorosa parece ser la gota que desborda el vaso de desesperación, o de incapacidad para salir del «pozo» en que entre otras, Lidia, decía haberse encontrado en los últimos tiempos, cuando empezó a pasar revista a su vida, tras el intento de suicidio que ella consideró, al cabo del tiempo, afortunadamente frustrado. Desde la muerte del padre había abandonado su incipiente carrera de actriz, aceptando un trabajo como administrati va en una empresa, tarea que al segundo año vivía como una situación insoportable, pero a la que no encontraba sustitución para aportar en casa el dinero necesario, que junto con el de la madre, que también comenzó a trabajar tras la muerte del marido, resultaban imprescindibles para continuar adelante, manteniendo además a dos hermanos menores que Lidia. De carácter apacible, alegre, y con una buena relación de siempre con su madre, salía desde hacía unos años con un joven actor del que, poco a poco, se fue distanciando, al no coincidir ya ni en horarios ni en actividades. Comenzó a estar hosca, callada y a veces insultante con la madre y los hermanos, a la vez que su apego hacia el compañero actor «parecía aumentar a medida que él se distanciaba hasta hacerse obsesivo», según palabras de Lidia. No le parecía que las compañeras de trabajo fueran capaces de entender su situación, pues las consideraba con intereses y mentalidad diferentes a los suyos. Cuando su amigo le dijo una tarde que se iba de gira con la compañía y era mejor, aprovechando esta circunstancia, dejar la relación: «Parece como si me hubiera quedado tan tranquila; nos despedimos y en vez de ir a casa me pasé por la cafetería donde solían reunirse las compañeras de la oficina. Se quedaron muy sorprendidas al verme y más aún cuando me tomé varios cubalibres seguidos, porque yo no bebía nunca. Después fui a casa de mi amigo, que estaba a esas horas en el teatro, y me tomé un tubo de pastillas para dormir que llevaba en el bolso hacía unos días; se las había cogido a mi madre, que no podía descansar después de morir mi padre.»

En aquel momento Lidia creyó que no existían otras soluciones. Tiempo después era la más convencida del error de apreciación que se había hecho de todo aquello entonces. Alguien hubiera podido calificar su circunstancia, un tanto a la ligera, como «desengaño amoroso tomado por la tremenda», como sucedió con una tía suya, hermana de su madre, que además culpabilizaba a Lidia del disgusto espantoso que había proporcionado a aquélla, «recién muerto su padre, con dos hermanos pequeños, y cuando ha tenido la suerte de encontrar un trabajo normal en lugar de la novelería aquella del teatro». Evidentemente a esta familiar, movida sin duda por el afecto y la comprensión hacia su hermana, no le quedaba apenas ni lo uno ni lo otro para su sobrina, quien no sólo había perdido a su padre, sino también, y de repente, sus proyectos más entusiastas, sus camaradas y finalmente su compañero, habiéndose hecho cargo además, de improviso, de una serie de responsabilidades desconocidas hasta entonces para ella. Una situación semejante y que por lo general se consideraría «natural», para cualquiera significaría, al menos, una serie de cambios drásticos y pérdidas de distinta índole, sucesivas, dolorosas y necesitadas todas ellas de un tiempo y medios para su reparación. A la edad de Lidia todo aquello vino a significar «el fin del principio»; el inicio de una adultez que a través de todas aquellas adversidades se negó a continuar, aunque también sin éxito, para alegría posterior de ella, que como decía tiempo después: «Tuve la suerte de que en aquella época todo se me daba en contra.»

II. LA DECADA DE LOS TREINTA

Si bien socialmente suele considerarse que a los treinta años se es «una mujer hecha y derecha», lo que parece simbolizar no sólo que se piensa en una joven que inicia su madurez, sino que además lo hace por el camino que debe, éste no es un asunto nada fácil de averiguar, pues desde el punto de vista de las realidades económico-sociales, afectivas, psicológicas y familiares, los datos no revelan una realidad tan clara, ni mucho menos, para trazar un sendero preciso e incuestionable por el que caminar tranquilamente.

Comentábamos en el capítulo anterior que la edad media de las españolas que se casan, viene a rondar en torno a los veinticinco años; pero evidentemente ello no significa que todas las de veinticinco se casen, ni tampoco que todas las casadas puedan estar formadas y caminen con paso seguro, porque el «hacerse» y andar más o menos erguida depende de muchos factores y con frecuencia, para poder no basta con querer, aunque en realidad lo quieren, según parecen indicar, hasta donde las cifras lo permiten, las estadísticas en nuestro país.

Según datos oficiales referidos a 1988 algo más de la mitad de los jóvenes, comprendidos entre los 26-27 años, empezaban a encontrarse fuera de sus hogares de origen y sólo entre los 28-29 años, más de la mitad vivían en un hogar independiente con pareja. Esta situación típica de la emancipación completa no se da, en cuanto a las mujeres se refiere, más que en una tercera parte del total aproximadamente, a iguales grupos de edad; existe pues un amplio margen de chicas jóvenes, a finales de los veinte años, solteras y viviendo con su familia de origen, con mayor o menor grado de emancipación e incluso un mayor número de casadas, en comparación con los jóvenes de los mismos años, que conviven en el hogar parental o en el de los suegros, siendo una minoría las que han abandonado la familia propia y quienes estando solteras se han emancipado, bien yéndose a vivir solas, bien compartiendo vivienda con amistades, como queda reflejado en la siguiente tabla:

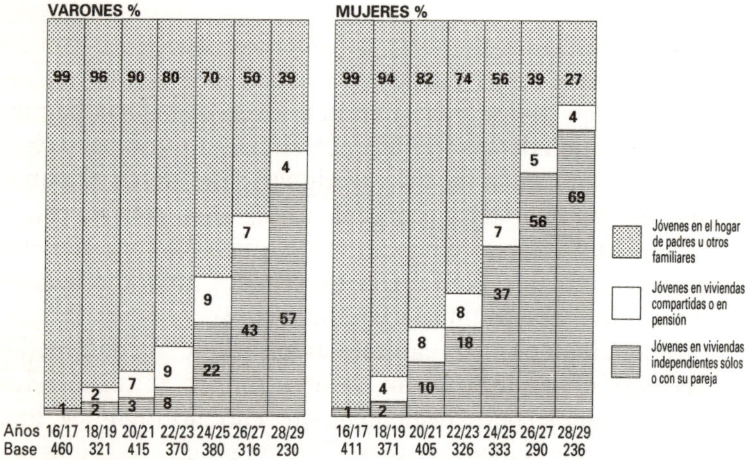

Fuente: Informe «Juventud en España 1988» (Instituto de la Juventud. Ministerio de Asuntos Sociales).

A pesar de que las españolas que hoy se encuentran en la treintena tienen un nivel de formación similar a la de sus homólogos en edad, las tasas de paro para ellas son el doble en relación con los hombres, encontrándose la mayoría de las ocupadas (75 por ciento) en el sector servicios: educación, investigación, cultura, sanidad y administración, ramas en que representan más de la mitad de las personas empleadas, constituyendo asimismo mayoría en el llamado trabajo atípico y que comprende tanto el trabajo a tiempo parcial (menos de treinta y cinco horas semanales), como el de tipo eventual, en que se encuentran el doble de mujeres que de hombres y que comienza a afectarles sobre todo a partir de los veinticinco años. La diferencia salarial a que nos referíamos en la veintena continúa produciéndose en detrimento también de las treintañeras con respecto a los hombres que se hallan en el mismo decenio, pues a pesar de poseer niveles educativos y años de experiencia profesional similares, globalmente contempladas y paradójicamente, aquéllas con formación de nivel superior y más de diez años de experiencia son las que mayores diferencias de salario padecen si las comparamos con sus coetáneos varones. Por añadidura, también en este decenio comienza a experimentarse una salida de mujeres del mercado laboral a expensas de las que devienen madres.

La etapa de los treinta años es la década en que, con variaciones, suele tener lugar el desmantelamiento más o menos definitivo de los mitos de la niñez (omnipotencia y posesión de la *verdad* por parte de madres y padres, por ejemplo), y ello en virtud sobre todo de los compromisos más consolidados de tipo laboral, conyugal y parental preferentemente, lo que no es obstáculo para que bastantes mujeres durante un cierto tiempo se sientan en una etapa de plenitud, con una familia recién constituida o con la emoción de los primeros logros profesionales como tarea única (sin matrimonio e hijos por el momento), y con un padre y una madre sanos y activos, lo que como apunta N. J. Smelser, puede significar una nueva sensación de poder, más satisfactoria incluso que el mero atractivo físico, por muy significativo que éste hubiera podido ser a lo largo de la etapa de los veinte años.

Para otras, si la madre enviudó, como en el caso de Julia o Mayte y las otras hermanas y hermanos se independizaron ya, o si la enfermedad de uno de los padres las induce como a Bea, a simultanear el trabajo de fuera con la ayuda al familiar enfermo, el abandono del hogar de origen se prolonga muchas veces a lo largo de la década de los treinta años, incluso aunque posean una capacidad económica suficiente para emanciparse, en vez de lo cual suelen comprarse y volcar su entusiasmo en el primer automóvil. Salen y frecuentan espectáculos o lugares públicos, ya con libertad de horarios y proyectos más o menos indefinidos, pero entre los que aparece con más claridad el establecimiento de relaciones amorosas y/o sexuales fijas o esporádicas. De una u otra forma, esta década es característica como etapa de consolidación o asentamiento de lo que para algunos/as es la adultez temprana que, en general, viene a prolongarse hasta los cuarenta años, a partir de los cuales cabría hablar del inicio de la adultez intermedia.

Si bien la vida es azarosa para todas las personas, en el caso de las mujeres de la etapa a que ahora nos referimos o en cualquiera otra de sus vidas, parece existir un plus de azarosidad en el sentido de un «doble riesgo», ante la posibilidad de lo que suele vivirse muchas veces como «doble elección» o abandono acertado o no de una de las dos posibilidades, que ya se observan como disyuntivas o difícilmente conjugables y a las que nos referíamos en la década de los veinte años: el trabajo y el amor.

Para otras que trabajan desde hace años fuera del hogar, en plenitud de facultades por lo general, con más experiencia de vida acumulada y también mayores conocimientos no sólo profesionales sino vitales y más ricas relaciones interpersonales, a la vez que inician con paso firme su jornada laboral en la oficina, el ambulatorio, el centro escolar, o el gran almacén, muchas mañanas se preguntan «si no será hora ya de casarse porque José parece un poco harto, después de cuatro años de relación, casi tres de convivencia y otros tantos de turismo veraniego».

El tiempo empieza a contar

Generalmente, durante la treintena, antes o después, va tocando a su fin la cualidad exploratoria de la etapa precedente. Se tiende a buscar una posición más firme tanto en el terreno afectivo como el laboral, incluyendo el lugar donde vivir y los vínculos de relación interpersonales.

Es un momento de la vida en que las personas y por tanto también las mujeres, empiezan a encontrarse «en sazón», no sólo biológicamente, sino experiencial y quizá por ello todo parece vivirse con gran intensidad. Tanto los reveses como las compensaciones, se perciben muy agudamente y es que los costos y las gratificaciones de esta década suelen ser enormes.

Quienes más quienes menos, perciben una cierta urgencia en llevar a cabo opciones «definitivas», que en realidad suelen ser más bien «definitorias» de una misma, en relación al sentimiento subjetivo de identidad, las expectativas del entorno y los papeles genéricos sancionados positivamente.

El reloj interno que marca el tiempo de la adultez se ha puesto en marcha y su tic-tac persistente no pasa desapercibido, ni se puede acallar por parte de la mayoría. El «ya va siendo hora de...» ya no es el latiguillo de la madre o el padre en uno u otro momento, sino que ahora resuena internamente como propio y exigente.

La que optó por una carrera universitaria y después de presentarse a todas las convocatorias para conseguir un puesto fijo tras estar de residente, ayudante sin sueldo, becaria eventual o «mirona» con licenciatura, logra por fin la plaza, si lleva tiempo de emparejamiento con o sin convivencia, es raro que tarde más de un año en comprometerse de lleno, bien convirtiéndose en madre, bien casándose con su compañero o iniciando la convivencia permanente.

A quien estuvo entrando, saliendo, estudiando idiomas, realizando cursos, cursillos y quizá algún máster, incluso aunque la familia no le meta prisa, comienza a sentir que aquello «tampoco es plan para una chica de mi edad», como afirmaba Verónica, entusiasta de las discotecas desde jovencilla: «...pero que me resultan un muermo; parece que todos vamos con la misma cassette en los últimos años y ya es inaguantable, de verdad».

La que ha estado trabajando y ahorrando, a la vez que su pareja hacía lo propio y gracias a la ayuda de una o ambas familias se ha metido en el alquiler o la compra de un piso cuyas letras les comprometerán durante más o menos tiempo, empieza a pensar en la boda.

Otras, que compartieron casa con amigas/os, después de desajustes, ajustes, cambios de compañeras/os de vivienda más o menos problemáticos, si el trabajo es medianamente estable, empiezan a desear un lugar para ellas solas.

Y así, de una u otra manera, se dan pasos que van significando la siembra de semillas propias, que antes o después darán lugar al inicio de arraigamientos más o menos perdurables en los años posteriores y que si por una parte proporcionan la sensación de mayor seguridad y estabilidad, por otra e inevitablemente, provocan una cierta tristeza ante libertades que se acortan o la pérdida de proyectos que quedan pospuestos o imposibilitados, mediante la concreción de los que se ponen en pie. Hace poco, la hija de una buena amiga emparejada de manera estable desde hace tres o cuatro años y habiendo resuelto con su compañero la compra de un piso, el préstamo correspondiente, etc., me decía por teléfono: «Tienes que venir a verlo, es pequeñito y está vacío todavía, pero es precioso, estamos locos de contentos, pero a la vez me da una cosa..., una sensación de que ya no es como antes, como si hubiéramos echado el ancla o nos hubiésemos hecho mayores y más serios de repente; no sé, es algo muy raro.»

Es la década en que el tiempo, esa realidad que en la veintena no se consideró como algo estimable porque parecía eterno, comienza a hacerse tangible y digno de consideración, porque a veces parecerá que una empieza a «quedarse atrás», es el compás del tiempo generacional con sus servidumbres y sus estímulos correspondientes, que desde ahora acompañará con un ritmo más o menos acelerado a lo largo de toda la vida.

El final de la treintena suele ser un periodo de necesidad, ya intensa, de fortalecimiento de estos intentos de cimentación y arraigo. Se desea con cierta ansiedad, si no se tiene, o se aprecia por lo general como importante si se posee ya algo más sólido, como pueden ser una familia propia o un trabajo en el que se es considerada o estimada profesionalmente; aunque a veces, siendo mujer, también ha habido ya que renunciar a lo uno en virtud de lo otro y si no ha sucedido así, las dificultades se presentan numerosas y muy duras, por lo general, cuando se trata de evitar la exclusión de una de ambas opciones.

En resumen, para muchas personas, la treintena en su transcurso y sobre todo vista desde la etapa posterior, es sentida como el ascenso de una cuesta más o menos escarpada, en la búsqueda de una supuesta cima deseable, que parece existir en realidad y donde se cree situados definitivamente a las y los cuarentañeros.

El cuerpo no deja de ser una preocupación

A lo largo de la treintena el cuerpo ya no es una incógnita. Para bien o para mal se ha convertido en una certeza, lo que no es sinónimo de que la encarnadura y osamenta que se ha llegado a ser satisfaga por completo.

Desde finales de los veinte, ya no hay duda de que el cuerpo tiene unas características y tendencias propias en cada mujer, en consonancia, claro está, con los caracteres hereditarios, el tipo de vida, la alimentación, etc., pero tozudamente personal y propio, un poco más acá o más allá tan sólo de las modificaciones que puedan proporcionarle regímenes dietéticos, ejercicio o sedentarismo, maquillajes, vestidos de uno u otro tipo, algún que otro cuidado especial y poco más: se es como ya se es, por lo general, en este aspecto.

Eso quiere decir que la treintañera que todavía no ha tenido hijos conoce sus «tendencias» físicas y sus características corporales, algunas de las cuales le agradan y considera satisfactorias, en tanto que otras, difíciles o imposibles de modificar, son fuente de incomodidades y disgusto cuando no causa de pequeñas o grandes preocupaciones, pues se les atribuye muchas veces excesiva y gratuitamente el origen de determinados fracasos y limitaciones. Muchas saben ya, como Tita que comenzó a los veinte años con la dieta de los astronautas y en la actualidad, con treinta y dos, es vegetariana desde hace tres semanas, después de haber ensayado el régimen de los hidratos de carbono, el de las proteínas, el día semanal a base de agua y zumos, y otros varios, todos con el mismo gran entusiasmo y escasa permanencia que acarrean interrupciones de estos periodos, con otros no menos entusiastas de bocadillos con foi-gras, dulces de chocolate sobre todo, ricas pastas italianas que sabe cocinar con maestría, mayonesa chorreante entre el pan crujiente de sandwiches de varios pisos, alternados con las tortitas con nata y sirope, si merienda con las amigas, saben ya como decía, que sólo un milagro o algo por el estilo interrumpirá este ritmo alternante.

Durante etapas determinadas y como consecuencia de su forma de alimentación y ejercicio físico, se sentirán, concebirán o vestirán como las Titas, Chelos o Sonias «ideales»; pero a continuación de dichas etapas se negarán a admitir que las Sonias, Chelos o Titas que no pueden subir la cremallera del pantalón o la falda y tienen que volver a utilizar la ropa de una o dos tallas mayores que espera pacientemente su turno en el armario, sean también ellas mismas, negando admitirse como «válidas», hasta que vuelvan a caber en la talla «ideal».

Se viven en el primer estadio como las «guapas», las «buenas», las «voluntariosas», «dueñas de sí mismas» y «dignas de consideración» (aunque quizá no sean muy conscientes de ello); en cambio, en el segundo se consideran «las feas», «malas», «incapaces» e «inaceptables», cuando en realidad parece que su propia aceptación en cuanto totalidad individual todavía no es lo bastante flexible como para admitir que el anverso y el reverso son los que realmente permiten que la moneda lo sea y que, en cuanto personas, ellas son lo uno y lo otro también.

No obstante, suelen intuir o percibir que esas oscilaciones o altibajos físicos y alimentarios están algo relacionados con sus oscilaciones emocionales y grados cambiantes de satisfacción general consigo mismas y con los demás, así como con la aceptación o falta de ella, de la que creen ser objeto por parte de los otros.

La envidia de la mayoría de las conocidas o amigas suelen ser mujeres «como Paloma que no engorda ni a tiros aunque come como una lima y no hace ni ejercicio ni nada».

Pero resultó que Paloma, que parecía una chica inteligente, atractiva, enormemente capaz en el desempeño de su trabajo, donde a finales de los treinta años había logrado un estatus de poder y responsabilidad nada frecuentes, no sólo para su sexo sino para su edad, decidió un buen día que se hacía «la estética para ver si así cambia mi vida de una vez», lo que dejó boquiabiertos a sus amistades, compañeros y compañeras de trabajo, máxime cuando a los diez o quince días regresó a la empresa, todavía con la cara irreconocible a causa del edema posoperatorio, las suturas y demás huellas de la intervención y quienes más la estimaban lo único que deseaban era que ella estuviera más satisfecha cuando quedase como hubiese de quedar. Desgraciadamente, cuando llegó ese momento parece que Paloma no sólo no consideraba su cara más hermosa, aunque algo había cambiado, sino que tampoco había percibido transformación drástica alguna en su vida, que había cifrado a expensas de la cirugía facial. Sin duda, había atribuido a su aspecto externo dificultades o lo que percibía como «fealdades», que seguramente hubieran requerido más bien alguna operación o arreglo interno consigo misma, que le hubiera posibilitado «reconocerse», a través de la integración de «lo mejor» y «lo peor», como características constitutivas de sí misma.

En cierto modo la situación que ahora recuerdo como antitética de la anterior fue la de Chusa, compañera del sector sanitario, también atractiva, inteligente y estupenda profesional, a quien desde que la conocí con veintitantos años había visto siempre ataviada con vestidos *hippies* de hermoso colorido, pero que hacían imposible adivinar cómo sería su cuerpo acorazado-camuflado y/o protegido por aquellos amplios camisones que no comenzó a desterrar hasta que empezó a arreglar sus cuentas internas, pendientes consigo misma al iniciar los treinta, de manera que hacia los treinta y cinco años pudimos apreciar que poseía un tipo proporcionado y grato a la vista, así como unas bonitas piernas, en contra de las previsiones que venían formulando durante años atrás la mayor parte de los colegas masculinos.

Su aspecto exterior era el mismo, pero ahora le agradaba

más visto a través de la nueva disposición que habían ido adquiriendo sus elementos «internos» y desde los que, lo mismo de siempre, adquiría sin embargo una nueva calidad, entre otras cosas primarias, porque al igual que había comenzado a mirarse y a aceptarse por dentro, como la suma de lo que más le gustaba y lo que más le disgustaba, se atrevió a hacer lo propio con su corporeidad, obteniendo similares resultados.

Matrimonio o pareja y trabajo: construyendo el nido

Si bien muchas treintañeras estrenan esta década con marido o pareja estable e independiente, otras se decidirán a dar ese paso durante ella.

Comoquiera que sea y en cuanto a las que llevan a cabo un trabajo asalariado, los porcentajes que las estadísticas arrojan parecen mantenerse bastante estabilizados referidos a tramos de edad comprendidos ente los 20-24 años, los 25-29 y los 30-34 años, que corresponden al 50,27 por ciento, 50,55 por ciento y 50,53 por ciento respectivamente, en cuanto a mujeres casadas que trabajan en el mercado laboral. Estos porcentajes comienzan a descender paulatina e imparablemente a partir del tramo de edad entre los 35-39 años (46,1 por ciento), hasta significar sólo el 12,95 por ciento para las incluidas entre los 60-64 años en la actualidad.

Con anterioridad nos hemos referido, repetidamente, al deseo mayoritario expresado por las mujeres en general y en particular por aquéllas que aún no se encuentran en la adultez intermedia de lograr compaginar trabajo y amor, como sinónimo de las grandes aspiraciones, unido al deseo de tener descendencia. Pues bien, parece que al intentar cumplir estos deseos, lo que ocurre por lo general a lo largo de la treintena, respecto al trabajo asalariado y que también dejan traslucir las estadísticas, es que comienza a producirse el abandono temporal o definitivo por parte de un número significativo de ellas. Así, y en comparación con las solteras de iguales tramos de edad que los anteriormente referidos (20-24; 25-29; 30-34 años), nos encontramos con que éstas significan el 61,59 por

TASAS DE ACTIVIDAD POR ESTADO CIVIL
SEGUN GRUPOS DE EDAD Y SEXO

Mujeres

Edad	*Solteras*	*Casadas*	*Viudas*	*Separadas*
16-19	27,22	34,67	—	100,00
20-24	61,59	50,27	—	87,44
25-29	82,55	50,55	75,24	87.47
30-34	87,93	50,53	74,30	92,74
35-39	82,47	46,01	54,75	87,46
40-44	77,49	37,10	49,32	84,76
45-49	75,24	30,57	46,25	75,29
50-54	63,32	26,01	33,86	67,29
55-59	61,99	18,14	26,11	49,03
60-64	41,91	12,95	14,14	24,10
65-69	8,44	3,42	2,61	—
70 y más	0,94	0,81	0,33	4,34
TOTAL	51,77	29,49	7,56	70,78

Hombres

Edad	*Solteros*	*Casados*	*Viudos*	*Separados*
16-19	31,43	60,25	—	—
20-24	69,28	95,68	100,00	100,00
25-29	89,01	98,73	100,00	91,43
30-34	89,70	98,71	81,18	90,05
35-39	88,47	98,68	95,10	90,77
40-44	84,34	97,12	95,89	94,12
45-49	80,99	94,90	89,06	85,90
50-54	72,77	90,30	84,64	79,88
55-59	65,84	77,46	69,73	70,59
60-64	41,67	47,27	41,26	32,18
65-69	16,97	7,05	4,25	11,21
70 y más	2,48	1,58	0,68	4,69
TOTAL	63,09	69,77	14,42	72,03

Fuente: «La mujer en cifras 1992» (Instituto de la Mujer, Ministerio de Asuntos Sociales).

ciento, el 82,55 por ciento y el 87,93 por ciento respectivamente, sobre el número total de ocupadas en el mercado laboral.

Si sobre estas cifras totales volvemos a insistir en que los correspondientes a las capas medias de población son mayoría con respecto a las más modestas y las de alto estatus socioeconómico, podemos afirmar, de manera aproximada pero cierta, que todavía existen dificultades considerables de índole sin duda muy diversa, para lograr compaginar con sencillez esa trinidad de deseos y que, tanto los condicionamientos sociales como psicológicos individuales, continúan alentando a las mujeres hacia la consecución de una familia propia en detrimento de la conservación del puesto de trabajo, aunque se perciban en los últimos años algunos avances en este último sentido.

Las parejas ya no suelen tener su primer descendiente en el año posterior al matrimonio o creación de unión estable como binomio independiente; sobre todo si la mujer continúa trabajando es muy frecuente un compás de espera entre los dos o tres años como término medio. Por lo general, la separación entre sexualidad y maternidad-paternidad suele estar bastante bien delimitada y los dos o tres primeros años de casados o equivalente, se dedican a construir el nido y la relación a través de la cotidianidad. Ello tiene lugar con los tira y afloja típicos, que oscilan entre la idea que cada miembro de la pareja tiene no sólo del matrimonio, sino también del amor como elemento relacional más tendente a la complementaridad, la simbiosis, la dominancia-subordinación, el reparto rígido o flexible de cometidos domésticos y los límites y la capacidad de solución para las diferencias de criterios y conflictos, para los que ya no cabe que cada cual se marche a su casa mientras la situación se enfría, sino que ambos siguen bajo el mismo techo donde se caldeó, hasta el siguiente día y en los posteriores.

Aunque parezca poco creíble, el mito de la institución conyugal es todavía tan sólido que infinidad de parejas continúan creyendo que el matrimonio es «casarse y ya está», lo que significa que la armonía y el entendimiento se dan por sí mismos o son característicos del hecho conyugal. Incluso no constituyen una excepción, ni mucho menos, quienes creen de buena fe que las disparidades, los desacuerdos o los aspectos menos soportables del otro, desaparecerán como por arte de magia tras la boda. Este carácter de matrimonio sinónimo de felicidad garantizada o curalotodo salvífico, que sin duda viene acuñándose socialmente desde hace siglos, tiene un carácter mítico aún hoy. Frases como «eso se le pasará cuando se case», o «cuando se casen y tengan responsabilidades de verdad no harán esas tonterías» son comunes, actuales y continúan repitiéndose rutinariamente, incluso por parte de aquellos cuyo matrimonio no es ni mucho menos el ejemplo «de que se les pasara *aquello*», ni de que las determinadas tonterías se esfumasen, sino que progresaron hasta convertirse en barbaridades muchas veces.

El modelo más inmediato que cada cual posee, además de otros muchos, es el de la pareja formada por su madre y por su padre. Me atrevería a afirmar que toda mujer u hombre que se casa o va a hacerlo, se promete tácita o expresamente: «yo jamás haré o actuaré como mi padre o mi madre cuando me ocurra *eso*»; sin embargo, todas las personas casadas alguna vez han tenido la experiencia y la sorpresa, no ajena a veces al disgusto, de observar cuán exacta o casi exactamente han reaccionado de la misma forma que pretendían alejar de ellas o no considerar propia, tan común y desagradable, no sólo en sus ascendientes, sino en infinidad de matrimonios o parejas estables, entre otras cosas, porque las reacciones humanas, aunque diversas y particulares, pertenecen a un espectro no muy amplio de variedades, y rara vez resultan del todo originales, porque la problemática o las tensiones entre ambos sexos continúan siendo características de la diferencia de estatus, no sólo genérico-sexual, sino de otros sobreañadidos al mismo.

A lo largo de estas páginas hemos hablado sobre las desigualdades que caracterizan la socialización de hombres y mujeres, tanto en el desarrollo de los aspectos afectivos como actitudinales, simbólicos y cognitivos, así como los derivados de la discriminación en cuanto al reparto de tareas, tanto en el ámbito público como en el privado. Sin embargo, aunque durante la etapa prematrimonial quizá se hayan puesto ya de manifiesto, en la mayoría de los casos, comenzarán a adquirir mayor relevancia y visibilidad, primero a expensas del matrimonio y en segundo término y aún más claramente, tras la aparición de la descendencia.

«Poniendo la casa», bien sea antes o después de la boda y aunque ambos trabajen en sus cometidos respectivos, ella dedica por lo general mucho más entusiasmo, tiempo y energías en la construcción del nido. No casualmente, con frecuencia desde la niñez y con más frecuencia aún desde la adolescencia, ha permanecido más tiempo en el de origen, en el que ha empleado también más horas y energías, aunque haya sido a regañadientes y en un pugilato más o menos enconado con la madre.

Muy pocas han logrado, tanto por falta de medios como de capacidad de convicción, tener la «habitación propia», tal cual hubieran deseado en el hogar parental, pues el orden doméstico es el generado y mantenido sobre todo por la madre en cuanto arreglo, disposición y gustos respecto a mobiliario y decoración. Inclinaciones diametralmente opuestas o poco afines escasamente suelen prosperar, pues en la posición de subordinación transitoria de hijas, éstas suelen rendirse, antes o después, ante la resistencia o las estrategias maternas, y, por último, posponen sus proyectos de adecuación de un hábitat propio con un «bueno, al fin y al cabo la casa es tuya, yo haré lo que me dé la gana cuando tenga la mía» o a la inversa, la madre zanja muchas veces la disputa respecto a la habitación de la hija (que no rara vez ha tenido que compartir durante la infancia con el hermano y si se trata de hermana, hasta la hora de independizarse una de ellas) con un «al fin y al cabo quien se ocupa de la casa soy yo y no estoy dispuesta a que ande de cualquier manera; cuando tengas la tuya, harás lo que quieras».

Ciertamente, la pugna por el espacio con unas características propias existe siempre y en tanto las madres van perfilando poco a poco y con más detalle la casa que alberga a todos, pero en la que ella se proyecta continuamente y vive como una prolongación o reflejo de sí misma, tolera menos la subversión de esa imagen propia, etapa en que las hijas ya han ido acuñando ideas y proyectos personales, también en consonancia con su propia personalidad, que se refleja en una forma de necesitar adecuar el espacio y los objetos en torno, por lo general no al margen de las tendencias adecuadas a su generación y que difieren en relación a la materna.

Rara es la chica que en la treintena e incluso antes no empieza a comprar, entre las revistas habituales, aquellas que se dedican a la decoración de interiores, dejando volar la fantasía sobre su futura vivienda desde las páginas a todo color, donde la referencia a las mujeres es constante. Por eso, cuando llega la hora de empeñarse en la tarea de habilitar la propia casa, tiene las ideas más claras que él con respecto a lo que desea y se implica más para conseguirlo. Por lo general, para ellos suele ser una pesadez ir de tiendas y si acceden finalmente, tras unas cuantas consultas de ella optan por el clásico: «a mí me da igual, elige tú», o «yo de eso no entiendo, lo que a ti te parezca, ya sabes que a mí me da lo mismo». No obstante, suele ser una etapa de efervescencia, de ilusiones, de disfrute en la creación más o menos dilatada del escenario en el que como nuevos personajes sociales (cónyuges y, por lo general, padres y madres más adelante), desarrollarán sus nuevas actuaciones, se supone que durante muchos años. Lo que suele resultar una experiencia no menos ilusionante, pero sí más fatigosa, incluso aunque se haya estado bastante implicada/o en la dinámica doméstica del hogar familiar de origen, es la puesta en marcha y mantenimiento de los mil y un detalles concernientes a la vida cotidiana, que se ignoran hasta que se instala el propio, porque se proviene de una familia y un hábitat ya constituidos y a cuyos orígenes no se asistió. Todo ello tiene derivaciones y entronques, tanto con organismos públicos como privados, de todo tipo: económicos (bancos, cajas de ahorros, entidades financieras); legales: registro de la nueva situación civil si se oficializa, de la vivienda si se adquiere o alquila; contratos de servicios (telefónico, hidráulico, eléctrico), amén de un largo etcétera más o menos amplio según la complejidad y la multiplicidad de compromisos que la pareja haya adquirido, pero todos los cuales generan mayor o menor cantidad de responsabilidades y obligaciones fijas, que ya constituirán parte de la vida cotidiana y que, en tanto se automatizan en lo posible al cabo del tiempo, crean una sensación abrumadora a la mayoría que suele exclamar en ocasiones: «¡Qué barbaridad! Yo no suponía que una casa era toda esta cantidad de líos; desde que nos casamos, entre el trabajo y que nos den de alta el teléfono, el gas, cambiar el contrato de la luz y veinte mil cosas más, casi no tenemos tiempo ni de hablar. Menos mal que están los fines de semana; pero a veces no tenemos ni qué comer, porque no nos ha dado tiempo de comprar.»

Todo ese cúmulo de realidades no advertidas como existentes hasta entonces, porque descansaban mayoritaria o exclusivamente en los hombros de la madre y el padre correspondientes, son en realidad «el ancla» de que hablaba la hija de mi amiga, cuando me llamó por teléfono, con el piso recién adquirido y algunos de estos compromisos ya iniciados. Pero además, desde que la pareja se ubica independientemente sobre todo, aunque ya comienza a producirse con la elección-aceptación mutua del otro como compromiso vital a través de la relación amorosa (pero ahora con los matices propios que le presta el deseo o proyecto de perdurabilidad), cada miembro de la pareja discurre mediante el hecho de amar y ser amada/o por periodos más o menos amplios de experiencias subjetivas, que conmueven intensamente y, gracias a los cuales, alcanzan una nueva y más rica percepción de sí mismos y de los demás. El amor, en tanto que como experiencia es un ideal, se halla tachonado de símbolos y mitos, de manera que las creencias referentes a él impregnan tanto lo que las personas desean para sí mismas, como la manera en que valoran dicha experiencia y su apreciación de lo que han logrado en el mundo a través de ella.

En este sentido, entre las mujeres que se casan o emparejan de manera estable, el amor tiene fuertes connotaciones heredadas de la ideología del «amor de mujer» del pasado siglo (amor-cuidado del otro, amor-autosacrificio, amor-autorrenuncia, amor-culminación de vida, por ejemplo) a la vez que participa ya de otro tipo de ideología, que se aleja del amor-fusión en pos del amor-autorrealización, amor-mutualidad, amor-comunicación.

Esta transición está relacionada con cambios en el significado cultural del amor, que se basan tanto en las definiciones cambiantes de la identidad o del *yo* de las mujeres, como en las exigencias socioestructurales cambiantes también e impuestas al ciclo vital. Pero como tal transición, su fragilidad es tanto mayor cuanto menor es el número de valedores tanto inmediatos (familia, amistades), como mediatos (modelos encarnados en mujeres concretas de carne y hueso). Una vez más, van abandonando pautas tradicionales heredadas, a la vez que creando otras algo diferentes, arriesgadas y sin sanciones positivas externas suficientes, un tanto «a pelo» y sin mentores o apoyaturas necesarias; faltas, por tanto, de una legitimación mayoritaria que permita hacerlas propias sin conflictos y contradicciones internas demasiado intensos.

En la mitología propia de nuestra cultura sobre el amor este sentimiento aparece todavía como capacitador para conquistarlo todo, así como de impulsar a los individuos para hacer valer su voluntad venciendo todos los obstáculos, permitiendo a la vez encontrar el «verdadero yo», conocer el de la persona amada y medir el valor propio, a la vez que recompensar el mérito auténtico de cada cual. Estos elementos de tal mitología, que conservan cierto perfume romántico y abundan en las creencias de las parejas, están más arraigados aún entre las mujeres. Pero lo que surge también a través de la convivencia continuada, a pesar del amor, y a través del mejor conocimiento de la otra persona, es precisamente saber de ella con mayor amplitud y profundidad, de manera que andando el tiempo, muchos de los autocontroles y maquillajes anteriores se van desmoronando e incluso se hacen manifiestos muchos elementos inconscientes hasta entonces, lo que viene a ser motivo habitual de frustraciones, desajustes, reajustes, minicrisis y renegociaciones más o menos conscientes, o por el contrario de crisis francas, ante las que algunas y algunos optan por la ruptura transitoria o definitiva.

No obstante, y en contrapartida, también se da el caso más frecuente de que comoquiera que tanto el mito amoroso como el conyugal son instituciones tan profundamente arraigadas en la conciencia de las personas, éstas suelen cuestionarse la propia valía y capacidad personales antes que poner en tela de juicio cualquiera de aquéllas, cuando las tensiones se extreman y las soluciones no se logran fácilmente.

En este sentido, las mujeres españolas a que nos referimos no suelen ser una excepción respecto a las de otros países semejantes al nuestro, y a la hora de culpabilizarse lo hacen en mayor medida que los hombres, que al igual que la ideología dominante, todavía les atribuyen a ellas las mayores cuotas de responsabilidad en la buena marcha del matrimonio.

Hoy por hoy, ellos tienen unas ideas más tradicionales que sus coetáneas sobre el hecho conyugal en sí y de la relación amorosa dentro de él. En los hombres permanece más la idea del matrimonio como «logro» personal y social, pero con un sentido de complemento de aquellas capacidades y habilidades desarrolladas en el espacio público, estructurado y valorado como *el importante*, con lo que ambas cuestiones poseen para ellos un cierto valor instrumental y quizá por eso parezcan menos atentos y preocupados por la dinámica de la relación a través del tiempo, habida cuenta, por añadidura, de la característica rigidez emocional de la mayoría, consecutiva al tipo de socialización genérica masculina.

Mientras, las mujeres a lo largo de la década de los veinte años y también en ésta, aunque suelen apreciar el matrimonio como factor de consolidación de su estatus social e identidad personal, lo perciben también como cuestión fundamentalísima, en tanto vínculo necesitado de vida y de progreso, que transcurre y cambia como creación interna de cada uno en la pareja y de las circunstancias en que están inmersos, que precisa de diálogo, discusiones y puestas en común desde dos subjetividades, lo que revela una concepción de la vida y las personas más expresiva y relacional.

A través de la cotidianidad se recrea la identidad de cada

miembro del binomio y una cierta identidad dual, a expensas de la convivencia, solidaridades y complicidades mutuas, sin lugar a dudas. Pero la mayoría de la literatura sobre esta cuestión coincide en subrayar que, en tanto para las mujeres el estatus marital forma todavía parte «nuclear» del renovado y mejor concepto de sí mismas, en cuanto a los hombres se refiere, éstos lo consideran secundario respecto al reforzamiento personal-social y de la propia identidad, que, todavía, les viene proporcionado por el estatus profesional y económico alcanzado, como no podía menos de suceder en general y en la década que nos ocupa más concretamente.

A tenor de todo ello, la vida cotidiana en común no sólo trae consigo una necesidad de concesiones indispensables por ambas partes, sino intentar aunar dos tipos de expectativas bastante diversas, en cuanto a cada una de las personas se refiere, tarea difícil y bastante delicada que suelen tomar a cuenta en su mayor parte las mujeres, según decía Ana con respecto a su matrimonio.

Ella y Miguel se conocieron en el primer trabajo que les surgió, pues ambos realizaron la misma carrera. En él pasaban muchas horas, ya que la jornada laboral incluía turnos de guardia, que muchas veces no respetaba ni noches ni días festivos. A pesar de las muchas horas y el sueldo escaso, ambos habían sido estudiantes aventajados y acometieron la tarea con verdadero entusiasmo a finales de la veintena, si bien Miguel era dos años mayor que Ana. En tanto ésta vivía con su familia (padre, madre y una hermana) en la capital de la región, él lo hacía compartiendo piso con otros amigos, pues él se había formado fuera del hogar familiar, por carecer su ciudad del centro de estudios necesario para ello. Miguel era el más ordenado y eficiente del grupo en que convivía, en cuanto a asumir las obligaciones domésticas asignadas por turnos semanales, mientras Ana había tenido resueltos de siempre estos asuntos, gracias a su madre, ama de casa a tiempo completo.

A los dos años de compartir trabajo, proyectos, ideas profesionales, atracción mutua y relaciones sexuales en el piso de Miguel y sus amigos, aprovecharon la primera subida de sueldo, se animaron y no dejaron escapar la ocasión de un apartamento de alquiler modesto, que otro colega les cedió. Normalizaron la convivencia y tras algo más de un año se casaron. Dieciocho meses más tarde Ana, de carácter alegre y apacible en general, solía estar crispada y tensa por lo general, con accesos de cólera frecuentes o de llanto incontrolable, sin capacidad para concentrarse en el estudio, al que le había ido robando horas que ahora dedicaba a la casa. Ella misma no se explicaba cómo, en tan poco tiempo, habían cambiado tantas cosas y sobre todo ellos dos: Miguel se dedicaba casi permanentemente a sus libros y asuntos de trabajo mientras estaba en casa y no había vuelto a ocuparse de su ropa, solía dejar las toallas mojadas tras la ducha en cualquier sitio y Ana no sólo se encargaba de recogerlas, sino que paulatinamente había resultado un ama de casa tan eficiente e insoportable como desde adolescente le parecía su propia madre, salvo que para mayor desgracia, en lugar de disfrutar con lo bien que había salido la comida especial de los domingos, aunque nadie lo apreciase, y se premiara con un buen plato y la «propina», Ana no podía probar bocado casi a lo largo de toda la semana; las relaciones sexuales ya no le resultaban placenteras casi nunca y había amenazado varias veces a Miguel con la separación si las cosas no cambiaban.

Y realmente en algo cambiaron, porque casi un año más tarde Miguel fue ascendido en su trabajo a un puesto de mayor responsabilidad y mejor remunerado y Ana se había quedado embarazada «sin saber cómo».

NACIMIENTO DEL/DE LA PRIMER-A HIJO/HIJA: CRIANZA, HOGAR Y PROFESIÓN

Aunque hemos comentado reiteradamente el deseo de descendencia por parte de la mayoría de las mujeres en el periodo de la veintena o treintena, no es extraño que dadas las circunstancias en que se encuentran inmersas, tanto en el hogar de origen como en el ámbito educativo y laboral, en 1986 y según datos oficiales, si bien el mayor número de nacimientos tenía lugar a expensas de las mujeres que se encontraban entre los 25-29 años, se iba produciendo un desplazamiento hacia el final de la década de los veinte, estancándose relativamente entre las mujeres mayores de treinta años. Asimismo, es un hecho conocido que el descenso sostenido de la tasa de natalidad a partir de 1977 ha traído consigo que España sea el país que cuenta con las cifras más bajas de nacimientos en la actualidad (1,3 hijos por mujer).

Más allá de las polémicas y los ríos de tinta que ha hecho correr el supuesto «instinto maternal» de las mujeres, como pretendido hecho biológico incuestionable, a pesar de lo cual nadie ha llegado a demostrar la veracidad de tal afirmación, lo cierto es que ello viene afirmándose secularmente desde una sociedad familiarista y pronatalista a ultranza, a través de todos los medios e instancias a su alcance y apunta desde todos los ámbitos a las mujeres, por poseer, en su mayoría, la capacidad de procrear seres humanos. Desde ese imperativo y condicionante social, que podríamos resumir con la frase «parirás puesto que eres mujer» o «serás mujer en tanto que seas madre», da lo mismo que primero fuera el huevo o la gallina, pues la cuestión que hoy y ahora nos ocupa tiene que ver, incluso, con el hecho de que la concepción puede tener lugar sin deseo alguno de maternidad y producirse hasta en contra del deseo de las mujeres (por ejemplo, cuando son víctimas de violación sexual).

Sin insistir en estos extremos que no vienen al caso ahora, sí podemos afirmar que, desde el punto de vista social, las mujeres adquieren un estatus honorífico en su género, algo así como el ascenso al podio máximo cuando acceden al rango de madres. Al igual que cuando nos referimos a la sexualidad coital, afirmábamos que el orgasmo suele erigirse en el súmmum de lo deseable en ese aspecto, la maternidad sigue contemplándose, querámoslo o no, como la culminación del hecho de ser mujer.

La socialización de las niñas, desde la relación con su propia madre, como con el padre y otros familiares, auspicia el que enseguida sea una pequeña mamá mediante el tipo de relación con la suya y el juego con otras niñas y sus muñecas, que son sus propias hijas, a imagen de sí mismas y que la industria del juguete procura que sean cada vez más parecidas a los bebés de verdad (hablan, lloran, hacen pis, llaman y requieren a la niña como madre, etc, etc.), de manera que cualquier oposición del movimiento feminista internacional en contra de esta especialización, excluyente de otras, parece una gota de agua en el océano de las infinitas inducciones-seducciones que nuestra cultura lleva a cabo desde los tiempos más remotos creando una mística de la maternidad con su mitología correspondiente, basada sobre todo, y como de costumbre, en dos sencillos mecanismos: glorificar lo positivo y ocultar lo negativo del fenómeno, que siendo una necesidad social y una función necesaria para la perpetuación de la especie, a niveles individuales significa un proceso bastante contradictorio, azaroso y también sembrado de sinsabores que rara vez se publicitan socialmente o se expresan desde lo personal, junto con los goces más o menos amplios de este acontecimiento vital.

La mitificación implica tanto a la gestación, con imaginería mediática de embarazadas jóvenes, bellas, elegantes, sonrientes, fragantes y en plena forma (en realidad modelos publicitarios con el clásico almohadón en el abdomen), como a los recién nacidos y las recién nacidas, siempre gozosos, tranquilos y también hermosos, sanos, relucientes y satisfechos. En la vida real, aunque la mujer en estado de gestación vea empañarse su cara en mayor o menor medida por las manchas de cloasma; su vientre llegue a tomar proporciones que nunca imaginó, hasta temer que el ombligo pueda romperse de un momento a otro al final del embarazo; su caminar se convierta en lento y fatigoso en los últimos meses, todos coinciden en afirmar, como atacados por una curiosa pandemia miópica, que está realmente hermosa, más hermosa que nunca, en lugar de admitir que esa mujer, que ha perdido la mayor parte de sus características físicas precedentes al embarazo, es el símbolo de la maternidad, de lo socialmente deseado y por eso, por encarnarlo mostrándolo a través de su metamorfosis, se la considera bella, aunque en realidad se haya convertido en antítesis de la estética habitual; pero que como se trata de la estética de la maternidad con ello basta, pues deviene en símbolo de la necesaria perpetuación de la especie.

En pocos acontecimientos vitales se pueden observar tan claramente como en éste los aspectos biopsicosociales propios de todos ellos. La gestación aparece como paradigma de un cambio trascendente para el sujeto, tanto en lo que atañe a la parte «más somática» de su organismo, con las vivencias de cambio objetivable y subjetivas o propioceptivas, como a su biografía personal inmersa en la circunstancia histórica, a través de las imágenes rectoras e ideológicas de la época. Junto a todo ello las circunstancias intrapsíquicas o inconscientes, que tanto cuestan admitir, por lo que tienden a olvidarse con tanta frecuencia, experimentan asimismo una conmoción no menos acusada y traducida en la reviviscencia de la cara oculta o «negativa» de la propia identidad, acervo de todas aquellas identificaciones y fragmentos de identidad indeseables o incompatibles que la persona tuvo que «sumergir» en sí misma, por entender y en la mayoría de los casos aceptar, más o menos inconscientemente, que no eran las idóneas según su sexo, el papel a desempeñar en relación con el mismo, su estatus socioeconómico, etc.

Semejante convulsión en todos los aspectos de la vida personal significan, ya de por sí, una crisis profunda y puesta en cuestión, no sólo de vivencias conscientes e inconscientes de su pasado, sino de las del presente y de los proyectos de futuro, siendo muy numerosos los factores que intervienen y de los que depende el tipo de resolución a las mismas. Ello confiere a la persona, durante largo tiempo, un estado de fragilidad considerable, pues, además, ella está significando también el puente o enlace transgeneracional a partir de sí misma y su propio cambio personal, entre el pasado y la pareja de la que ella proviene, y la futura, proyectada en lo que está por venir.

A estas alturas, seguramente más de una lectora o lector puede haberse preguntado: «bueno, y si todo es tan complicado y tan tremendo, ¿por qué nos empeñamos o se empeñan las mujeres en ser madres a toda costa?, ¿por qué siempre ese deseo?»

En realidad, el deseo es el acto de desear y este verbo significa «tender con el pensamiento al logro de la posesión o realización de algo que proporcionaría alegría o pondría fin a un padecimiento o malestar».

Es constitutivo del hecho de ser personas, ser sujetos de alegrías y aflicciones, así como de satisfacciones y logros, a la vez que de padecimientos y malestares, y en este sentido también lo son las mujeres. Pero en tanto que colectivo y treintañeras de las capas medias de hoy, hemos insistido varias veces a lo largo de estas páginas en que tan sólo cuando rondaban los quince años más o menos, comenzaron a constar como ciudadanas de pleno derecho en la Constitución de 1978, aunque no de hecho todavía, siendo herederas, por tanto y en contrapartida, de siglos de concebirse a sí mismas como mujeres, a través de la mirada ajena, próxima o lejana, que las deseaba y necesitaba como madres, fueran o sin ser esposas. Con ello quiero decir que, como sujetos sometidos a grandes carencias o necesidades no cubiertas todavía, es fácil que sean más deseantes que ellos, en virtud de obtener algo que les «proporcione alegría o ponga fin a padecimientos o malestares».

Al igual que si una persona necesita ganarse el sustento y tan sólo sabe desarrollar una habilidad a través de la cual obtener un salario, ya sea tocar el acordeón por las calles o limpiar viviendas, no de ello debemos inferir que su deseo consiste en tocar aquel instrumento o pasarse el día lustrando muebles y suelos, sino que dichas habilidades u oficios son medios a través de los cuales conseguir lo fundamental: el sustento. Sin llegar a establecer un parangón exacto, al respecto puedo afirmar que, muchas, muchas mujeres a través de su capacidad de concebir y parir intentan colmar deseos de diversa índole, corregir malestares de etiología diversa y alcanzar alegrías; deseos que por lo imprecisos, vagos o inconscientes no pueden identificar con mayor claridad o que, teniéndolos muy claros también en otras ocasiones, se obtienen de manera indirecta a través de la maternidad.

Si damos por cierta la afirmación que desde la mitad de este siglo se viene formulando, en cuanto a que sólo la mitad de la criaturas nacidas son deseadas, quiere decirse que la otra mitad no lo son y que en cuanto al primer 50 por ciento habría que hilar más fino, para intentar colegir por qué lo fueron, si por sí mismas, o fruto de otros deseos solapados por informulables, bien por escasa conciencia respecto a ellos, bien por la necesidad de falsearlos, para huir del control o rechazo sociales y de las personas más próximas del entorno que no los aceptarían como lícitos.

La frustración o al menos el escaso eco y apoyo del que carecen todavía las mujeres para llevar a cabo tareas y proyectos, no sólo poco prestigiosos en una etapa histórica determinada (lo que también repercute más o menos intensamente en los hombres), sino percibidos como inadecuados o disparatados, en virtud de la socialización mayoritaria para su sexo, desvía y canaliza muchos de aquéllos hacia otros que cuentan con una larga tradición de beneplácito social, como todavía son el matrimonio y la maternidad, instituciones normativas por excelencia en el ciclo vital de las personas, pero todavía más para las mujeres.

Que esto no son elucubraciones personales, puede comprobarse de manera muy sencilla a través de las contestaciones que las mujeres proporcionan al preguntarles: «¿por qué quieres un hijo/a?» o «¿por qué estás embarazada?» o «¿por qué tuviste esa hija/o?», cuando existe una situación de confianza-confidencia basada en la amistad, la familiaridad, la relación terapéutica o tantas otras medianamente sólidas y/o confortables.

Muchas mujeres suelen responder: «un hijo llenaría ese vacío que noto a pesar de mi trabajo y mi pareja y que me acompaña desde niña»; «porque yo creo que es lo único verdaderamente propio que se puede tener»; «porque salvaría nuestro matrimonio»; «porque él tiene una ilusión tremenda, aunque a mí nunca me han hecho gracia los niños»; «quizá porque quería casarme sobre todo y ya que estaba embarazada...»; «porque así ya no estaré sola en la vida»; «porque creí que el amor a mi hija lo sería todo para mí» o «porque siempre pensé que sólo servía para eso»; «porque es lo normal cuando se casa una, digan lo que digan»... además de un largo etcétera. Así, el hijo o la hija aparecen muchas veces como subsanador/a de la vivencia de un déficit personal, necesidad de propiedad privada, salvación del desastre conyugal, complacencia del deseo del marido, pretexto para lograr el matrimonio, compañía de por vida, amor globalizador de todos los amores, ejercicio de la única capacidad personal que se cree poseer, cumplimiento de la normativa social... y nuevamente un largo etcétera.

De un modo u otro, el embarazo o gestación es un proceso de nueve meses por lo general, en los que a pesar de no ocurrir incidentes que lo dificulten, alteren o añadan riesgos a los habituales del desarrollo paulatino del feto y la capacidad de adaptación de la mujer, se concitan multitud de intereses, aparte de los más sucintos y que conciernen a los futuros padres. Pero tras el nacimiento de una nueva criatura «humanizable», en líneas generales al menos, se involucran otras dos parejas (abuelos materno y paterno / abuelas materna y paterna), aparte las fratrías correspondientes (hermanos y/o hermanas de cada miembro de la pareja) y personas amigas y allegadas, en mayor o menor medida.

Como decíamos, durante el embarazo y máxime si es el primero, la economía es suficiente para cubrir necesidades e incluso algún capricho de la pareja que lleva formalizada un par de años o más; ambos, pero sobre todo ella, suelen ser objeto de interés especial y casi siempre de mayores muestras de simpatía en el círculo de amistades y compañeras/os de trabajo, como en el caso tan común de Ana y Miguel que antes comentábamos.

Ana se quedó un tanto perpleja al recoger el resultado positivo del análisis de orina en la farmacia próxima a su casa y durante el trabajo de ese día fue cayendo en la cuenta de que en los últimos meses no había mantenido el rigor con que antes tomaba «la píldora».

La ausencia de menstruación las dos últimas veces las atribuyó a un posible retraso la primera, consecuencia seguramente de no haber iniciado la toma con la regularidad de costumbre, y la segunda empezó a darle que pensar cuando recordó la última cajita casi intacta. En estas confusiones anduvo hasta que Miguel regresó a casa bien avanzada la tarde y ella se lo contó. El, después de un primer momento, al parecer también de perplejidad, se echó a reír, la abrazó, la besó y al parecer contentísimo, le dijo que era algo estupendo, lo mejor que podía pasarles.

En los días sucesivos ambas familias, las amistades, las compañeras y compañeros de cada uno fueron sabiendo la novedad y ninguno de ellos reaccionó de forma que no discurriera desde la simpatía al entusiasmo, salvo alguna amiga, ya madre, que discretamente comentó: «prepárate, porque va a cambiaros la vida».

A los pocos meses ya sabían que lo que nacería sería un niño, si todo seguía igual de bien, pues Ana se encontraba mejor que nunca y aunque hubiera preferido una niña, había recuperado el entusiasmo por el estudio y el trabajo y no estaba tan pendiente de la casa, entre otras cosas porque Miguel había vuelto a ser solícito, mucho más ordenado y «la descargaba» de una serie de tareas de las que nunca se había ocupado: la compra semanal, llevarla en el coche al trabajo y salir los fines de semana juntos o por lo menos los domingos a pasear por el campo. También comenzaron a frecuentar más la familia de Ana, bien porque los padres y sobre todo la madre los visitaba más a menudo que antes, bien porque ellos iban a comer a su casa algún día festivo «para que Ana estuviera más descansada». Incluso fueron una vez a visitar a la familia de Miguel a su ciudad y la suegra de Ana vino a verlos con dos de sus hijos, aprovechando algún viaje de éstos, cosa que ocurría por primera vez, pues las anteriores siempre habían tenido lugar durante desplazamientos del marido, que acudía a la capital una o dos veces al año, por motivos de trabajo.

Curiosamente para ella, Ana no se sentía molesta, sino satisfecha y contenta con estas idas y venidas y visiteos, que antes le hubieran parecido intromisiones en sus vidas, salvo en lo referente a su madre que, aunque menos, continuaba resultándole agobiante con consejos de toda índole, tanto respecto a ella, pero sobre todo en cuanto «al niño» y sus cuidados posteriores al parto, al que solía definir «como algo propio sólo de animales»; claro es que ella había dado a luz a Ana en casa durante la guerra y ayudada por una vecina. También curiosamente durante ese tiempo, las relaciones sexuales volvieron a ser frecuentes y placenteras, a pesar de las dificultades volumétricas de Ana.

Ambos acudían mensualmente a la revisión ginecológica y salían tan contentos después de escuchar los latidos fetales y saber que todo iba sobre ruedas a pesar de que Ana, al caer la tarde, veía sus piernas hinchadas e irreconocibles. En el último trimestre comenzó a asistir a un curso de preparación para el parto y Miguel la acompañó a las últimas «clases»; por la casa iban apareciendo ropitas, calientabiberones, y los más diversos adminículos para bebés, que acabaron ocupando el cuarto donde Ana estudiaba, la habitación más pequeña, y también la más luminosa de la casa, a la vez que sus libros, carpetas y papeles iban a parar a unas estanterías instaladas en el dormitorio conyugal.

El final del embarazo fue muy pesado porque además Ana pospuso el permiso prematernal para después del parto y estuvo trabajando hasta el viernes anterior al lunes en que «aquello» se puso en marcha. Durante el último mes se encontraba, no sólo muy torpe por el volumen del vientre que no le permitía dormir más que a intervalos, máxime con el calor del verano ya intenso, sino también porque no podía evitar plantearse con frecuencia si «el niño» nacería normal o si ella iba a ser capaz de cuidarle, de quererle lo bastante, de atenderle adecuadamente. Hubiera querido que su madre no fuese tan agorera, tan pesimista, que fuera como esas otras que sin duda cuidan de la hija y del recién nacido una primera temporada.

El lunes, cuando se despertó por la mañana para ir al baño tenía el camisón chorreando; aquello debía ser «romper aguas». Miguel había estado estudiando hasta muy tarde y dormía como un tronco; mejor terminar de preparar el neceser y cerrar el maletín con la ropa del niño e irse vistiendo, porque aunque sólo notaba una ligerísima molestia de tarde en tarde, seguro que Daniel «venía». Antes de terminar la tarea notó las primeras contracciones fuertes, llamó a Miguel que, por primera vez desde que convivían, se despertó de golpe a la primera, saltó de la cama y empezó a vestirse a toda velocidad, nervioso y sin parar de hablar, aturdiendo a Ana con sus preguntas ininterrumpidas sobre ella, «el niño», qué camisa se ponía, dónde estaban las llaves del coche, si estaba segura de que el niño venía de verdad, si no se olvidaba nada..., y así hasta llegar a la clínica que afortunadamente estaba próxima a la casa.

Habían convenido que Miguel no avisara a los padres de Ana hasta que hubiera dado a luz. Temía el nerviosismo de su madre, que no obstante a la caída de la tarde, en el trabajo lento y prolongado del parto que parecía troncharle los riñones, a pesar de la respiración jadeante, silbante y la postura de la rana de cuando en cuando, apareció de improviso seguida de su marido y reclamando agriamente, sin venir a cuento, la presencia del médico que acababa de ausentarse un momento.

Por fin, de madrugada, el ginecólogo le advirtió que estaba en plena expulsión, que le iba a hacer un corte que no sentiría y que aspirase un poco de la mascarilla, pero sin dejar de «empujar». A los pocos minutos allí estaba Daniel, arrugado, coloradito y con un pelazo negro y tieso increíble, a pesar de todo lo cual a Ana le pareció justo el bebé que ella quería tener. Se lo llevaron enseguida al «nido».

Aunque deshecha de cansancio, sentía una especie de euforia que le impedía dejar de hablar con Miguel, a quien también parecía que le hubiesen dado cuerda, de manera que sin dejar de referirse al niño, rememoraron sus infancias, cuando se conocieron, la suerte que habían tenido con un hijo tan precioso..., hasta que se durmieron agotados, sin advertirlo.

Los dos días siguientes se fueron sin sentir, entre las visitas de las amistades y los familiares, el médico y la enfermera, las entradas de Daniel en su cuna a ratitos en la habitación, las molestias de la episiotomía, el estreñimiento pertinaz, los intentos al segundo día para que Daniel aprendiese a mamar y Ana a lactar, así como el desconcierto de ésta cuando al desnudarse por vez primera y verse en el espejo del baño de la clínica, sólo reconoció su cara debajo de la cual, un cuerpo informe y con el vientre abultado todavía le resultaba irreconocible. Nadie le había hablado de esto y ella había dado por supuesto que, tras el parto, volvería a estar igual que antes del embarazo; el médico le recomendó una faja y dijo que todo era natural.

Miguel estaba más feliz que nunca; Daniel dormía casi todo el tiempo, pero cuando lloraba no había forma de saber por qué, si no era hambre lo que tenía; el ginecólogo que piropeaba a Ana diariamente considerándola una «excelente paridora», le anunció el alta para el cuarto día, los padres de Ana se despidieron, porque se iban de vacaciones como todos los veranos, ya que ella y el niño estaban estupendamente; ya la telefonearían. Miguel se había incorporado al trabajo y la chica con quien habían quedado de acuerdo para cuidar del niño no vendría hasta septiembre. Todo parecía estar en orden, máxime cuando el pediatra, amigo de Miguel, reconoció a Daniel y lo encontró perfectamente: ya podían irse a casa.

Ana se sentía débil todavía y el día en que dejaba la clínica, mientras vestía a Daniel, notaba que el mundo se le rompía en dos y ella se quedaba en medio llevando en brazos a su hijo como un pobre huérfano. Sentada sobre el flotador que aconsejó el médico, «para no notar los puntos» que, sin embargo, le dolían, le tiraban y rozaban con la faja que no debía quitarse para reducir el vientre, procuraba que Daniel estuviera cómodo, mientras Miguel conducía el coche rumbo a casa.

Las semanas siguientes fueron las más atroces que Ana recordaba en su vida. El calor sobrepasó en la capital los 40° como todos los veranos; las mañanas, que hubieran sido los mejores momentos para sacar a Daniel de paseo, a ella se le iban hirviendo chupetes, esterilizando agua, limpiando a Daniel o cogiéndolo y cantándole para que no llorara; no sabía si mamaba lo bastante o lloraba por el calor, ella tampoco descansaba bien por las noches, pendiente de si el niño se movía o era la hora de darle de mamar. Apenas le daba tiempo de preparar algo de comida para cuando Miguel volvía del trabajo; sentía cada día más pena de ella y de su hijo. Cuando su madre telefoneaba desde la playa y le decía, mintiendo, que todo iba bien, aquélla, preocupada, le solía contestar: «no me estarás engañando, no le pasará algo al niño», y si le decía que ella se sentía un poco cansada y que Daniel era bastante llorón, la respuesta era: «eso nos ha pasado a todas y hemos salido adelante» o «a ver si no vas a tener bastante leche», tras lo cual Ana se prometía no volver a coger el teléfono al día siguiente, aunque se precipitaba tras él nada más oírlo, esperando sin esperanza la ayuda que tanto necesitaba, pero que no sabía quién podría brindársela; después de colgar se quedaba más hundida todavía y si Daniel lloraba otra vez, tan sólo tenía deseos de morirse para que toda aquella pesadilla terminase de una vez. Miguel llevaba unos días con un humor de perros; tampoco entendía lo que les pasaba ni a ella ni a Daniel, con el que parecía sentirse hostil a veces. Se quejaba de no poder leer ni estudiar y tener que estar sólo pendiente del niño, aunque cuando lo veía tranquilo o dormía, lo miraba embobado muchos ratos. A las quejas de Ana, sin embargo, casi siempre respondía de manera destemplada: «estarás deprimida o algo así, si quieres vamos al médico y que te ponga un tratamiento, yo qué sé. Mi madre ha tenido cinco hijos y yo nunca he oído que se pusiera como estás tú». Esto, en lugar de aliviarla, le creaba una hostilidad o una rabia inmensas; Miguel no la entendía en absoluto, todo lo que necesitaba es que él fuera, por lo menos, una madre a medias cuando volvía del trabajo; también ella había pensado en volver a estudiar cuando naciera Daniel, aprovechando la baja maternal y no imaginó jamás que el posparto fuera a ser así. Pero en el fondo se decía a sí misma que ella era la que no sabía hacerlo, que las otras mujeres eran madres normalmente y se desenvolvían con facilidad; era ella la que no sabía, la incapaz que no podía cuidar de un niño tan precioso, no sabía ser madre y su hijo no saldría adelante. Desde hacía algunos días Daniel devolvía algo de leche tras las mamadas. El pediatra decía que había ganado el peso suficiente y el llanto, la irritabilidad y lo que regurgitaba se debían al calor y a que Ana le prestaba demasiada atención, estaba cansada y un poco deprimida. Debían relajarse los dos un poco y no dar tanta importancia a cosas que no la tenían; con el primer hijo siempre se exageraba mucho y era un latazo para los críos y los padres; los segundos, ya eran coser y cantar.

Fueron dos meses de infierno, que no amainaron apenas cuando los padres de Ana regresaron de sus vacaciones. Iban a visitarlos por las tardes y la madre de Ana bañaba algunas veces al niño antes de acostarlo; pues tanto si lo hacía como si no, Ana se sentía mal. En el primer caso, porque se consideraba una inútil y en segundo, porque culpaba a su madre de no ayudarla. Tanto su padre como su madre estaban entusiasmados con Daniel, «el varoncito que no llegamos a tener» (según la abuela), y cuando Ana les oía hablar del niño con Miguel, mientras ella intentaba descansar en el dormitorio, pensaba que si se muriera sería una suerte para su hijo, sus padres, su marido y ella misma.

Crisis puerperal o no tan puerperal

Ni que decir tiene que Ana estaba en plena crisis, es decir, con *depresión posparto* o *crisis puerperal*, ya que es entonces cuando suele manifestarse y que afecta, con mayor o menor intensidad, al 60-80 por ciento de las mujeres que paren, y más frecuentemente a las que lo hacen por primera vez, en las cuales, según los distintos autores/as, se prolonga por espacio de unos días después del tercero o cuarto de tener lugar el nacimiento del bebé, para desaparecer posteriormente, si bien entre un 20-25 por ciento de mujeres se encuentran inmersas durante varias semanas o meses en una situación como la referida y que puede resolverse de distinta manera, según las diversas circunstancias concurrentes.

No obstante, debemos aclarar que si bien en el ámbito ginecológico por *puerperio* suele entenderse el periodo durante el cual se normalizan las funciones fisiológicas de la nueva madre (5-6 semanas), contemplado desde un punto de vista biopsíquico y social su duración puede abarcar el primer año de vida del recién nacido o recién nacida y en ocasiones incluso más. Desde mi punto de vista, comprende todo el periodo durante el cual se logra una adaptación y una reacomodación de los fenómenos biofisiológicos, emocionales y relacionales tanto de la mujer-madre y del bebé fundamentalmente, pero también de los más íntimos que les rodean y con quienes interactúan, siendo el padre-marido quien suele encontrarse concernido en primer término.

Es sorprendente que una etapa crítica como ésta, a la que ya Hipócrates hacía referencia en el siglo IV a. C. y de la que los estudiosos/as se ocupan desde los distintos ámbitos del saber (biológico, psicológico, antropológico, sociológico, etc.) desde hace casi medio siglo, cuente con tan escasos trabajos interdisciplinares que, al menos, pretendan dar una visión integrada del fenómeno, pues indudablemente la multiplicidad de factores que lo conforman, inabarcables en realidad hoy por hoy, han llevado a simplificaciones extremas y peligrosas por su parcialidad.

Tan temible resulta escuchar afirmaciones sobre la indudable causalidad de dichos episodios, basada tan sólo en los cambios hormonales que tienen lugar tras el parto, como cuando se asegura que todo tiene que ver exclusivamente con mecanismos inconscientes, o se encuentra tan sólo mediatizado por los condicionamientos sociales que afectan a la pareja y la criatura recién nacida, como si lo primero, lo segundo y lo tercero, y muchos aspectos más, no se hallasen para desgracia nuestra —por lo que dificultan la tarea de comprensión— indisolublemente ligados entre sí y en situación de influencia mutua y constante.

No menos asombroso resulta el hecho de que una sociedad que indiscutiblemente induce a las mujeres al ejercicio de la maternidad y que tanto ha llegado a sofisticar y tecnificar los medios para el seguimiento de la gestación y el parto, deje en un abandono, aún mayor que antaño, a sus «recién paridas» que, sobre todo en grandes urbes y a igualdad de clase social, ya no cuentan con la ayuda ni los cuidados que solían brindarles otras mujeres de la familia extensa, que además se ocupaban del bebé en tanto la primeriza se reponía y recobraba nuevas energías, siendo su tarea casi exclusiva, mientras tanto, amamantar al recién nacido.

El descenso de las tasas de morbimortalidad materno-infantil, a lo largo de la segunda mitad de este siglo, no ha sido paralelo, en absoluto, sino todo lo contrario, con relación a lo que debería haber sido la ayuda creciente a las mujeres que devienen madres y que además ejercen de esposas, amas de casa y profesionales más o menos cualificadas tantas veces. Eso sí, desde el siglo XIX y de manera progresiva y abrumadora viene haciéndoseles responsables de un trato sucesivamente más pormenorizado y especializado en el cuidado de los recién nacidos (niños y niñas), tanto en lo que concierne a su higiene, alimentación, estimulación, salud y desarrollo físico, como a los mil y un requerimientos de tipo emocional, que las distintas escuelas psiquiátricas y psicológicas van descubriendo o dicen ser imprescindibles para que los bebés evolucionen con normalidad.

Y de las mujeres-madres, ¿qué? Porque es evidente que, así como la criatura humana continúa apareciendo en este mundo en un estado de indefensión y dependencia totales para su supervivencia, las mujeres de los sectores a que venimos refiriéndonos y que devienen madres desean desde luego ser buenas madres, pero cada vez con más frecuencia esperan no quedarse sólo en eso, sino continuar una relación de pareja lo más satisfactoria posible y conservar el trabajo que se logró tras un esfuerzo y una dedicación considerables y a la par que todo ello no tenga por qué significar necesariamente perder las amistades, el derecho a salir y distraerse alguna vez, ocuparse un poco de sí mismas y, desde luego, sobrevivir a esta multitud de requerimientos, por otra parte absolutamente básicos y razonables.

¿Pero qué ocurre en realidad? En la vida cotidiana de la gran mayoría de estas mujeres que paren su primer hijo/a, aparentemente nada de particular, incluso suelen considerarse unas afortunadas con respecto a otras en circunstancias más precarias, pero lo cierto es que se encuentran inmersas, cada una con sus peculiaridades, en un núcleo de múltiples ambivalencias.

Una de ellas tiene que ver con la tan común ambivalencia en la relación madre-hija o hija-madre. En lo que a estas dos generaciones de mujeres se refiere, el cambio en las costumbres, las aspiraciones y los proyectos de la más joven ha experimentado un giro considerable en un espacio de tiempo histórico muy breve, giro que no ha corrido emparejado con los soportes sociales ni institucionales de respaldo y mantenimiento mínimos, suficientes y de muy diversa índole, para que aquél no se lleve a cabo sino a expensas de un coste personal muy elevado e incluso peligroso para la integridad individual en muchas ocasiones.

Entre Ana y su madre, además de la rivalidad que el bebé varón pudo suscitar, existían muchas otras confusiones. La madre, aunque albergaba temores que había ya expresado sobre la posible ineptitud de Ana como novata en estas lides, por otra parte consideraba «que su hija sabía más que ella en todo, ya que había estudiado una carrera y sabría lo que tenía que hacer a fin de cuentas». Ana, necesitada de una maestra en su nueva situación, no acababa de aceptar a su madre en ese papel, pues la consideraba «anticuada, con una mentalidad de antes», pero sabedora en realidad de todas estas cosas que ella desconocía, de forma que no le pedía la ayuda que necesitaba de manera franca, pues ni se le ocurría pensar que gran parte de sus tensiones podrían ceder de esta manera. Observaba, no sin razón, el cierto afán de posesión de su madre por el nieto (el hijo varón que deseó, pero que no tuvo) y, sin embargo, tampoco se atrevía a plantearlo. Ambas estaban viviendo, junto con la compleja situación presente, reviviscencias en torno al nacimiento de Ana y su crianza por parte de la madre y por parte de Ana, gran parte de su propia infancia, carencias y necesidades rememoradas en sí misma, con el nacimiento de Daniel.

Otra de las ambivalencias habituales y fuente de conflictos importantes es la que emana de los propios padres del recién nacido. A pesar de que como en la pareja que nos ocupa, en otras muchas puede existir cierta simetría en cuanto a estatus económico-profesional se refiere, todos sabemos que las barreras entre lo público (ámbito laboral y extradoméstico) y lo privado (doméstico-familiar), sólo se han permeabilizado, hasta cierto punto, a consecuencia de que las mujeres, sin abandonar nada o muy poco de las responsabilidades de este último, se han ido introduciendo en el primero, en tanto que la circunstancia inversa, en cuanto a los hombres se refiere suele darse tan sólo como anécdota o en casos bastante extraordinarios. Pues bien, aunque la procreación es una necesidad y un bien social por excelencia, la maternidad y su desarrollo en muchos países y también el nuestro, es un hecho privadísimo y familiar, no menos excelente que el primero, pero que los hombres en general creen que tan sólo concierne a las mujeres «que de eso, son las únicas que saben», eximiéndose por ignorancia, por comodidad o por ambas circunstancias de un aprendizaje tan necesario y útil, no sólo para sí mismos, sino para las mujeres y los seres nacidos de ambos. Pero además, en cuanto a personas individuales se refiere, la inmensa mayoría de ellos se siente preterida afectivamente.

Tal y como le sucedía a Miguel con Ana, al nacer una criatura que tanto tiempo y dedicación requiere y si, como además en este caso, él veía cómo su mujer se sentía cada vez peor y él perfectamente inútil (o así lo pensaba) para remediarlo, el temor que ello le creaba respecto a su hijo, a ella y a sí mismo le llevaba a «endurecerse» y defenderse, en lugar de procurar hallarse más atento y disponible a sus necesidades, sin duda también porque las suyas habían aumentado, ante la nueva situación originada por la presencia de Daniel, de quien se sentía celoso en ocasiones.

Toda esta serie de sentimientos y emociones múltiples, complejas y contradictorias que surgen en el torbellino de la crisis desencadenada, ponen sobre el tapete de lo cotidiano tanto la parte más altruista y generosa de cada persona como la más egoísta y hostil, creando ese ojo del huracán que se alimenta mediante amor-odio, ternura-agresión, deseos de omnipotencia-impotencia, plenitud-vacío, y esperanza-desesperanza entre otros.

La mujer-madre para elaborar o «digerir» todo ello, se encuentra por lo general con un cuerpo cansado y deformado aún durante semanas tras el parto, sujeto todavía durante cierto tiempo a cambios biofisiológicos y nuevas y variadas sensaciones corporales, ninguna de las cuales suele resultar grata, incluido el comienzo de la lactancia. Son semanas durante las cuales lo más indispensable es un reposo suficiente, una alimentación tranquila y adecuada, así como unos autocuidados más precisos e indispensables que nunca, junto a unas mayores ayudas afectivas e instrumentales, dado que ella ha visto multiplicarse de un día para otro las que presta a los de su entorno más inmediato. Sobre todo el bebé, aunque sano, es pura necesidad, y, movido por el momento en que ésta surge, puede llegar a imponer su propio ritmo a quien lo cuida con mayor dedicación. De ahí que la madre, si no lo advierte, en pocos días pueda convertirse en un reloj o calendario que intenta coordinar tres o cuatro horarios y tipos de jornadas diferentes, casi siempre en detrimento de los propios y del tiempo y orden interiores tan relacionados y confundidos con la falta de descanso, todo lo cual influye en la sensación que expresan tan a menudo estas mujeres de estar como «sonámbulas» y «acertar de milagro con las cosas».

Socialmente entendido y en términos economicistas, lo que sin duda son progresos en estos asuntos, como el hecho de que un padre pueda elegir en vez de la madre del mismo bebé la baja por maternidad, y la reciente prolongación de ésta, dista mucho de ser algo tan razonable y necesario como que padre y madre de la criatura recién nacida se ayuden mutuamente en su cuidado, así como en el propio, mientras que ese núcleo familiar se consolida, estableciéndose vínculos de apego y correspondencia en lo mejor y lo menos grato que este proceso de relación triangular trae consigo. Si además de la no socialización para una paternidad afectuosa, tierna y cuidadora desde el nacimiento, los padres se encuentran en sus cometidos y ocupaciones laborales a los dos días del de sus hijos/as, inevitablemente se inicia una dinámica parental descompensada que, con el paso del tiempo, desemboca en el denominado «padre ausente» y la madre hiperresponsable y vinculada doblemente al ámbito doméstico, en comparación a su situación prematernal, a la vez que establece una relación privilegiada y enormemente estrecha con el recién nacido.

Esta situación en cuanto a Miguel, Ana y otros muchos se

refiere, se convertía en necesidad de ayuda que Ana no formulaba a su marido, pidiéndole que se ocupara del niño cuando volvía del trabajo a casa, pues, aunque lo consideraba no sólo equitativo y necesario para descansar ella, leer o distraerse un rato, por otro lado pensaba que era sobrecargarle a él en exceso, ya que también regresaba cansado. En las pocas ocasiones en que expresó estas demandas, vista la escasa habilidad de su marido que, por falta de práctica, no sabía cómo bañar al niño ni vestirle con la rapidez y la destreza que ella ya tenía, le eximió de estos cometidos que tampoco Miguel volvió a proponer *de motu proprio.* Y de nuevo se hicieron patentes la hostilidad contra él, el sentimiento de soledad por parte de Ana y el rechazo de la relación sexual.

De esta manera se evidencia que, si nada cambia, los «contenciosos» que antes del nacimiento del hijo se tienen con la madre o el marido, en lugar de resolverse, suelen experimentar una ampliación cuando aquél tiene lugar en circunstancias similares a las referidas.

A lo largo de mi experiencia he venido constatando lo que ya Markan observó en 1965 y es que, en una medida u otra, todas las mujeres que devienen madres experimentan con intensidad variable sentimientos y emociones de tipo depresivo, ansioso y/o pesimista, que también suelen afectar con gran frecuencia a las madres adoptivas. Su intensidad y duración dependen en gran parte del arsenal defensivo —sea interior o exterior— con que pueden contar para vadear este estadio, que se asemeja mucha al «duelo» por la mujer que fueron antes del mismo, pues la identidad elaborada hasta entonces sufre una verdadera revolución de nuevas identificaciones (con la propia madre, el hijo/a y el esposo sobre todo) y de redefinición en la relación con todos ellos y consigo misma, a la vez que todos los demás se encuentran sometidos a procesos bastante semejantes, todo lo cual conlleva una difusión de identidades, durante más o menos tiempo, con la confusión subjetiva consiguiente, los reajustes y las reelaboraciones de cada cual, según las posibilidades internas y externas de que dispone cada uno.

La mística de la maternidad da por *hecho* y *real* la existencia de la *madre ideal*, de carne y hueso, lo que no deja de ser una paradoja que se acepta social e individualmente, como si no lo fuese. Esta creencia convertida en dogma que se profesa y con que se catequiza de generación en generación y por vía matriarcal, crea una genealogía de la maternidad, alusiva del genérico femenino, reforzada y auspiciada consciente e inconscientemente por el genérico masculino y sus individuos particulares en concreto y mayoritariamente.

En infinidad de ocasiones muchas nuevas madres, ante sistema tan cerrado y sólido, terminan haciendo de necesidad virtud, lo que contribuye a la «naturalización» que ha adquirido este proceso, compuesto como explicábamos por infinidad de «anomalías» consideradas «normales» para las mujeres. Ellas *deben* metabolizar este sinnúmero de variables y contradicciones conscientes e inconscientes, sin mostrar más afección que la felicidad, pasando por extrañas o anómalas aquellas que se atreven a manifestar el otro lado de la realidad.

Como no podía menos de suceder, después de siglos de incomprensión y de costumbre de creer aquello que se les dice que deben creer, callan, tratan de disimular, de no hacer ostensible la crisis mientras pueden, pero en su interior se sienten *malas, enfermas, incapaces*, culpándose a sí mismas y asumiendo todas las responsabilidades delegadas por tantas y tantos otros sobre sus personas.

Ana, al igual que la mayoría, se sentía culpable, responsable y causante del desorden general y el malestar de todos, creyendo que una mujer «normal» y «como es debido» no se hallaría en la trampa sin salida en que ella se encontraba. Entre su madre y ella continuaron cultivando cierto tiempo dicha mística, sin advertir cómo se recreaba el mito legado por sus antepasadas, muchas con «hambre de madre» y otras con «empacho» de la suya, pero todas en general insatisfechas con la propia y con ellas mismas, como soñando siempre con las inexistentes en la realidad, pero que se dan por ciertas y se convierten en señuelo y ponzoña de las reales, concretas, imperfectas, limitadas y sujetos de virtudes, aptitudes y habilidades múltiples también, que son las mujeres-madres reales, consecuencia cada cual de una biografía psicofísica, en un medio concreto y un momento histórico preciso.

Ana y su madre hubieran respirado con alivio si, mediante el afecto que también se profesaban, hubieran podido entender que ninguna debió esperar de la otra lo imposible y seguramente se hubieran reído juntas, si hubiesen podido apreciar lo mucho que ambas trataban de hacer por aquel bebé, cuánto se necesitaban mutuamente, una vez que los hombres las habían dejado con aquella delicada tarea entre las manos; tarea tanto más grata y menos fatigosa si la hubieran compartido como aliadas, en lugar de contrincantes, en aquella etapa en la que ambas cerraban un capítulo, abriendo otro nuevo de sus vidas.

Aunque las situaciones son tan particulares como cada una de las mujeres que las protagonizan, asistimos, cada vez con más frecuencia, a crisis durante el puerperio, pero no especialmente intensas en los días y/o semanas tras el parto, si la nueva madre cuenta con los apoyos físicos, emocionales y relacionales suficientes, sino agudizadas o especialmente percibidas tras la reincorporación al puesto de trabajo.

La ayuda familiar y doméstica que determinadas mujeres consiguen, bien de manera espontánea por parte del círculo familiar próximo, bien de manera asalariada, remunerando el trabajo de otra mujer, les permite una recuperación y elaboración de la nueva etapa con muchos menores costes físicos y psicológicos, lo que favorece el reajuste emocional paulatino y progresivo madre-hijo/a-familia. Sin embargo, su fragilidad se manifiesta muchas veces todavía cuando la nueva madre comienza con su jornada laboral normal, máxime si carece de compañeras/os que hayan pasado por una situación similar a la de ella.

Almudena, que contó durante las primeras semanas con la colaboración de su madre, que se desplazó durante un mes a su casa y su hermana que solía acercarse casi todas las tardes a la salida del trabajo, volvió a la oficina el día en que la «canguro» acudió a cuidar a Melina, su hija de dos meses, si bien lo habían acordado para ocho días antes: mientras la muchachita le daba unas excusas que no logró entender bien, le parecía tímida y demasiado joven. Apenas le dio tiempo de explicarle lo esencial y tuvo que salir corriendo con un nudo en el estómago. No consiguió centrarse en su trabajo ni el primer día, ni el tercero, ni el quinto. La hora de desayunar se la pasaba en la cabina telefónica preguntando por su hija y dando instrucciones hasta que se le terminaban las monedas. Cuando llegó el fin de semana estaba deshecha, apenas había dormido por las noches y cuando conciliaba el sueño tenía pesadillas en las que veía a su hija en peligro (se ahogaba con el biberón, se caía de la cuna, etc, etc.). Le parecía que la niña estaba desmejorada físicamente y menos alegre. Aunque su marido insistía diciendo que eran imaginaciones suyas, también él parecía preocupado. A los quince días quien estaba irreconocible era Almudena: además de continuar insomne, no podía comer, lloraba en cualquier momento, e interiormente se encontraba desgarrada por completo entre la necesidad de optar por atender a su hija o su trabajo y la incapacidad de pensar en compatibilizar ambos en las circunstancias en que se encontraba. Las cosas remontaron cuando entre su marido y ella acumularon un mes de permiso sin sueldo, durante el que buscaron y, al parecer, encontraron la persona que les pareció más adecuada para Melina, que a su vez hizo su «aprendizaje» durante aquel tiempo, familiarizándose con la niña, Almudena y su marido.

Peor le resultó el «puerperio» a Marieta, a pesar de encontrarse con buen ánimo y disposición, a la segunda semana de nacer su hija. La niña era tranquila, dormía seis horas de un tirón por las noches y mucho por el día, no era nada llorona y la abuela la cuidaba encantada. A la semana de incorporarse a su trabajo, surgió lo que había estado deseando y temiendo desde hacía dos años: ser la jefa del servicio. Ello significaba un aumento de salario interesante, pero también jornada de mañana y tarde, además de mayores responsabilidades. Aceptó, pero al mes se encontraba en tratamiento por no poder remontar una situación de ansiedad, tristeza, sensación de culpa y ruina intensas que le impedían hacer nada con sosiego. Al parecer, dos éxitos tan seguidos como su hija en el ámbito privado y su ascenso en el público, significaron contradicciones tan múltiples y profundas en ambos campos y en sí misma como para no lograr asimilarlos, elaborar la crisis y hallar salida en los plazos y los tiempos que socialmente se consideran y asignan como los correctos y suficientes para *todos estos casos.*

Las que renuncian a trabajar fuera de casa

En los últimos años en nuestro país, a partir del nacimiento de la descendencia y, en general, hacia la mitad de la década de los treinta años, es cuando desciende más intensamente la tasa de actividad (empleo) en las mujeres casadas españolas, que si desde el inicio es más baja que la de las solteras, viudas y separadas-divorciadas, a partir de ese momento sufre un declive manifiesto, comparativamente con aquéllas.

Si, como mostraba la tabla de la página 101, las cifras de actividad para las mujeres casadas se mantienen bastante constantes a lo largo de la veintena y mitad de los treinta, comparados estos datos con las tasas de actividad, que para los hombres casados experimentan un importante ascenso en la segunda mitad de los veinte, ascenso que continúa creciendo hasta la segunda mitad de los cuarenta, cabe suponer que según los datos que ofrecimos en capítulos anteriores sobre edades promedio para contraer nupcias o estabilización de las parejas, así como intervalos promedio hasta tener descendencia, encontramos que, como a otras europeas, a las españolas de las capas medias, las hijas o hijos «las retiran» del trabajo por un tiempo o definitivamente.

Aunque hayan aumentado en número en los últimos diez años, la insuficiencia de casas de infancia o guarderías públicas es todavía considerable en nuestro país e incluso en paises con mayor renta *per capita* que el nuestro; los cuidados a cargo de centros privados vienen a resultar caros o prohibitivos (a veces más de la mitad del sueldo de la neomadre) y en cuanto a la atención de una persona a domicilio, amén de carecer de experiencia o cualificación alguna en un alto porcentaje de casos, trae consigo que, aun llevando a cabo el sacrificio económico correspondiente, lo más común durante los dos primeros años sea que las enfermedades infantiles más habituales retengan al bebé en su domicilio en múltiples ocasiones y en circunstancias lo bastante delicadas, como para que la responsabilidad de su cuidado sólo sea ejercida por la familia en términos generales, o sea, la madre en términos concretos.

Además, para las mujeres que trabajan asalariadamente pero que no han renunciado a la idea de tener descendencia, hay muchas veces un cierto «estar en vilo», no queriéndose dejar atrapar demasiado por la dinámica laboral profesional, hecho no compartido por los hombres, socializados para la profesión a ser posible continua y exitosa en ese aspecto y que jamás se plantearían, hoy por hoy, la renuncia a ese papel, a consecuencia de la paternidad, pues incluso, aunque de hecho no sea necesario por cómo suelen ir desarrollándose las cosas «en familia», socialmente paternidad y aumento de empeño y rendimiento laborales se suponen sinónimos y/o consecuencia lo uno de lo otro.

No es extraño, por tanto, que, a consecuencia de todos estos factores, un número importante de mujeres permanezca en su hogar dedicándose al cuidado de éste, el marido y la primera o primer recién nacido, al que al cabo de dos o tres años, más o menos, vendrá a unírsele otra u otro y rara vez un tercero/a, lo que puede significar fácilmente unos diez años de nueva «domesticación» o «reciclaje hogareño», tras los cuales la familia suele ser el ámbito donde se acumulan experiencias y sabidurías, no sólo desde el punto de vista empático y emocional, sino también organizativo y relacional que, sin embargo, por ser «de mujeres» y provenir de lo privado se devalúan, no se aprecian ni se perciben de utilidad en el mundo «exterior». Incluso en el caso de mujeres con una trayectoria profesional previa, estos años vienen a significar la clásica «laguna» en el currículum, donde lógicamente deberían constar las innumerables tareas realizadas, no sólo en beneficio de la familia (esposo e hijas/os), sino socialmente entendidas, ya que abaratan costes a las instituciones públicas, sobre todo en cuanto a aspectos de salud, educación y facilitación de circuitos mal estructurados, que sólo parecen adecuarse si las mujeres los sintonizan a expensas de su dedicación, su tiempo y sus realizaciones invisibles: jardines de infancia, colegios y otros centros escolares tienen horarios y periodos vacacionales diferentes a los laborales; la asistencia sanitaria no considera más horarios que los propios, incompatibles con los de la enseñanza o con los de trabajo de padres y madres de los niños o de los adultos, y así un amplio «sucesivamente», de manera que las mujeres-madres-esposas, laboralmente retiradas, son las «reparadoras» indispensables para que todo este desorden no lo parezca tanto, además de ser insustituidas en la atención de los miembros de la familia, cualquiera sea su edad, pero en situaciones nada despreciables por su frecuencia, como bajas por enfermedad, convalecencias, rehabilitaciones, disvalías o minusvalías y accidentes de índole diversa.

Como certeramente apuntó R. G. Gould, «el sitio de trabajo no está organizado con miras al desarrollo humano» y de ahí que, en lugar de favorecer, inevitablemente entre en conflicto con el proceso de transformación o evolución vital. En una empresa de cierta magnitud, los obstáculos de la subcultura en ella existentes se superponen, confrontan o entremezclan con los internos de las personas, lo que resulta un elemento mayor de confusión en las etapas de crisis o transformación más claras. La dinámica habitual de estas organizaciones pivota sobre el eje éxito-promoción-mayor remuneración, en un sentido vertical y rápido donde, por lo general, cada persona o estamento posee un valor o estimación en función de la utilidad que ofrecen para las personas o los estamentos inmediatamente superiores, desde el punto de vista jerárquico. Es muy frecuente, tanto que viene a constituir la norma, que atrapados por esta dinámica los hombres identifiquen al trabajo, una vez iniciada esta carrera laboral, no con una parte de la vida, sino «con la vida misma», y acaben dedicándole todas las horas posibles del tiempo de vigilia, por lo que la familia acaba siendo un anexo de su existencia.

Las mujeres, que se vinculan fuertemente y proporcionan una gran dedicación a los hijos o las hijas, viven también este quehacer como una carrera indudable, carente eso sí de títulos valorativos, aprecio y visibilidad y quienes se sumergen en ella a comienzos o mediados de los treinta, es muy fácil que no vuelvan a emerger. Por otra parte, así como cuando se inicia la experiencia laboral en la veintena se hace con una gran idealización al respecto, idealización originada en la infancia y que refleja tanto los valores parentales como las propias fantasías de la adultez, a mediados de la treintena y cuando el trabajo no está organizado como una sucesión de papeles que se desea encarnar (lo que suele ser la norma), el optimismo del inicio no sólo se ha amortiguado, sino que resulta bastante clara la necesidad de la aceptación de un sistema de valores (laborales), tanto implícitos como explícitos, de la profesión o carrera de cada cual, en colisión muchas veces con los valores personales, si bien en otros casos la adaptación a la dinámica laboral, «la entrega» total a ella, produce una identificación relativamente exitosa y más o menos duradera.

Desde mi punto de vista, en este periodo es posible que se produzca una especie de «fuga» hacia la maternidad, como regreso o reunión con «la parte» o el mundo de lo afectivo, lo íntimo, lo interno, el núcleo de lo individual, o también como rechazo a las exigencias descarnadas, funcionales, prácticas y deshumanizadas, por lo común, del quehacer en el ámbito público y/o el mercado laboral.

Por otra parte, en las parejas en que ella «regresa al hogar», él retoma una imagen más masculina-tradicional de cabeza de familia, padre y esposo, que si sigue una ruta ascendente profesional, aunque dura y exigente, no deja de ser gratificada y gratificante. Se da por tanto un reajuste al modo «convencional», que aunque puede arrojar un cierto sabor amargo en los comienzos, transita por derroteros aparentemente más seguros por lo conocidos, pero, conscientemente o no, va descubriendo parcelas de cada uno, inadvertidas o temidas, así como deseadas o esperadas, que indudablemente van cambiando la imagen del otro, un tanto mitificada o romántica, dando paso a la visión de seres más complejos, más personas que personajes, con la dificultad de reacoplamiento que ello entraña. A la vez, el hijo/a o las hijas/os continuamente remiten a reviviscencias de la propia infancia, en lo mejor y lo peor que de ella se recuerda, en virtud de todo lo cual se hacen proyectos y proyecciones que se cifran en lo que se desea para los descendientes en un futuro, y se inicia la ruta de un periodo del ciclo evolutivo en que ya se vuelve la mirada hacia el pasado, desde un presente que no deja de proyectarse hacia adelante.

Para las mujeres que regresan otra vez a casa, suele darse, antes o después, una confusión entre los proyectos propios y los de sus hijos, hijas y marido, así como un peligroso solapamiento entre todos ellos, si no son conscientes de estas realidades.

LAS QUE CONTINÚAN SIENDO POLIFACÉTICAS

Con la palabra «polifacetismo» me refiero al estilo de las que no renuncian ni al trabajo remunerado, ni a la maternidad y el matrimonio, bastantes dosis de quehaceres domésticos, ni tampoco a la supervivencia.

Suele tratarse con mayor frecuencia, aunque no exclusivamente, de mujeres que accedieron a estudios de titulación media y superior y comenzaron a trabajar en su profesión a raíz de terminarlos, ejerciendo durante varios años antes del nacimiento de la prole.

Este decenio de los treinta, con un par de hijos/as por lo general y con un trabajo que viene a ocupar media jornada cumplida o mañana y tarde, más el marido y las relaciones familiares propias o «políticas», significa años muy arduos para estas mujeres, de batallar continuo y escasas gratificaciones, sobre todo para las muy exigentes y perfeccionistas, que suelen ver más a menudo los inconvenientes que las ventajas de cada situación, aunque éstas no sean precisamente lo que más abunda.

Dan por hecho que el desarrollo de los niños/as es saludable *per se* y el devenir de la familia algo sin problemas en general, así como que el trabajo es un lugar donde «realizarse», como si cada uno de estos sectores fueran *a priori* a la carta, que de no cumplirse así, es a causa de la mala suerte, la mala organización o incapacidad personales, la falta de ayuda y comprensión de los demás, la injusticia social o todo ello compendiado. Y es cierto que algunos, muchos o la totalidad de estos elementos pueden ser reales, pero lo que está lejos de serlo es la perspectiva inicial, que todavía conserva mucho de idealización adolescente o juvenil y que puede hallarse en estrecha relación con los deseos parentales, sobre sí mismos o con respecto a la propia vida de la hija, para la que se espera un porvenir capaz de aunar «normal», «feliz» y «sencillamente» todos estos complejos menesteres.

Incluso siendo capaces de percibir con frecuencia la fortuna que representan los ratos o momentos de alegría con el marido y los hijos generalmente sanos, ciertas satisfacciones del trabajo en que se continúa y que era el que se deseaba y tener una remuneración más o menos pasable, además de la tranquilidad de ver a la madre y el padre todavía en plenitud, son años en los que parece que las dificultades son muchas más que las gratificaciones. Las insatisfacciones que suelen crear los dobles o triples sentimientos de culpabilidad respecto a la familia propia, la de origen y el desarrollo profesional, a pesar de sacrificar en aras de uno y otra el tiempo personal, antiguas amistades y relaciones con colegas, suelen hacer referir a las mujeres en esta época de su vida, que «se sienten como un burro atado a una noria», como «huncida a un yugo del que, si te sueltas, se derrumba todo lo de tu alrededor», «donde no puedes permitirte ni enfermar», expresiones con las que, claramente, nos remiten a una especie de camino empedrado de obligaciones y responsabilidades continuadas, sin resquicio para la distensión, los aspectos lúdicos o la alegría.

«Es como estar en un túnel del que no ves la salida», comentaba Elena con un hijo y una hija de seis y cuatro años y diez de dedicación como enfermera en un gran hospital de la ciudad.

Para ella, como para tantas, la cotidianidad discurría entre un cúmulo de frustraciones desde el nacimiento de los hijos. Consideraba que no les dedicaba el tiempo suficiente, aunque en realidad solía ser solícita y tolerante, que no estudiaba casi nunca, cosa que era poco común entre la mayoría de sus compañeras y compañeros de trabajo y que ella no había desatendido por completo, y que no se ocupaba casi de sus padres, siendo la única hija que vivía en el mismo lugar que ellos y aunque ciertamente se veían poco, era raro que no pasaran algunos domingos reunidos. Por añadidura, se sentía agraviada comparativamente con respecto a su marido, médico en el mismo centro hospitalario y cuyos hábitos apenas se vieron afectados por ser padre, ya que Elena había absorbido todos los «pluses» hogareños devengados desde entonces.

A pesar de ello: «...no podía culparle, porque cuando nació el niño, fue muy claro diciéndome que era mejor que dejase mi trabajo, porque ni necesitábamos el dinero que yo ganaba, ni me proporcionaba las satisfacciones que merecía, ya que, después de tantos años de dedicación, seguía esclavizada en el mismo puesto».

Según ella: «El tenía toda la razón, pero yo no quería quedarme sola en casa; nunca pensé en dejar mi profesión ni para casarme, ni tampoco cuando nació mi hijo, ni después, con la niña; creo que para mí es tan importante como ellos aunque a él (el marido) no se lo parezca, ni yo me lo hubiera planteado antes.»

No obstante, sus tribulaciones cotidianas y las tensiones familiares consiguientes le permitieron ir descubriendo poco a poco que la sinceridad y la generosidad con que su marido le planteó la posibilidad de «descargarse» de una de las varias tareas, le traía como contrapartida algo también impensado, y es que él no intuía siquiera la posibilidad de colaborar en la crianza de los hijos ni en lo doméstico, aunque fueron proyectos en el noviazgo, ni tampoco renunciar a sus costumbres de siempre y, sin embargo, veía completamente razonable que ella prescindiese de su profesión para cansarse menos, lo cual significaba para Elena que, a ojos de su marido, su ocupación laboral era sólo una fatiga innecesaria. No obstante, en reuniones de amigos o colegas, él siempre rompía una lanza en pro de que las mujeres, cualquiera que fuese su situación, trabajasen fuera de casa, lo que ni qué decir tiene, la sacaba de quicio y solía dar lugar a una disputa doméstica cuya acritud no fue atemperándose con el tiempo, sino todo lo contrario.

Años después de su divorcio, Elena todavía no era capaz de entender cómo había soportado sin venirse abajo las horas de hospital, los turnos de guardia, la búsqueda de ayuda doméstica, que igual que surgía volvía a desaparecer al poco tiempo, las amigdalitis, las otitis, las varicelas, los sarampiones y las paperas de sus retoños y las meriendas infantiles, las celebraciones de cumpleaños, disfraces de carnavales y fin de curso, reuniones escolares de padres, donde sólo acudían dos sobre veintitantas madres, celebraciones navideñas, viajes de vacaciones con toda la impedimenta y donde ella únicamente descansaba del hospital, pero se dejaba absorber todavía más por los chicos, en tanto que Tomás, su marido, seguía haciendo su vida de siempre, entre libros y papeles salvo que cambiaba de escenario y, como mucho, los llevaba algunas tardes a alguno de los pueblecitos próximos, archiconocidos todos a fuerza de volver año tras año, pero donde al menos se empachaban de merienda y ya no había que cenar de vuelta a casa.

Sin embargo, cuando lo pensaba más despacio, le parecía que los puntos de apoyo fundamentales, para no derrumbarse estrepitosamente en aquella etapa, habían sido su madre, que casi siempre la alentaba y animaba, y tres compañeras de su mismo turno y en parecidas circunstancias, con algunas de las cuales —crías y críos respectivos— había comenzado a irse a la sierra los fines de semana que no tenían guardias, durante los cuales intercambiaban dificultades y posibles soluciones o simplemente daban rienda suelta al mal humor y a las amarguras almacenadas, tan parecidas siempre, lo que acababa por parecerles cómico y les hacía reír a veces hasta saltárseles las lágrimas.

Entre unas cosas y otras, hacia los seis o siete años de casada había ido tomando cuerpo la idea de optar por separarse de Tomás, quien por otra parte consideraba que todo marchaba perfectamente para todos y era ella quien venía a echarlo a perder con tantas exigencias. A esas alturas la sexualidad para Elena cuando, después de muchas evasivas, tenía lugar, hacía tiempo que consistía en un rápido simulacro de placer, para salir del paso cuanto antes.

Pilar, una de las amigas del pequeño grupo, se divorció casi a la vez que ella, pero en los últimos años anteriores acudieron juntas a algún congreso profesional, algún curso de formación especializada o algunas jornadas o seminarios fuera de la ciudad, donde si no quedaba más remedio se turnaban para cuidar del hijo o de la hija que hubieran tenido que llevar consigo necesariamente.

Cuando al final de la década de los treinta Elena echaba la vista atrás, se veía nadando contra corriente y a brazo partido, un año tras otro, y a punto de ahogarse muchas veces, o en una carrera de saltos de vallas, sin saber muy bien dónde se encontraba, ni cómo era la meta, pero creyendo que un poco más allá, en los cuarenta, estaban las personas que ya sabían de la vida con certeza y se instalaban en ella de manera definitivamente tranquila y sosegada.

LAS QUE OPTAN POR EL ÉXITO PROFESIONAL

No son muchas, pero cada vez conocemos más mujeres que a lo largo de los treinta, lo que las caracteriza de manera más continuada es su trayectoria profesional. Lo cual no significa que no hayan mantenido relaciones erótico-sexuales y sentimentales durante más o menos tiempo, que no hayan dedicado atención y afecto a sus familiares y amistades e incluso hayan estado a punto de casarse... Pero no lo hicieron, al menos antes de llegar a los cuarenta.

Lo cierto es que todavía no suelen contar con el beneplácito social, resultan «sospechosas», aunque no se concrete exactamente de qué. Lo más frecuente es que se las presuma homosexuales encubiertas, «acomplejadas» frente a los hombres, «acomplejadoras» de éstos o una mezcla de todo ello, aderezada con la posibilidad de que sean ambiciosas, mandonas y egoístas; en resumen, la antítesis del antiguo ideal femenino y la imagen de la posible supermujer del 2000 y pico, pero sin familia, lo que deviene en definitiva en un «engendro» extraño y en consecuencia preocupante.

El hecho es que el porcentaje de mujeres solteras suele ser más alto que el de hombres y al parecer alrededor de un 10 por ciento nunca se casa, extremo que curiosamente se repite, poco más o menos, entre países del área a la que pertenecemos.

La mayor parte de mujeres de estas características, pero no todas, de las que he conocido hasta hoy, permaneció en etapas más o menos largas de su vida militando expresamente o sintiéndose feministas desde el punto de vista subjetivo; otras, por el contrario, cuando fueron o son objeto de este adjetivo en alguna ocasión, se sintieron o se sienten ofendidas. De cualquier forma, en las capas medias a que venimos haciendo referencia, nos encontramos al menos con dos sectores bien diferenciados: el constituido por las que, gracias o a pesar de las circunstancias, cursaron estudios cuya salida se encontraba en profesiones técnicas, trabajos administrativos y similares, que entre el mercado laboral privado y público agrupan a más de la mitad de ellas; y otro conformado por quienes accedieron a titulaciones superiores.

Aunque desconozco estadística española alguna donde se cuantifique el total de las que forman el primer grupo, desde mi punto de vista, el paradigma de este colectivo en la treintena puede cifrarse en «la administrativa» en general, y la «secretaria» en particular, que continúan solteras y en el mejor de los casos devienen jefas de servicio, con el tiempo, o secretarias de dirección de mayor o menor rango.

Es muy frecuente que tanto en lo concerniente a ellas como en lo que respecta a las profesionales de titulación superior, dedicadas al ejercicio de su carrera, en entidades públicas o privadas, los lazos familiares se mantengan muy estrechos, tratándose de familias comunes y corrientes, sin miembros en situaciones especialmente difíciles, pero por lo general con un sentimiento de «clan» o «piña» bastante acentuado, que abarca no sólo al padre y la madre, sino a otros consanguíneos: abuelas, abuelos, tíos, primas, primos y sobrinos de distinto sexo, entre quienes, por diversas circunstancias, existe una relación muy frecuente y fluida, siendo los vínculos intrafamiliares tan fuertes que las personas venidas de fuera, como novias/os o cónyuges, suelen ser considerados extraños o periféricos más tiempo que en otros grupos familiares.

Son familias donde sus componentes suelen autodenominarse «los Hernández», «los Sánchez», «nosotros, los Martínez», denotando la pertenencia a una cierta tribu, en la cual el que ingresa como consorte es adoptado por fin, pero a costa de perder un tanto sus características y autonomía o por lo menos, según su habilidad, simular al menos que hace frecuentes concesiones.

Como polo opuesto a este tipo de familias extensas, poco numerosas de momento en nuestro país (si no asistimos a un renacimiento más o menos próximo de ellas en virtud de las dificultades económicas y de trabajo en que se encuentran las generaciones de jóvenes), nos encontramos con otras reducidas, nucleares donde puede darse el caso de una madre viuda tempranamente, de escasos recursos y con un par de hijos que saca adelante con un trabajo modesto y agotador, cuyo hijo varón se casa e independiza y cuya hija permanece conviviendo con aquélla. Hija que, además de trabajar en el ministerio, el banco, la oficina municipal, etc. etc., tiene un grupo de amigas con quienes sale siempre los fines de semana, y cuyas comunes ilusiones son vestir bien, tener un cochecito y hacer algún que otro viaje fuera de España en vacaciones, siempre que la madre no la necesite y se encuentre saludable.

Así como en casa suele ser quien lleva la voz cantante, siendo la madre quien se ocupa por completo de las tareas domésticas, en el ámbito de trabajo suele cumplir escrupulosamente con las funciones de subordinación, docilidad y auxiliaridad que de ella se esperan, llegando incluso a preparar algún que otro café al jefe y sus colegas, ocupándose por lo general de organizar las comidas, cenas o desayunos de trabajo e incluso recordándole los cumpleaños de sus familiares, siendo la encargada, implícita o explícitamente, de comprar los regalos de aniversario de boda y otras efemérides, para que él presumiera de no haberlos olvidado.

Nunca dejan de sorprender por su solicitud estas trabajadoras, secretarias y administrativas que vienen a ser la «cónyuge al revés» del jefe o el alto cargo de una empresa o institución. Este hombre suele tener una esposa dedicada a él, al hogar y los hijos y que en lo doméstico le proporcionará aquellos trabajos auxiliares necesarios para su promoción profesional; y en el trabajo, una auxiliar constante de las tareas del mismo, pero que además se encarga de las derivadas de tipo doméstico, significando con frecuencia un apoyo afectivo en las malas rachas del negocio o incluso familiares.

Alguna, como Marisa cuando la conocí, profesa una devoción al jefe rayana en el enamoramiento. Llevaba en la empresa desde los dieciocho años en que murió su padre, separado de su madre cinco o seis años antes. Desde el puesto inicial de mecanógrafa, con un tesón y un esfuerzo continuados y poco comunes, fue concursando y opositando hasta llegar a la secretaría de dirección cuando se creó; para entonces ya llevaba cerca de ocho años trabajando a las órdenes del actual director, que también había ido ascendiendo sucesivamente, había acabado mucho más casado con su trabajo que con su mujer y sólo se entendía bien con Marisa, su auténtica mano derecha y a veces hasta la izquierda, pero que continuaba como decíamos a «sus órdenes», hasta el punto de dedicar horas de su tiempo personal, e incluso en días festivos, a proyectos que aquel adicto al trabajo quería poner en pie en cuanto se le ocurrían.

El dilema que planteaba Marisa cuando nos conocimos era que, desde hacía tiempo, toda la oficina daba por hecho que entre su jefe y ella existía una relación extralaboral e íntima y de larga duración, que en realidad no era tal, porque a pesar de creer que estaba enamorada de él desde hacía tiempo, venía negándose sistemática y dolorosamente a los requerimientos sexuales que él le venía formulando desde hacía más de un año. A tenor de todo ello se encontraba en una confusión total, dolores de cabeza permanentes, sensación de angustia y malestar constantes que en los meses últimos le impedían descansar bien, lo que le había llevado a encerrarse más en casa que de costumbre y discutir con su madre sin cesar; había dejado de salir con sus amigas por completo y sólo deseaba abandonar la oficina, dejarlo todo y empezar algo nuevo en un sitio distinto, «porque allí se ahogaba o acababa perdiendo la cabeza»; de hecho, le dolía tanto últimamente que no entendía lo que le decían, se equivocaba cada vez con más frecuencia y temía que la acabasen echando entre unas cosas y otras.

Con toda seguridad, la mayoría conocemos muchas situaciones similares a ésta o con pequeñas variaciones sobre la misma, como puede ser el caso de Mercedes, la mayor de dos hermanas que quedaron sin madre a los diecisiete y los catorce años respectivamente, con un padre que nunca volvió a casarse y la hermana que lo hizo a los veinticuatro años; ella llevaba casi diez haciendo de ama de casa, trabajando como administrativa en una Caja de Ahorros, y saliendo con Jesús como novio eterno. Pasada la mitad de la treintena con un cargo de secretaria de uno de los apoderados y después de la crisis que le supuso separarse de su padre y marcharse a un pisito para ella sola, decía sentirse más feliz que nunca, con su libertad recién estrenada y conservando el afecto y la relación con su familia, aunque había decidido romper con Jesús definitivamente. Unos años antes afirmaba que la única salida que veía a esta situación era morirse ella o que su padre se muriera cuanto antes.

Como vemos y aunque no siempre, no suelen faltar circunstancias familiares que, aún corrientes, recalan con mayor dureza y exigencia sobre las mujeres, por ser nuestra sociedad sexista como es y no de otra manera, lo que conlleva tantas veces el hecho de que ciertas treintañeras se hayan convertido en sustitutas de madres o padres fallecidos, o auxiliares domésticas cuando concurren circunstancias que las convierten en eternas hijas de familia o madres prematuras de las mismas, sobre todo si pertenecen a los estratos más modestos de las clases medias y para quienes, en numerosas ocasiones, ese jefe tan exigente —tan autoritario o más que el desaparecido o todavía existente en casa— parece el contrapunto de éste, en cuanto al éxito y el brillo profesionales que aquél no logró adquirir, pero que se muestra proclive a aunar con facilidad lo público y lo privado en la persona de la secretaria, de la que en principio, y mientras no se demuestre fehacientemente lo contrario, aún hoy se piense muy a menudo que es «empleada para todo». Existen algunas —aunque conozco menos— que mediante su influencia sobre el jefe y su capacidad de maniobra personales, además de la lealtad que le dedican, son las verdaderas jefas de algunos departamentos, lo que tampoco está exento de conflictos y contradicciones que, antes o después, se manifiestan, pues son escasísimos los superiores dispuestos a promocionarlas y prescindir de ellas de manera desinteresada.

Digamos que hemos visto más bien la vertiente de estar «atrapadas por sus circunstancias», que muchas de estas mujeres refieren a lo largo de sus crisis, pero lo cierto es que la mayoría hubiera podido también aceptar un matrimonio, a través del cual escapar a parte de ellas y no lo hicieron.

Si aceptamos que nadie es absolutamente libre para elegir una opción, entre varias, que no implique asimismo costes diversos en contrapartida, el hecho es que ellas, en su contexto particular, optaron en estos años por continuar en sus empleos, aunque también hubieran podido permanecer en el hogar dependiendo de su familia a todos los efectos, con mayores o menores estrecheces. Se quejaban del trabajo, muchas veces lo odiaban, pero permanecían aferradas a él y no lo hubieran abandonado definitivamente, como se proponían en sus fantasías en los peores momentos; así es que, con la relatividad que todo lo humano encierra, esos trabajos eran preferidos y «necesarios» realmente, entre otras posibilidades estimadas como bastante menos deseables para ellas y, de esta manera, tan contradictoria como todavía suele ser característica en algunas mujeres, sin creer ni sentir íntimamente muchas veces que los ascensos fuesen sinónimos de éxito, el hecho es que llevan a cabo un trayecto o carrera profesional jalonada de obstáculos, que superan con acierto observadas desde cualquier otra persona, pero que, a sus ojos, rara vez tienen el mérito que otros u otras les atribuyen.

En cuanto a las profesionales de extracción universitaria, si —como decíamos— son menos las que abandonan sus carreras por el matrimonio y más las que tratan de compaginar ambos con la descendencia, también las hay que durante los treinta están absorbidas por una intensa dedicación profesional, la adquisición permanente de conocimientos y/o actividades académicas, nutriendo su saber y su currículum con gratificaciones importantes en medio de todo ello.

Algunas son las que todavía, conscientemente, siguen posponiendo un compromiso conyugal, temiendo que éste dé al traste con lo logrado hasta entonces. Las más brillantes y competitivas, en general, se encuentran con la mala prensa que entre colegas y en los círculos habituales de amistades y conocidos tiene aún la mujer profesional y relevante, respecto a la cual se abrigan muchos temores: ser tan buena en la carrera como un compañero y que además lo pongan de relieve, suele traducirse en «mujer de armas tomar», «*un* colega», «un tío, en resumidas cuentas». Suelen ser mujeres que utilizan menos «la mano izquierda», tan femenina desde siempre o lo que es lo mismo, los elementos tradicionales de la feminidad (dulzura, suavidad, modestia, ingenuidad, falta de ambición, de proyectos propios, etc.) y dejan ver más a las claras y directamente sus intenciones de poner en pie sus deseos, e incluso verlos cumplidos satisfactoriamente, como le ocurría a Marta.

Ella, como otras también, fueron aprendiendo y formándose en los últimos años del régimen franquista, frecuentando ambientes «progres», echando una mano o comprometiéndose más a fondo con formaciones políticas clandestinas sin que lo supieran en sus casas; unas, porque al ser hijas de «vencedores» temían que les pusieran el grito en el cielo y pasaran a ser la desgracia de la familia; y otras, porque lo eran de «vencidos» y temían que les pusieran el grito en el cielo, por abundar en la saga de desgracias familiares ya vividas.

Concurrieron a las facultades y aprendieron que eran igual que *ellos*; preparaban exámenes en grupo e incluso a veces sacaban notas mejores que los chicos, por lo que se sentían satisfechas, sin dejar por ello de ser solidarias con cualquiera. No se les ocurrió pensar que pudiera haber problemas más adelante, cuando hubiese que trabajar para vivir y se plantearan cuestiones más relevantes de tipo intelectual o de amor en serio. El inconveniente fue que, mientras tanto, ellos no estaban ni aprendiendo *a,* ni creyendo por supuesto ser *como* ellas; las compañeras de clase, sobre todo las empollonas, las «lanzadas», eran una raza aparte entre las chicas. No apetecía en absoluto invitarles a bailar, salir o intentar ligar; eso era otra cosa muy distinta a pasarse apuntes, preparar exámenes finales toda una noche en blanco, o defender reivindicaciones de variada índole.

Algunas como María empezaron a darse cuenta de las desigualdades y las diferencias cuando el compañero que más le gustaba y que le había estado «tirando los tejos» en los primeros cursos, se hacía novio de una chica modosita, bastante guapa, que cateaba mucho y con la que se casó nada más terminar la carrera.

Otras lo aprendieron cuando se quedaron embarazadas del novio de aquella época, con el que pensaban casarse o irse a vivir juntos una vez terminasen los estudios, pero que a pesar de tanta «progresía» no dio la cara en aquel trance, ni cuando ella tuvo que arreglárselas sola para salvar la situación, aun a costa de reventar quizá en el tugurio aquel que le recomendaron. Otras, como Maite, se dieron cuenta de que ellos tenían prioridad para ser internos en las cátedras, ayudantes de los docentes y desde luego para las plazas en los primeros concursos u oposiciones.

Marta incluso dejó de lado la especialidad que en principio pensó elegir, porque en ella las mujeres que la hacían estaban de auxiliares de *ellos* y optó por otra diferente, donde su trabajo gozaba de autonomía personal.

Al final de los treinta años, trabajando mucho, había logrado un puesto fijo y estaba a un paso de una jefatura en su especialidad, había viajado por cuestiones profesionales dentro y fuera del país, se sabía con una sólida formación y había tenido algunos éxitos relevantes. En su ambiente de amigas/os y conocidos era considerada por encima de los demás, pero muy querida en general por su lealtad y su simpatía. En la familia había resultado ser la que más se había destacado; la admiraban, era una buena aliada de su padre, que veía en ella a su sucesora, «pero mucho más guapa y agradable que yo» aseguraba repetidas veces a los amigos; con respecto a su madre, ésta sólo echaba de menos para ella un buen marido.

Cuando conocí a Marta se sentía una inútil, se quejaba de que le faltaban unos meses para cumplir los cuarenta y no había hecho nada en la vida; entre lágrimas, sólo se refería a sí misma como mujer que acababa de ser abandonada por un afamado profesor de su especialidad, casado y muy dado a los devaneos con colegas brillantes mucho más jóvenes y casi siempre guapas, que iban siendo preteridas por la siguiente; se lamentaba asimismo de no haber sido capaz de formar una familia propia «como cualquier mujer». En su situación parecían haberse borrado de su memoria todos los logros obtenidos hasta ese momento con tanto esfuerzo y tanto éxito. Parecía hallarse, paradójicamente, haciendo el duelo por lo no nacido, tras el entierro de lo alcanzado.

MATRIMONIO CON UN REPETIDOR Y PADRE DE DOS HIJOS/AS

Este tipo de pareja es mucho más común en otros países, que desde hace tiempo nos precedieron en la aceptación del divorcio en su normativa legal.

En el nuestro, donde esta posibilidad se inicia en el sistema democrático actual en 1981, a pesar del corto espacio de tiempo transcurrido, se evidencian sus consecuencias en todos los aspectos. Todos nosotros conocemos alguna mujer que no sólo en la treintena, pero sobre todo en ésta, se casa con un divorciado diez o doce años mayor que ella, padre de una hija o hijo, pero que más corrientemente tiene dos.

La mayor parte de estas mujeres ha logrado un bagaje profesional previo considerable en las administraciones, en las empresas públicas o privadas, los medios de comunicación, la enseñanza, la judicatura, la salud, etc., etc., suelen ser autónomas desde el punto de vista económico y a veces viven independientemente de sus familias de origen, aunque en otras ocasiones todavía habitan con ellas.

Las modalidades de este tipo de matrimonio son diversas. Así como existen parejas que después de una convivencia mantenida estando él casado, ella plantea el «último ultimátum», para que rompa con su cónyuge y, antes o después esto sucede, también ocurre que el divorciado y padre, tras un corto tiempo de vivir en solitario o de regresar a la familia parental, quedando por lo general la descendencia habida en el matrimonio con la ex esposa, comienza a relacionarse nuevamente y entonces encuentra a una treintañera, como ocurrió con Mónica.

En su caso la relación fue algo más peculiar, pues conoció a Pablo, divorciado y con trece años más que ella, durante un verano en que él fue a pasar parte de las vacaciones a la ciudad marítima en que ella residía, tras dejar a sus hijos de doce y ocho años pasando el verano con sus padres. El interés mutuo fue en aumento, los desplazamientos más o menos alternados se sucedieron en fines de semana y periodos vacacionales, y al cabo de unos dos años se encontraron teniendo que resolver quién debía prescindir de su ciudad, dejando más o menos permanentemente familiares, personas conocidas, amistades y el trabajo además.

Conocí a Mónica cuando las «negociaciones» habían variado en casi todos los aspectos posibles, menos en el que se refería a que Pablo carecía de opción, a corto y al parecer a medio plazo, para conseguir trabajar en su profesión en la ciudad de ella. Se había barajado que ella dejase de trabajar, que pidiese la excedencia por un año, durante el cual intentaría una ubicación laboral donde Pablo vivía; que los hijos de Pablo viviesen con ellos; que quedasen al cuidado de los abuelos paternos durante una primera etapa o que si la madre accedía, se hiciera cargo de ambos con la compensación económica consiguiente, etc., etc.

Mónica, desde que la idea del matrimonio con Pablo se había hecho firme, se encontraba «con treinta y cuatro años, pero como si fuese una niña de diez que no sabe lo que quiere y que tiene miedo de todo». Cuando pensaba en trasladarse con él y los chicos, teniendo ya trabajo en la otra ciudad, sentía que no iba a ser capaz de dejar a su familia, con la que convivía desde siempre, y comenzar a ocuparse de otra al completo y, para colmo, en una casa no elegida por ella y en la que vivieron anteriormente Pablo y su ex esposa. Si se inclinaba por la alternativa de un primer periodo de convivencia sólo con Pablo en casa de él, se angustiaba pensando en que el desastre era doble, ya que ella abandonaba a los suyos y Pablo prescindía de sus hijos. Su familia que, afortunadamente, trataba de apoyarla y de interferir lo menos posible, aunque en principio «no hubieran pensado en un divorciado para su hija», estaba también confundida, pues no veía aparecer la solución satisfactoria y sí una Mónica desconocida: triste, callada y «maniática por días». Esta se había decidido al fin por una segunda moratoria en la relación, desde hacía seis meses; estaba de baja laboral y no podía con su alma, pues tampoco el aplazar nuevamente las decisiones le había hecho remontar lo que más le preocupaba según ella: «el insomnio, el miedo a conducir o viajar en cualquier tipo de vehículos, comer en exceso, no poder quedarse sola en casa y las salvas de palpitaciones que le hacían temer una enfermedad cardiaca», que el especialista correspondiente descartó tras las exploraciones pertinentes.

Sin distancias geográficas que salvar en otras ocasiones y, por tanto, no hallarse en litigio tan agudamente los asuntos de trabajo, e incluso dándose el caso de que los hijos del divorciado permanezcan con la madre, lo que ocurre la inmensa mayoría de las veces, este tipo de matrimonio suele ser bastante más espinoso que aquéllos en que ambos miembros de la pareja nunca establecieron lazos conyugales previamente e incluso que los nuevos matrimonios entre personas que enviudaron. Coincidiendo con Bernard, Bohannan, Duberman, Cherlin y otros, este tipo de nuevas familias son bastante «nuevas» desde el punto de vista histórico y de institucionalización de las costumbres, incluso en países que nos preceden en varias décadas en cuanto a su existencia. En ella los papeles de la más diversa índole están bastante menos delimitados, difusos y confusos, en cuanto a las distintas personas que las integran, especialmente si existe descendencia del matrimonio de la persona divorciada y ello se produce en todos aquellos aspectos que conciernen al emparejamiento y/o matrimonio inicial de uno de los miembros del nuevo, incluso aunque los de tipo económico y los legales hayan quedado perfectamente acordados y delimitados como permite la realidad jurídica e individual por ambas partes, hecho que suele ser bastante excepcional.

La novia del divorciado no puede obviar que los hijos o las hijas de éste le provoquen sentimientos ambivalentes de rechazo y simpatía, compasión y hostilidad, ya que vienen a representar, además de la evidencia de la anterior relación, encarnada en sus personas, pequeños fantasmas cuya sombra se proyecta, no sólo sobre ciertos aspectos de «orfandad» de la propia infancia, sino sobre «el sitio» que se desea para los propios futuros descendientes. El hábitat a compartir, si fue el conyugal del novio, es vivido como el espacio tangible y concreto donde se proyectan las dudas y temores interiores: «¿Podré hacer de esta casa, mi casa y nuestra casa?, ¿no habrá siempre en ella recuerdos de su matrimonio, que no se borran nunca?» Rara es la vez que a los inicios de la nueva convivencia, las emociones se orienten en sentido inverso, como: «Es curioso que la eligieran, la acondicionasen, la habitaran, y todo ello sólo haya servido para que nos encontremos los dos ahora tan a gusto.» Evidentemente no es fácil arrojar «de dentro», tranquila o violentamente, a mujeres significativas, madres también que habitan durante más o menos tiempo en cada una, lo que se torna en muchas ocasiones en una pugna consciente y abierta, o inconscientemente con la «ex», durante más o menos tiempo.

Mónica y Pablo tuvieron que solventar, recolocar, ensayar de nuevo, retomar el paso perdido otra vez, en muchas ocasiones y durante un periodo nada corto ni sencillo, hasta sentirse más claros consigo mismo cada uno y con el otro también, entendiendo con posterioridad aquel «equilibrio inestable» como la normalidad en su pareja y la forma de bienestar que consideraban suficiente para ambos.

Menchu y Esteban, largo tiempo divorciado, tuvieron que enfrentarse al comienzo, cuando sobre todo ella deseaba casarse, con los temores de Esteban a un nuevo matrimonio que pudiera terminar deshecho nuevamente. Esto supuso para Menchu, durante mucho tiempo, la duda difícilmente soportable, de que él conservase vínculos afectivos importantes todavía con su ex mujer, que quizá no desapareciesen nunca y le impidieran sentirse plenamente integrado en la relación de ambos, que llevaba visos de eternizarse, siendo ella, en cierto modo, la «comidilla» de la pequeña ciudad en que residían.

Elisa y Juanjo tuvieron que hacer un frente común y sostenido contra el rechazo de la familia de ella, para la que Juanjo era «un aprovechado que se iba a vivir al piso de nuestra hija, con mujer y tres hijos por si fuera poco», aunque en realidad llevaba dos años divorciado y los chiquillos estaban con su madre.

Si las simetrías nunca son completas en las familias más habituales o «clásicas», en éstas de nuevo cuño, tanto desde el punto de vista histórico como sociológico y demográfico, la repercusión psicológica y viceversa, es decir, la transcendencia de la ruptura o el cambio de los vínculos emocionales para la creación o recreación de otros nuevos, con escasos ejemplos alrededor, lagunas considerables desde el punto de vista jurídico-legal, así como experiencial en las familias de origen de los nuevos contrayentes, significan deficiencias importantes para facilitar una consolidación que permita un tipo de bienestar aceptable para la mayoría o cada una de las personas afectadas y que pertenecen al menos a tres generaciones, con necesidades y expectativas múltiples y diversas según los estadios del ciclo vital de cada una.

Como decíamos al inicio de este epígrafe, el conocimiento y la reflexión a que vamos accediendo y nos obligan estas situaciones, que van incluyendo pausada pero progresivamente mayor número de mujeres, hoy por hoy, hacen pensar que nos hallamos en una cierta prehistoria por lo que a aquéllas se refiere. Son las personas concretas, protagonistas de las mismas, las que no sólo sino esencialmente, van inventando o intentando crear soluciones, elaborando e institucionalizando a costa de sus vidas y la repetición desde lo cotidiano de nuevas costumbres, hábitos y alternativas, que quizá con el correr del tiempo y a la vista de otros siglos, parezcan ya ritualizadas o incluso puedan llegar a ser motivo de nuevos mitos. Sin embargo, en la actualidad y a tenor de todo ello, significan cambios y conflictos individuales con intensas confrontaciones de intereses en lo más íntimo y en la superficie, sin apenas apoyaturas «normalizadas» y estables que permitan mitigar, al menos, las precariedades y las carencias que suelen ser denominador común de todas ellas, lo que las define como críticas.

III. LA DECADA DE LOS CUARENTA

Hacia el término de los treinta y casi sin excepción, el día en que se cumplen los cuarenta años se experimenta la vivencia de que se ha pasado una etapa o momento del ciclo vital especialísimo, donde el denominador común suele ser la forma de sentir el tiempo, la sensación de haber llegado a la cima de una escalera, escarpadura o montaña, por la que parece haberse estado ascendiendo, sobre todo a lo largo de la década anterior, la certeza de que la muerte es un hecho incuestionable y constitutivo de la propia realidad y la observación de la vida, no sólo prospectiva sino retrospectivamente, mucho más a menudo que hasta entonces.

Deseo insistir de nuevo en que las sencillas reflexiones de estas páginas, lejos de ser prescriptivas, son más bien descriptivas y en ese sentido deben tenerse en cuenta, tanto en esta década como en las anteriores y posteriores, es decir, más bien como aproximaciones a los fenómenos o vicisitudes más comunes por las que atraviesan, creándolas y recreándolas un gran número de personas, con toda la riqueza y diversidad individual que ello implica, que como hitos fatales e inamovibles para todas. Pero en cuanto a hombres y mujeres se refiere por ser las cosas como son en nuestra sociedad y en cuanto a la mayoría, las disparidades continúan siendo considerables en todos y cada uno de los aspectos que se consideran fundamentales en la existencia, aunque ciertamente ambos colectivos en esta segunda etapa de la adultez son, lo perciban o no, «quienes mantienen el mundo» de manera más real y consistente, y que también en este mantenimiento las parcelas son, además de desiguales, ostentosamente visibles unas e injustamente invisibles otras. El eje común para ambos quizá y cuya validez sigue vigente en mi opinión, es el formado por aquel que descansa sobre los procesos de *generatividad* versus *autoabsorción* y *estancamiento.*

Según formularon E. y J. Erikson hace unas cuantas décadas, la generatividad abarcaba la *procreatividad* y la *creatividad* y por tanto *la generación* de nuevos seres y también de nuevos productos e ideas, incluido un tipo de autogeneración, que tiene que ver con un mayor desarrollo de la identidad personal. La nueva «cualidad» emergente de esta antítesis suele ser el *cuidado,* compromiso que incluye la ocupación y la preocupación por las personas, los productos y las ideas generadas.

Comoquiera que en las capas medias a que nos referimos, los papeles masculinos han experimentado menos cambios cualitativos que los de las mujeres, si bien en el caso de *ellos* podemos afirmar que las exigencias de siempre o tradicionales en general se hallan sometidas a mayores urgencias y competitividades (logros económicos, profesionales, formación de una familia, etc.), en lo que a *ellas* se refiere, las complejidades y las «variaciones vitales» son más numerosas y diversas en los tiempos que corren.

Para unos y otras, cada cual según su estilo y sus circunstancias, esta década es tiempo de balances en profundidad, de realizar arqueo entre lo que se proyectó y lo que se ha logrado, lo que se fue entre las manos o ni siquiera llegó a rozarse con la punta de los dedos. Por todo ello, muchos la denominan desde hace algún tiempo «crisis de la edad media de la vida».

El tiempo adquiere un peso específico

En esta década, sobre todo en su primera mitad, aunque se hable del «peso de los años», lo que suelen pesar son las serias responsabilidades contraídas y mantenidas desde la década anterior, pues éste es el grupo de población del que dependen las generaciones jóvenes y comienzan o se encuentran ya haciéndolo quienes inician o se hallan claramente en la vejez.

Lo que son los «años» o la parte más biológica y la corporalidad, es cierto que comienzan un discreto pero ininterrumpido y progresivo declinar desde la década anterior, que afecta por lo general, aunque bastante imperceptiblemente todavía, las funciones motoras e intelectuales. Se observa por lo general la aparición de los primeros cabellos blancos y se ahonda el trazado de las arrugas que acompañan a otras nuevas y consecutivas, y, además, las etapas futuras se adivinan como una prolongación un tanto rutinaria y escasamente atractiva de las tareas iniciadas en los treinta, o como proyectos, que si difieren mucho de todo lo anterior, a veces se enjuician e invalidan adjetivándolos de fantasías absurdas e inalcanzables o sueños sin sentido.

Por lo común, es la etapa en que se acaban de desmantelar, si todavía no había sucedido, los grandes mitos profesados en décadas anteriores: la realización plena a través del trabajo, la familia, los hijos, el dinero y se relativizan los logros que ya se escriben con minúsculas. Junto a ello comienza a experimentarse que la seguridad, la estabilidad, los conocimientos definitivos y acertados que se presumieron en quienes tenían los cuarenta, cuando se les veía desde la adolescencia, los veinte o treinta años, dista mucho de ser algo absoluto y permanente, comenzando a intuirse algunas veces, con un punto de desasosiego y de cansancio, que la vida es eso: lograr unas certidumbres relativas que alumbran nuevas dudas y resolver problemas, hasta cierto punto, que a continuación engendran otros problemas.

Ello no quiere decir que no sea motivo de disfrute una cierta estabilidad económica y emocional, en solitario o en pareja, un cierto mayor ajuste conyugal, si se ha logrado, y el hecho de tener descendencia adolescente y saludable y unos ascendientes activos y capaces. Pero todas estas circunstancias y responsabilidades cuentan con la muerte cierta al fondo del escenario o entre bastidores, manifiesta en seres queridos que ya desaparecen o ídolos admirados en la juventud que dejan este mundo, sancionando con su ausencia la finitud de quienes se creyeron infinitos. Es un latido preocupante y sordo, que con mayor o menor frecuencia vuelve a recordar que media vida o más ya se consumió, casi sin notarlo, que el tiempo cuenta, pasa y se termina de verdad. Sin saber muy bien por qué ni cómo, se intuyen capacidades o quizá tareas sin desarrollar, que piden insistentemente ser atendidas, aunque resulten intuiciones vagas o confusas, si bien algún significado deberán tener, ya que son capaces de distraer y descolocar los intereses rutinarios.

Hay a quienes esta década, sobre todo vista retrospectivamente, les parece una especie de meseta y hay quien ya en ella o *a posteriori*, la perciben como el comienzo del descenso rápido e imparable por la otra cara de la montaña o la cima que con tanto esfuerzo se escaló. De una y otra forma, lo que a su inicio es apenas perceptible, en las postrimerías se convierte en la «cuestión palpitante» que es: cómo emplear el resto de la vida.

Entre lo que se perdió y lo que se desea alcanzar

Es, por tanto, tiempo de balances, como decíamos, y ya sabemos que éstos no dependen sólo de restar el «debe» del «haber». En lo que a las cuestiones vitales se refiere, la mayor parte de sus componentes y elementos atienden mayoritariamente, aunque no sólo, a «cuentas» de tipo subjetivo, condicionadas como hemos venido repitiendo, por factores biológicos, psicosociales e históricos incluso.

Es también cierto por otra parte, que entre las características de nuestra especie, en la cultura actual, se encuentra la del escaso aprecio por aquello que tenemos y la añoranza o el ansia, a veces con escaso fundamento, de algo, por el hecho de carecer de ello y poseerlo otros.

Cuando las mujeres en los cuarenta, a través del diálogo interior, iniciado en años precedentes, se plantean el retorno al trabajo o la profesión pospuesta hasta ver el hogar encarrilado y también la descendencia, o cuando lo conseguido en la profesión e incluso la figura del jefe o el maestro toman dimensiones menos excepcionales y se cuentan los años invertidos en conseguir aquello que una vez logrado parece tan sencillo, la exclamación no exenta de perplejidades, viene a ser: «¿Pero será posible que hayan pasado todos estos años?», como si alguien hubiese escamoteado subrepticiamente unos cuantos de los vividos y las polifacéticas que continuaron aunando los múltiples quehaceres del trabajo, los hijos, el hogar y el conyugalato, lejos de tener «todo resuelto», como creyeron antes, aún se encuentran con conflictos insólitos para ellas por lo inesperados o tenaces.

Las dificultades radican muchas veces en la creencia generalizada de que lo que en momentos anteriores no se desarrolló, o se cercenó en una etapa dada, ya no puede tener lugar o no volverá a crecer; en que continúan careciendo de modelos o mentoras y mentores próximos y asequibles, que apoyen u orienten sus pasos o sus trompicones; que, en ocasiones, de quien o quienes esperan sean sus aliados resultan ser enemigos; de que a veces los enemigos no son aquellos con quienes se relacionan cada día, sino cuentas internas aún pendientes con ellas mismas, en virtud de relaciones conflictivas y antañonas y que, en general, los cambios en las vidas femeninas y más si se ha cruzado su ecuador, cuentan con muy escasos plácemes y en cambio muchas y muchos detractores todavía.

Parece como si las mujeres actuales, y más en los cuarenta, siempre tuvieran que justificar aquello que hacen o pretenden hacer ante unas y ante otros: la que continúa en el hogar con el marido y los hijos, siempre encuentra quien le diga: «¿y tú cómo sigues metida en casa?»; la que pretende reincorporarse al mercado de trabajo: «¿y tú qué necesidad tienes de meterte en ese berenjenal a estas alturas?»; la que decide romper su matrimonio: «¿pero tú has pensado bien la locura que vas a hacer?»; la profesional que no se casó: «¿y tú con lo que vales, cómo sigues tan sola?» y así un larguísimo etcétera, tan largo como la variedad de vidas de mujeres existentes actualmente.

En el capítulo anterior mencionábamos a Paloma, la cual sorprendió a propios y extraños con la intervención facial mediante la que pretendió resolver determinados conflictos, sin lograrlo.

A lo largo de los cuarenta, puede que se superpongan determinadas fobias o «manías» por detalles físicos personales, en los que se cifra el fracaso o la causa de determinadas frustraciones o de proyectos no logrados y que permanezcan en años posteriores, junto con el hecho del declive más o menos acentuado de la corporalidad en general, sobre todo si se toma como prototipo de los cuarenta años, el de los treinta, o los veintitantos. Sin embargo, el aspecto no deja de preocupar, en mayor o menor medida, a las mujeres de las capas medias, máxime si en el ámbito profesional en que trabajan la corporalidad es un factor muy valorado y las interesadas entran en esta dinámica más o menos consolidada y tan frecuente entre profesionales; por ejemplo, del mundo del espectáculo, las modelos, etc.

También se da el caso de las mujeres que fueron estimadas sobre todo por sus caracteres físicos en la juventud, por muchos e incluso por quienes se convirtieron en maridos y que pasados diez, quince o más años de matrimonio, cuando el amor-pasión-sexualidad exaltada hace tiempo que derivó por otros derroteros, sintiéndose menos halagadas también por los amigos y nuevos conocidos, perciben como una tragedia este declinar de lo que corporalmente fueron en aquella etapa de mayor éxito, en cuanto a admiradores se refiere.

Suele ser muy común en bastantes de estos casos (el de la actriz, la modelo, «la más guapa de todas», etc.) en los que se recurre a la ayuda que estas técnicas propician, que, por motivos diferentes, no se percibe la vida como un transcurso, con un comienzo y un fin, lo que implica evoluciones de todo tipo y también en lo corporal, considerando necesario o preferible estacionarse en la edad aparente y el aspecto con ella concordante, en que fueron más estimadas, más «queridas» y se sintieron más satisfechas o exitosas, a través del interés, el deseo y/o el aplauso de quienes a su vez, tan satisfechas y colmadas percibían sus necesidades, fantasías o inhibiciones, gracias al estereotipo de mujer que ellas encarnaban desde la pantalla de cine o de la televisión, la comedia, la moda, o las calles de la ciudad por donde se las encontraba.

Es curioso y bastante paradójico que todas estas ansiedades, frustraciones y sacrificios se desarrollen en torno a algo que, por lo común, no es un mérito personal, sino una circunstancia producto del azar, de los genes y de los gustos de la mayoría tales como la «belleza» y que, sin embargo, puede llegar a adquirir la categoría dramática de «absoluto», como en el caso de actrices conocidas o mujeres comunes. También me viene a la memoria una prestigiosa y excelente escritora brasileña cotemporánea, cuyo éxito literario y el reconocimiento mundial a su original y personalísima obra de creación, no lograron compensar el sufrimiento insoportable que le ocasionaba el deterioro progresivo de su gran belleza física, imparable a pesar de numerosas intervenciones quirúrgicas y que sólo cesó cuando puso fin a su vida. Sin llegar a estos extremos, ciertos «arreglitos», como eufemísticamente suelen denominarse este tipo de intervenciones, se hallan en consonancia en otras ocasiones con un intento desesperado de retener a un marido cuyos devaneos con alguna jovencita hacen que la esposa, comparándose con ella, se sienta de improviso mucho mayor que antes de conocer la aventura e intenta aproximarse cuanto puede a la «quinta» de la rival, lo que por lo general no suele detener el vuelo del galán u otros posteriores o definitivos.

Por el contrario, en cuanto a Amalia se refiere, enviudó a los cuarenta y seis años, y al poco tiempo decidió borrar de sus facciones las huellas de catorce años de drama conyugal y, al parecer, inconscientemente invisibilizar también las cicatrices y los desgarros emocionales que la tremenda convivencia había dejado en su psiquismo. Cuando la conocí, si bien consideraba que tras el posoperatorio había adquirido el rostro deseado y convenido previamente con el cirujano, un sentimiento de angustia y extrañeza la acompañaba continuamente, aunque no se mirase en el espejo: «a quien ven no es a mí; cuando me miran por la calle ven a otra, como disfrazada; siento que llevo una careta que no puedo arrancarme y a veces ya no sé quién soy de verdad, pues tampoco me reconozco en lo que me dicen ni siquiera las amigas».

La confrontación con los espejos fue insufrible durante mucho tiempo hasta que consiguió ensamblar la Amalia que retomó la vida por unos derroteros más amables y satisfactorios, aunque no exenta de dificultades y reveses muy duros todavía, y ambos acontecimientos fueron trasluciéndose en las expresiones de su rostro, del que volvió a apropiarse al parecer definitivamente.

El dulce hogar comienza a saber amargo

Con distintos puntos de partida, en esta década nos encontramos con mujeres en situaciones un tanto similares: aquellas que no trabajan fuera del hogar bien por haber renunciado definitivamente a un empleo asalariado previo, bien por haber decidido interrumpir esta tarea el tiempo necesario para la crianza de la descendencia y el cuidado familiar, con lo cual suelen haberse dedicado intensamente a la domesticidad de diez a doce años como promedio.

Ellas son de quienes suele decirse todavía y cada vez con más despego: «no hace nada, dejó el trabajo y está en casa» o «mi mujer no trabaja, está en casa», cuando resulta que realiza una serie de prestaciones de servicios que abarcan áreas de salud, educación, alimentación, aprovisionamiento, administración, relaciones interiores y exteriores, conservación, restauración y decoración, amén de las auxiliares de todo tipo, cuyos costes físicos, emocionales, intelectivos, etc., no son calculables, pero los económicos vienen a resultar un millón largo de dólares anuales, según cálculos del Chase Manhattan Bank hace diez años aproximadamente.

Sin embargo, en este estadio al que nos referimos, aun en situaciones y desempeño de tareas similares a las de aquellas que son amas de casa «de toda la vida», es decir, que no tuvieron un puesto de trabajo remunerado previo al matrimonio, desde el punto de vista psicológico sus circunstancias no son del todo homologables, ni tampoco con las de aquellas que no estuvieron empleadas en el mercado laboral, pero cuyas pretensiones son intentar acceder a él, una vez que los hijos precisan menos atención continuada para su evolución.

En las mujeres a que nos referimos ahora existe una experiencia común y es el sentimiento más o menos intenso de haber renunciado a algo en virtud de otras cosas, como es al empleo, en función de la familia; es decir, existe la vivencia más o menos mitificada de que se sacrificó algo propio y personal para alcanzar algo que también llevaba una dosis importante de lo mismo, pero que se extiende, abarca y se ejerce a beneficio y como cobertura de necesidades perentorias de unos (hijas o hijos) o no tan perentorias de otros (cónyuges) y en detrimento de bastantes propias.

Como las personas no somos ángeles buenos y además pertenecemos a un tipo de cultura en la que el poso cristiano insiste desde hace casi veinte siglos en que nos perdonemos las deudas los unos a los otros, pero promete el castigo eterno como colofón de las muy grandes, dentro de este contexto las mujeres terrenales de hoy se encuentran con más de un dilema como eje conformador de sus vidas, de manera que a lo largo de los años de domesticidad aparecen los deseos de pasar factura con más o menos frecuencia, intensidad y despecho acumulado, según los casos y las personas de que se trate.

Con esto no pretendo afirmar que todas las mujeres que tomaron la opción de lo doméstico y la crianza como definitiva o temporal, realizaron un sacrificio doloroso o dramático en sus vidas, pues todas/todos sabemos y conocemos a muchas que tomaron esta alternativa midiendo sus energías, la economía existente, las ayudas disponibles y su propia tranquilidad personal, pero incluso en el caso de las que más reflexionaron sobre su realidad en ese momento y actuaron en consecuencia más sopesadamente, llevaron a cabo una cierta renuncia a partir de sí mismas, no proporcional ni mancomunadamente con su cónyuge o pareja.

Como hemos afirmado ya en otras páginas, la cuestión de la descendencia todavía se vive por parte de la sociedad en general, y de los hombres en particular, como «asunto de mujeres» y su sensibilidad hacia ellos se encuentra en razón directa al tipo de socialización de que han sido subsidiarios al respecto, los requerimientos directos e indirectos de sus cónyuges para que se resocialicen en estas cuestiones y las resistencias que ellos oponen, consciente e inconscientemente, también, exigidos y condicionados por los papeles y cometidos que de ellos se esperan y que internalizan a través de sus propias vidas, además de las mayores o menores dosis de egoísmo personales.

Además, como al tratar de la maternidad y la crianza nos referíamos a la mística social vigente todavía y comoquiera que en la década en que se suelen llevar a cabo estas opciones disyuntivas por parte de las mujeres (finales de los veinte años o a lo largo de la treintena) también coincide con una visión del trabajo o desarrollo de la profesión como sinónimo de realización personal plena, hay que considerar que junto a la pérdida real de lo que se pospuso o a lo que se renunció definitivamente, se una la vivencia de la pérdida de un hecho o posibilidades un tanto mitificadas o idealizadas también. Ignorando o eludiendo la parte que conllevan de frustraciones, fracasos, desasosiegos y sinsabores, que en realidad las convierten en realizaciones parciales, como todas las humanas, son percibidas por las mujeres que las iniciaron como la amputación o atrofia de un miembro, posibilidad o capacidad que habían comenzado a desarrollar y saber utilizar a través de esfuerzos considerables y de un batallar entre contradicciones y ambigüedades tanto exteriores como internas, lo que contemplado *a posteriori* las convierte en más deseables o añoradas.

Tras la vuelta al hogar, con la llegada de los hijos/as y a través de los primeros años de cuidados constantes y el desarrollo paulatino de cuantas tareas mencionábamos al comienzo de este epígrafe, no valoradas socialmente ni remuneradas económicamente y tan «normalizadas» históricamente que devienen invisibles para todos menos para ellas, estas mujeres acaban dándose cuenta, antes o después, de que fueron perdiendo amistades y relaciones propias a veces por completo, que fueron adoptando las de su marido abandonando el interés o la puesta al día de lo que fue su cometido laboral, profesión, o incluso sus aficiones o distracciones preferidas, porque fueron invirtiendo todo su tiempo en la familia, pasando a ser incluso hijas más solícitas que nunca de padres, de madres, y hasta, en ocasiones, de suegros y suegras que envejecen.

Otras se convirtieron en la abogada, la enseñante, la aparejadora, la ejecutiva, la escritora o la médica consorte, sin que ese consorcio significase nada para sí misma de cara al exterior, en tanto que en lo doméstico trajo consigo mecanografiar, ayudar a corregir exámenes o cuadrar balances, fotocopiar y pulir trabajos o aprender a utilizar el ordenador, «porque le hace mucha falta a José y él no tiene tiempo para eso», abrir y cerrar la puerta y atender el teléfono de la consulta del marido, a la vez que van percibiendo cómo en las reuniones o cenas de matrimonios, sus temas de conversación giran en torno a todo ello, los hijos y el hogar, temas y preocupaciones que comparten, entre las esposas de colegas de profesión, al llegar la sobremesa, al otro extremo del salón donde los hombres se reúnen.

En la mayoría de ellas va tomando cuerpo, poco a poco, a partir de momentos, detalles, tensiones y desencuentros repetidos, un malestar mezcla de nostalgia, atonía, rachas de mal humor, tristeza, crispación o resentimiento que, como un duende interior vagabundo y revoltoso, va ocupando espacio de manera informe, pero amenazando con llenarlo todo, sin que le sirvan como paliativos una descendencia y un marido sanos, un hogar cómodo, una economía estable y suficiente e imágenes de mujeres similares en edad y ocupaciones a las suyas, como protagonistas felices de películas, vídeos o anuncios publicitarios donde se las alaba por su sensatez y resistencia, acomodándose a y cubriendo las necesidades o caprichos, veleidades e insensateces de otros miembros del conjunto familiar, además de tener el buen gusto y el acierto de consumir los productos para el hogar de un ama de casa, que sabe lo que hay que hacer para conservar, mejorar, embellecer y hacer grata la existencia de cuantos la rodean.

Cuando la *Mística de la feminidad* produjo aquel gran revuelo a comienzos de los años setenta y se convirtió en uno de los primeros libros con ventas impresionantes de los últimos años, proporcionando a Betty Friedman, además, el prestigioso Premio Pulitzer, aparte de lo ameno de su estilo o forma de contar, todo ello sucedió por sacar a la luz el fondo de la cuestión invisible pero desasosegante para tantas norteamericanas y que Friedman denominó «el problema que no tiene nombre» (el duende al que más arriba me refería), destrozando con sus reflexiones, papel y tinta todo el mito del matriarcado norteamericano y nombrando al fin una realidad con la que la inmensa mayoría de sus compatriotas se sintieron identificadas: las mujeres de las clases medias «recluidas» en sus dulces hogares.

Las españolas a quienes nos referimos en este momento, en el contexto particular de nuestro país y con las peculiaridades de las clases medias de hoy en nuestras ciudades, lo que precisa salvar algunas distancias, padecen por lo general de un mal que podríamos llamar «estancamiento a través de una rutina más o menos confortable», «espectadoras de la evolución de los de alrededor», «managers o auspiciadoras gratuitas de los afanes ajenos», «perceptoras de lo de afuera a través de personas interpuestas» (hijos, hijas, maridos), etc, etc. Son personas en el paso del ecuador de sus vidas que sienten vértigo al no ver nada al otro lado de la línea, o desesperanza si se encuentran con más de lo mismo, y temor, a veces pánico, ante el deseo y la necesidad de retomar o iniciar unos derroteros propios, con una impedimenta inexistente o unos útiles oxidados, torpes y anticuados, por la falta de uso o de cuidados a través del tiempo que permanecieron preteridos u olvidados.

Al comienzo de este libro comentaba los rudimentos del aprendizaje humano recordando cuánto precisamos de la repetición durante cierto tiempo de nuevas capacidades o habilidades iniciadas hasta dominarlas, instituirlas como parte del acervo propio y a veces automatizado de lo cotidiano, a partir de lo cual y de la nueva estabilidad que ello proporciona, iniciar otras conquistas y aventurarse por nuevos derroteros. Refería también que cada ser humano parece tener un estilo o tiempo propios, aunque nunca del todo ajenos a los estilos o tiempos sociales de su clase, su grupo cultural, su sexo, su generación y otros tipos de estatus diversos.

En virtud de todo ello, tan dificultoso y contraproducente podría resultar para algunos/as una sucesión rápida e ininterrumpida de experiencias diferentes, sin consolidar lo que las anteriores pudieron proporcionar de nuevo y estimable, como el mantenerse repitiendo lo ya sabido rutinariamente, sin otras aportaciones o novedad alguna, lo que sólo suele proporcionar hastío y falta de ilusión o esperanza para continuar viviendo una existencia, en lugar de como carga u obligación insoportables, como un *estar, ser* y *hacer* estimulantes y apetecibles por sí mismos.

La amargura tan frecuente, el estancamiento en la situación de estas mujeres que no se visualiza en muchas ocasiones más que a través de la llamada «crisis de la edad media de la vida», cuenta sin embargo también con coartadas personalizadas con nombres y apellidos en el ámbito doméstico, dificultades y oposiciones reales en el público y contradicciones numerosas y complejas en el espacio íntimo, interno o subjetivo.

LAS HIJAS O HIJOS: ¿SATISFACCIÓN O CARGA?

Aunque las cuarentañeras actuales y no sólo las de las clases medias, sino incluso de estratos más modestos, suelen tener meridianamente claro que el cuidado de la prole, aunque importante, no significa de «por sí» toda la vida, sino una etapa ardua y larga, pero etapa al fin en un ciclo vital que, como promedio, se alargará hasta los setenta y cinco años, al llegar a los cuarenta o algunos más, el malestar en que se vive se acentúa, porque no sabe a qué atribuirlo.

Los comentarios y las reflexiones más comunes por parte de la mayoría vienen a ser: «yo no sé qué me pasa; no tengo motivos para estar así, porque problemas, problemas de verdad, en casa no tenemos. Aunque "yo no trabajo", mi marido trabaja muchísimo y no nos falta nada de lo fundamental, casi no lo vemos, porque al hombre todo lo que gana se le hace poco para nosotros y mis hijos... pues la verdad es que son estupendos, no se meten en líos, ni se drogan ni nada parecido, lo único es que tanto el mayor (veinte años) como la "niña" (diecisiete años) hacen lo que les da la gana, no ayudan en nada, son el desorden y la desobediencia personificados, pero aparte los disgustos normales son muy buenos, francamente; debo ser yo la que falla porque con todo y aun así, quisiera perderlos de vista, cambiar de vida, que se independicen y me dejen en paz, pero hasta que eso llegue me habré muerto o estaré chiflada; aunque verdaderamente no se me ocurren más que disparates, y debería dar gracias por la suerte que tenemos».

Si el «destete» de los niños pequeñitos preocupó mucho más de lo que se recuerda al cabo de los años, este segundo es más difícil aún, porque por lo general suele encubrir el deseo personal de la madre de remontar el vuelo también y el temor de hacerlo, no sin razones para ello. Los hijos e hijas adolescentes más o menos jóvenes o jóvenes adultos, a que nos referíamos en el capítulo de la veintena, se encuentran «como lo más normal del mundo» con una serie de libertades, formales unas, pero reales otras, propias de una democracia, en tanto que sus progenitores se criaron y crecieron en una dictadura que, como todas, y aparte las carencias materiales de la posguerra en nuestro país, se mantenía como tal, con lo que implicaba de falta de libertades de toda índole y a toda costa. Es cierto que aquellos se encuentran en la moratoria a que les obliga la situación socioeconómica y que coarta sus proyectos y capacidades vitales en los años de mayor pujanza, encontrándose en situación de subordinación y aprendizaje, más dilatados de lo necesario, para alcanzar la posibilidad de autogobierno y mantenimiento. Mientras tanto, la familia continúa siendo durante todo ese periodo el sistema amortiguador entre las demandas colectivas no atendidas desde las instancias públicas y que, mal que bien, se satisfacen en el ámbito doméstico y privado en todas sus vertientes, incluida la elaboración de una identidad personal, con los avatares que más o menos expusimos en capítulos anteriores.

En este entorno (el familiar), dada la ausencia tan frecuente o la presencia casi simbólica del padre, la mujer-madre que permanece en casa es el punto neurálgico de información e interrelaciones de toda la familia, el eje desde la que se distribuye la autoridad, un tanto mermada en comparación con la generación de los abuelos, pero aún significativamente más importante que la de ella por lo que al marido-padre respecta; es decir, él es quien ejerce todas las decisiones de mayor trascendencia en cuanto a prohibiciones y concesiones de importancia de la más diversa índole (económicas, desplazamientos, recompensas, castigos).

Así como con respecto al *pater familias* de comienzos de siglo podemos afirmar que «paternaba» en realidad y solía hacerlo autoritaria y hasta despóticamente en muchas ocasiones, y a su alrededor gravitaban un tanto hermanados hijas, hijos y esposa en cuanto a obediencia, sumisión, derechos y obligaciones (aparte del débito sexual por parte de la última), con respecto a los padres y las madres actuales de cuarenta años podríamos afirmar, un tanto metafóricamente, que están en un peldaño similar de la escalera desde el punto de vista legal, pero la mujer varios escalones más abajo en cuanto al ejercicio de una serie de actuaciones familiares que, a fin de cuentas, son el poder o los poderes domésticos porque las de más envergadura las llevan a cabo los maridos.

Las hijas y los hijos son conscientes de esta situación, lo utilizan en consecuencia y casi siempre en su propio beneficio; y también muchas mujeres, no hay por qué negarlo, se amparan en la imagen de la autoridad paterna para evitar convertirse en ejecutoras de actuaciones que, a ojos de la prole, las convierten en desagradables, drásticas y «poco maternales», recurriendo a veces a inventarse ante los chicos una supuesta actuación tajante del marido, para reforzar la autoridad escasa que ellas poseen por falta de ejercicio y/o por desgaste de la que intentan ejercer en el tira y afloja cotidianos.

Pero además ocurre que a estas mujeres, madres de adolescentes o jóvenes ya, no les son muy útiles los modelos educativos y socializadores en que ellas se formaron, pues a través de su generación precisamente y en plena juventud o adolescencia, se dio el cambio político español y paulatinamente un cambio de costumbres y proyectos generales, auspiciados por las expectativas de las gentes que influyeron en los mismos y que a su vez han ido repercutiendo en unas y otros sin duda alguna, pero de forma diferente según las generaciones.

De manera aparentemente paradójica las personas que se encuentran en la década de los cuarenta, más concretamente en su segunda mitad, y que pertenecen a las capas medias suelen provenir de familias de extracción social aún más modesta o similar y en el común de los casos son hijas o hijos de «vencedores» o «vencidos», que por lo común crecieron y se formaron a través de una posguerra dolorosa, empedrada de carencias para estos sectores de población, más allá o más acá de los «alivios» conseguidos mediante el estraperlo y otras picarescas variopintas. Como jóvenes que eran entonces, de derechas o de izquierdas o apolíticas, lo común era querer tener más de lo que se tenía, porque solía ser escaso, aunque rara vez se expresaba abiertamente, si bien muchos/as se quejaban de manera explícita del exceso de hermanos con quienes repartir las escaseces.

La sociedad consumista en la que vivimos desde hace algunos lustros, proviniendo del subdesarrollo que se atribuía a nuestro país y su ciudadanía y que se palpaba nada más cruzar los Pirineos, ha significado uno de los factores evidentes en cuanto a los cambios de las aspiraciones, al menos materiales, de esta generación de los cuarenta, tanto para sí misma como para sus descendientes. Sin embargo, por pertenecer a distintas generaciones viven y experimentan los efectos de una mayor holgura material de forma muy diversa y que incluso afecta en lo referente a la conformación de ideologías o proyectos de futuro a veces contrapuestos, cuando no inexistentes más allá de los económicos.

No recuerdo que durante la adolescencia y la juventud de las madres y los padres cuarentañeros actuales se utilizasen sinónimos o adjetivos tan peyorativos como los que ahora abundan sobre «la juventud», sobre todo en boca de los adultos con más prejuicios, temerosos (quizá envidiosos también) o generacionalmente discriminatorios y que suelen asimilar a la gente joven con un colectivo de gansters, maleantes y poco menos que predelincuentes. Desde mi punto de vista, por entonces se les solía tener catalogados más bien de ingenuos, preadultos, sumisos, ajenos al mundo de las responsabilidades y manejables por lo general, a través de una autoridad bastante rigurosa y metódica. Ni numéricamente constituían el volumen de hoy en día, factor que impedía su protagonismo sociológico actual, ni como subrayábamos, las técnicas incitadoras del consumo les había elegido como una generación mediante la cual aumentar las ventas de productos de toda índole, a través de exigir en la familia todo aquello que no pueden obtener de otras fuentes, que, en esa etapa, sólo son sus coetáneos en situaciones similares a las propias.

La formulación de Adelson para Norteamérica en los años setenta de que en aquella década los adolescentes habían llegado a pesar opresivamente en la conciencia del país, invadiendo el mundo adulto sobre todo a través de dos estereotipos —el del «verdugo» (chaqueta de cuero negro, cruel, siniestro y amoral) y el de «víctima» pasiva y desvalida, a merced de los adultos corrompidos y explotadores de su bondad—, creo que no nos resulta ajena en nuestro país por estas fechas. Bien es verdad, que, como cabría esperar, Mr. Adelson no se acordó de *las* adolescentes o las jóvenes, que hoy se prejuician socialmente como las «promiscuas o ligues» de los primeros y tal vez las «normalitas» e invisibles todavía en el segundo de los casos.

De una u otra forma es muy común que estas madres y padres, sobre todo las madres, en uno de los bordes de esta importante brecha generacional y ante la juventud y la dependencia prolongada de sus vástagos (económica y psicológica), así como el temor al posible consumo de drogas, inicio a la delincuencia y/o embarazos prematuros, como preocupaciones más frecuentes y temibles por lo que se refiere a sus hijos/as, libran una dura batalla sin saber nunca si aflojar o tirar demasiado de las «riendas» que les unen a hijos e hijas, o si se exceden o no llegan al control suficiente y vigilancia de sus estudios, amistades y movimientos. Sin embargo, aún contribuyen y casi siempre sin poderlo evitar, más o menos inconscientemente junto a sus maridos, a llevar a cabo la discriminación sexual de los hijos y su estilo de socialización genérica que definíamos en el capítulo dedicado a la juventud veinteañera.

Cuando mencionamos a las mujeres que proyectaron un futuro de vuelta a su profesión, postergada por todos estos avatares mencionados, comoquiera que los relativos a los hijos no son menos arduos ni complejos, aunque cualitativamente diferentes, que con los recién nacidos, ya que en caso de emergencia hijas e hijos se las ingeniarían para sobrevivir sin su presencia ni cuidados, no dejan por ello de angustiarse y preculpabilizarse ante la posibilidad de que los «ingenios» que pudieran utilizar en circunstancias semejantes deriven en los temibles derroteros de droga-delincuencia-vagancia crónica, etc. En resumidas cuentas, han incorporado más o menos ampliamente el estereotipo de «joven peligroso y/o en peligro».

Esta realidad, si bien minoritaria, se ha convertido en algo tan temido y divulgado que amenaza con serlo *todo,* a pesar de constituir una parte escasa del colectivo joven actual.

Cuando estos temores, aunque con una cierta base real y dolorosa desde el punto de vista social e individual, son esgrimidos, sin embargo, con insistencia en familias donde los hijos parecen tener unas actividades del todo ajenas a ellos y sobre todo cuando las madres los mencionan como causa de no atreverse a retomar el trabajo que abandonaron en su día o iniciar otros cometidos no domésticos, entre las amigas o conocidas más de una suele desenmascarar la situación con afirmaciones como: «chica, no digas tonterías; que te dé miedo, aunque estés deseando volver a trabajar, lo entiendo, pero que pienses que no lo haces porque tus hijos se vayan a empezar a pinchar o burradas semejantes, es como si yo tengo miedo al avión por si me estrello y digo que no lo cojo por si se quema mi casa mientras tanto».

En los grupos de mujeres donde acuden a reflexionar en común sobre sus dificultades, en charlas entre amigas de cuarenta, cuarenta y tantos o cuarenta y muchos, si trabajaron antes de tener hijos surgen continuamente estos dilemas y la cuestión del sacrificio y la carga que hijos e hijas significan. Casi siempre, las que más agudamente los viven son las que, por diversas circunstancias, más han dado de sí a los suyos, sin reservarse apenas nada para ellas mismas. Ello resulta tan claro, que también es típica la observación de la amiga o contertulia que, de repente, espeta a la que se queja de no aceptar una oferta laboral, concurrir a la última prueba para la obtención de un puesto o iniciar la búsqueda del tan añorado empleo por culpa de los chicos: «¿sabes qué te digo? que eres tú la que más necesitas a tus hijos, no ellos a ti; eso está tan claro como el agua».

En estas situaciones, aunque resulte fácil comprenderlas dada su situación, las mujeres a quienes nos referimos desean en el fondo lo imposible en muchas ocasiones y es que tanto el marido como las hijas, los hijos y toda la familia propia o política en pleno, se conviertan poco menos que en *fans* incondicionales y permanentes de sus proyectos o deseos, aunque tampoco significa que todos estén en contra y de plano como ellas temen, sino que suele haber división de opiniones al respecto y también contradicciones frecuentes. Lo que ocurre además es que, junto con las nulas o escasas posibilidades que brinda el mercado laboral tal cual es, en general todos y cada uno a quienes han estado cuidando, ayudando o impulsando durante tantos años, perciben que van a perder unos ciertos beneficios que es más cómodo prolongar, aunque otra parte de su sentir esté de acuerdo con la justeza de las aspiraciones de la madre, esposa, hijo o nuera, lo que promueve situaciones contradictorias, no sólo internas, sino en la dinámica habitual de las relaciones establecidas en la convivencia, lo que conlleva tensiones, desajustes y alteraciones de las mismas.

En muchas ocasiones, esos dobles mensajes que hemos subrayado son comunes en la vida de todas las personas y se multiplican en cuanto a las mujeres «en transición» a que nos referimos, arrecian con inusitada fuerza cuando se encuentran tratando de poner en marcha sus proyectos de nueva salida de casa en busca de trabajo.

En el caso de Josefina, mujer de cuarenta y cinco años, con un marido de cincuenta y una hija y un hijo de dieciocho y quince años respectivamente, con doce años de ausencia de la administración de la Comunidad Autónoma en la que estuvo trabajando en restauración del patrimonio artístico, el intento de reincorporación trajo consigo durante un largo periodo un alud de vindicaciones, que le parecía no haber escuchado nunca antes de esa etapa. Todos, en principio, la animaban a poner en práctica sus deseos; sin embargo, su marido comenzó a lamentarse de que «ahora» que él había pensado en renunciar al trabajo de la tarde, para tener más tiempo en común, ello no sería posible, pues era el horario que ella tendría si lograba el puesto al que había concursado; su hija, «que la apoyaba en su iniciativa incondicionalmente», comenzó a temer que suspendería el curso, si ya no tenía con quien repasar la física y las matemáticas, y si le quedaban pendientes, en verano tendría que ir a una academia dejando a todos sin vacaciones; y su hijo, entre protector y hostil, solía bromear: «qué, vieja, ¿cuándo te haces *yuppy* y nos dejas huérfanos por fin?» o «es fenomenal que vayas de *superwoman*, pero para mí que se te va a liar una impresionante entre la casa y el trabajo ¿no?, y que conste que a mí me da igual, porque si esto se pone feo, yo me las piro». Josefina fue de las que obtuvo el puesto, pero renunció a él.

Cristina, dos años más joven y en una situación similar, sin poder explicárselo, falló en la última prueba, una sencilla entrevista personal para las/los aspirantes ya aceptados, después de tres exámenes muy duros, «pero en la que empecé a tartamudear como una idiota. Yo, que tengo una facilidad de palabra imponente y que siempre he preferido cien veces los exámenes orales a los escritos; no me lo explico, es que no me lo explico».

Ambas, tras el cierto vacío de lo que no lograron esa vez, pasaron una fase de autojustificaciones en la que afirmaban reiteradamente haber tenido suerte de que todo terminase así, porque hubiera sido imposible poder con todo, casa y trabajo.

Que yo sepa, Cristina no lo volvió a intentar y como a los

dos años me enteré de que se había cambiado de ciudad, volviendo con su familia de origen y habiéndose establecido un periodo de separación conyugal, para reflexionar si continuar o terminar con su matrimonio.

Josefina, tras un año en que se sentía «enferma de verdad, aunque todos los médicos me encontraban sanísima», a la segunda lo consiguió: ni el hijo se marchó de casa, aunque ésta dejó de funcionar como un reloj suizo de los buenos y a veces decía cosas como: «aunque no te aguanto, la verdad es que eres una tía estupenda»; la hija acudió con otras compañeras a unas clases particulares para reforzar las asignaturas de marras; y su marido y ella, al cabo de cierto tiempo, empezaron a disfrutar más los fines de semana, los cuales antes eran los días de descanso, para ver televisión y fútbol por parte de él y malhumor y crispación para ella, en los que cocinaba algo más especial para todos, aunque cada cual llegaba a la mesa a la hora que le parecía y Josefina recogía más ropa tirada que nunca de los dormitorios y toallas mojadas del baño. Todo esto no quiere decir que no tardaran algo más de un par de años en solventar los problemas derivados de la revolución doméstica que cambió la vida de Josefina, con sus repercusiones consiguientes para todos, incluidos no sólo los aspectos de intendencia, limpieza, distribución de ciertas tareas, etc., sino también los afectivos, tanto en su vertiente de nuevas calideces y sintonías, como de hostilidades y oposiciones más o menos tumultuosas por parte de unos y otros.

Lucía, Concha, Agueda, Angelines, Pilar y otras tantas, continuaron deshojando la margarita de modo intermitente: «¿busco trabajo-no lo busco?» «¿me pongo a trabajar fuera-me quedo en casa?».

El marido: ¿amigo o adversario?

Parece que el marido de Josefina comenzó a sentirse cada vez peor, a medida que ella insistía en reanudar el trabajo fuera de casa. Cuando empezó a buscarlo y sobre todo cuando inició las pruebas del que ganó y que se prolongaron a lo largo de seis meses, creyó «que todo iba a desmoronarse en casa; fueron unos meses de angustia espantosa. No sé por qué, me acordaba continuamente, e incluso soñaba algunas noches, con la etapa en que mi madre se fue de casa, harta de que mi padre bebiese y todo fuera un desastre, aunque después volvió, pero recuerdo que en ese tiempo yo perdí la oportunidad de pasar a un buen colegio, *porque ella dejó de hacer las gestiones necesarias para que me admitieran*».

Curiosamente, en la etapa en que Josefina insistía en volver a su trabajo, él estaba animado a aceptar otro puesto mejor en la misma empresa, no en cuanto a remuneración económica, pero sí más acorde con sus intereses profesionales y horario algo más reducido, aspiración de ambos desde hacía mucho tiempo. Admiraba de siempre y envidiaba, en parte, la sensibilidad y las dotes artísticas que Josefina había demostrado siempre como restauradora, y muchas veces «pensé que podía haber sido una de las mejores en su trabajo o al menos haber continuado disfrutando de él, si hubiera podido compaginarlo con la casa y con nosotros». Parece que la cierta tibieza de estas lamentaciones subieron de tono hasta encender la alarma roja, cuando el malestar de su mujer, tras renunciar al puesto conseguido, les hizo creer, por un error diagnóstico que pronto se subsanó, que era debido a un proceso canceroso. Esta temible posibilidad, aparentemente real en esos momentos, parece que contribuyó a disolver la angustia que proyectaban los fantasmas viejos y tuvo bastante que ver con el apoyo explícito y concreto que más tarde brindó a Josefina para que reanudara su andadura profesional, hasta lograrlo.

Comoquiera que estas actitudes son escasamente frecuentes en nuestro medio todavía, porque la calidad del contexto social no induce a ello, son más las mujeres que, junto con las dificultades de renovar conocimientos o habilidades profesionales y las escasas o inexistentes posibilidades en el mercado laboral para personas en sus condiciones, se encuentran con el desinterés o incluso la oposición de su cónyuge. También son muchas las que dieron por sobreentendido que contarían con su aliento en el momento preciso y, en consecuencia, cifran en él como individuo lo que sin duda individualmente le concierne, pero además en muchas ocasiones le atribuyen todo el sexismo de nuestra sociedad, que todavía es mucho, a él solito.

Ante la magnitud de los problemas que estas situaciones suelen acumular y el ayuno en se encuentra la gente, por lo común, para tratar de encontrarles soluciones que no arrojen dosis de dolor casi insufribles para uno u otro de la pareja o a veces para ambos, creo que conviene ahondar un poco más en ello, siguiendo con el matrimonio de Josefina e Ignacio, su marido, por ser ilustrativo de otros muchos.

En el intento de Josefina por volver a un trabajo, en relación con sus conocimientos y aficiones, incidían varios factores: su interés por lo artístico vivido en su casa desde niña a través del padre, pintor al que siempre se sintió muy unida, y a través de la madre, aficionada y experta en un sinfín de tareas manuales (en tanto que todos la consideraban un desastre doméstico) y que incluso desarrolló durante varios años como maestra voluntaria de niños del barrio, donde Josefina vivió los primeros años de su infancia.

Hija única y alumna aventajada de Bellas Artes, vivió su tránsito académico como una prolongación de su familia, pues gran parte del profesorado eran a la vez amigos y/o colegas de su padre en la propia Escuela; conoció a Ignacio, que fue su segundo y definitivo novio y que contó enseguida con las simpatías de su futuro suegro. Compartieron muchos proyectos de trabajo, enamoramiento y a la larga el matrimonio, sin que nunca se planteara entre ellos que Josefina dejase sus ocupaciones profesionales aunque nacieran los dos o tres hijos que ambos deseaban. Cuando la menor de los dos nacidos tenía unos cuatro años, Ignacio estaba terminando Arquitectura; Josefina era una amante madre y esposa, que había reducido sus expectativas laborales y la ambición de conocimientos nuevos, renunciando a becas y viajes de estudios a los que pudo optar, decidiendo a cambio convertir su hogar en una original casa-museo, agradable y cómoda sin embargo para todos, alabada por las amistades y a pesar de los recursos económicos nada abundantes, pero gracias a su riqueza imaginativa y creadora. Por entonces, parecía encantada con todos estos quehaceres, a la vez que compartía con su marido la ilusión de éste por dar fin a una carrera que siempre había deseado.

Al comienzo del siguiente lustro Josefina renunció por completo a su trabajo extradoméstico; Ignacio viajaba sin parar, los chicos entraban y salían cada vez más, permaneciendo en otras cosas más de «batalla» que en las propias, y Josefina comenzó a sentirse inútil, «como tonta»; percibía cómo su carácter, por lo general alegre y tranquilo, se agriaba progresivamente y cómo su casa, en vez del lugar que años anteriores le parecía el sitio más acogedor, la oprimía cada día un poco más, al tiempo que contabilizaba sin poderlo remediar su paso por los cuarenta años. Sus útiles de trabajo y entretenimiento permanecían sin tocar desde hacía ya semestres: «me acerco a ellos y parece que les tengo alergia, no puedo ni mirarlos. Cuando me siento peor, antes de venirme abajo del todo, salgo a pasear; me recorro la playa de arriba abajo varias veces, vuelvo rendida a casa y si están los chicos, algunas veces cenamos juntos, y otras me voy a la cama cuanto antes. No puedo ni leer, no entiendo nada, sólo vegeto; voy y vengo con un sufrimiento que no puedo quitarme de encima; Ignacio ni lo entiende, me dice que ahora debía sentirme como una reina, cuando puedo hacer lo que quiero y tengo tiempo de sobra. Pero ¿qué voy a hacer yo al cabo de los años? Quien ha hecho lo que quería ha sido él; es muy fácil ver las cosas como él las ve, estando una semana en casa y recorriendo el mundo, aprendiendo y viendo cosas nuevas cada día...».

Ni que decir tiene que a partir de ahí las frases despectivas, hostiles e insultantes solían menudear respecto a su marido, quien sin duda en esos años parecía encontrarse en la cumbre de su carrera, al menos visto por sus amigos, sus conocidos y su esposa. El, sin embargo, a medida que se acercaba a los cincuenta años estaba más harto de viajes, muchos de los cuales le parecían un vapuleo innecesario, porque tampoco su profesión se renovaba día a día, sobre todo en los ambientes que frecuentaba y que a él le parecían más escaparate que otra cosa. Quería dar un giro diferente a su trabajo, algo más personal, más suyo, con menos jefes por encima y estar más tiempo con Josefina la cual le preocupaba, «aunque últimamente se pone histérica por nada a cada momento» y de los chicos, que habían crecido casi sin verlos, siempre lejos de ellos.

Sin embargo, nada de todo esto que se decía a sí mismo lo hablaba con su mujer, que cuando lo abordaba, lo reclamaba, lo culpaba e incluso lo insultaba algunas veces, solía encontrar el silencio por respuesta; pero tras la callada, él se rumiaba su malestar personal, su descontento cuando todos, incluso los chicos, consideraban que «no tenía motivos de queja, estaba como un pachá, trabajaba mucho, era verdad, pero otros también lo hacían y menuda diferencia».

En esta pareja los estereotipos (femenino-masculino) aparentemente inexistentes desde el comienzo de su relación y, al parecer, superados a través de su vida en común, seguían funcionando; la dejación y la renuncia a una serie de proyectos y necesidades una vez crecida la descendencia, gravitaron sobre Josefina que, sin percibirlo, buscó sucedáneos a ellos con la restauración-decoración doméstica y a través del seguimiento simbiótico de Ignacio-estudiante de Arquitectura. Ella permaneció por fin en casa como «ama» de la misma, madre y esposa de un hombre que, cumpliendo con sus deseos y las expectativas al uso, echó a volar y a punto estuvo de perderse en los espacios, si las exigencias de su mujer en plena revolución de los cuarenta años no viene a reforzar su voz crítica interior, respecto a «lo que los demás creen, lo que se siente y para dónde tirar». En aquel hogar como en tantos otros y, sin que lo pareciese desde fuera, se superpusieron cuatro revoluciones en el espacio de cinco o seis años. El hecho de que cada uno de los cuatro miembros de la familia vadease la suya y entrase en una etapa posterior sin más costes que los más comunes, no deja de significar que cada cual en su momento, más o menos dilatado para cada uno, todos vinieron a temer que aquello fuera el acabóse, cuando se trataba en realidad de etapas de transición y mudanzas interiores y, por tanto, conflictos e intereses encontrados.

Desde que en 1981 se promulga en nuestro país la llamada Ley del Divorcio (reforma del Código Civil), y si bien las cifras varían según las fuentes consultadas y homologan en muchas ocasiones a las personas separadas y divorciadas, la mayoría viene a estimar que, globalmente consideradas, oscilan entre 350.000 y 500.000 las que se encuentran en esta situación. Datos más exactos cabrá obtener del último censo de población (1991), ya que el anterior se cerró unos meses antes de la aprobación de la reforma del Código Civil referida y no podía ofrecer orientación sobre este asunto.

No obstante, para 1981 se calculaba un total de 146.403 mujeres separadas y divorciadas, en tanto que en 1986 algunas fuentes oficiales arrojaban 157.868 mujeres separadas y 50.561 divorciadas, cuya suma supone un conjunto de 208.429 separadas de hecho o de derecho, entre las que también se encontraban aquellas que estaban tramitando su divorcio o ya lo habían logrado.

Lo reciente del fenómeno entre nosotros nos permite afirmar que nos encontramos en la infancia del mismo, cuya primera etapa contribuyó sobre todo a la normalización de separaciones conyugales de más o menos larga duración sin constancia oficial, a consecuencia de la no permisividad para la ruptura del matrimonio en el régimen político anterior. También debemos subrayar que, si bien no es privativo de un solo estrato social ni de una edad determinada, sí se observa mucho más frecuentemente en las clases medias, medias altas y las aún más privilegiadas de las grandes urbes españolas y que, desde el punto de vista etario, los porcentajes mayores corresponden a mujeres que se encuentran entre los 36-45 años, siendo la edad media de 40 años, tanto para hombres como para mujeres.

Si bien el número de personas afectadas por estas situaciones es un tanto exiguo entre nosotros, frente a la población general (1,26 por ciento en 1981), y menor que el de otros países europeos más veteranos que el nuestro en estas lides (1,6 por ciento en Francia en 1984; 1,47 por ciento en Bélgica en 1980; o un 2,6 por ciento en Alemania todavía Federal en 1980, por ejemplo), no sólo porque cabe esperar algún ascenso de esta realidad social y familiar, sino sobre todo por la repercusión que encierra para las personas inmersas en ella y el significado de intensa crisis en el ciclo vital de cada una, merece dedicarle un espacio aunque más breve de lo deseable. Además, en lo que a las mujeres se refiere y si han tenido descendencia, la mayoría de ellas suele integrarse posteriormente a un nuevo tipo de familia, de las que van a ser su cabeza visible y operante y que junto con las mujeres-madres solteras y viudas, con hijas y/o hijos, vienen a constituir un colectivo en paulatino ascenso en nuestro medio y en los estratos sociales a que nos referimos, como son las denominadas «familias monoparentales».

La proporción de mujeres con estudios medios y superiores es mucho más alta entre las separadas y divorciadas que en el resto de nuestra población. Según apuntan R. López Pintor y J. J. Toharia, si un 16 por ciento de la población nacional tiene el mencionado tipo de estudios, que pasa a ser del 10 por ciento en las casadas, asciende al 23 por ciento en las mujeres que se separan o divorcian, siendo del 40 por ciento en los hombres en situaciones similares a las de estas últimas.

La mayoría de las que optan por separarse o divorciarse llevaban casadas de seis a más de quince años, produciéndose un «pico» o ascenso en aquellas cuyo matrimonio se prolongó a lo largo de diez a quince años, que casi viene a significar la cuarta parte del total de este colectivo; sus noviazgos o relación de pareja previa (dos años o menos), son un 30 por ciento más cortos que el de quienes permanecen casadas, y por lo menos el 77 por ciento afirma que se encontraban enamoradas al casarse. Las que entran en el matrimonio sin amor parecen verse impulsadas por «circunstancias de tipo familiar», cajón de sastre que engloba tanto el embarazo de soltera, como «otras necesidades», expectativas sociales, «no tener las ideas claras de lo que hacía», «creer que el matrimonio arreglaría las cosas», etc. El 90 por ciento tiene hijos/as; más de la mitad, uno o dos; y la mayor parte de separaciones suele darse porque son ellas quienes toman esta iniciativa.

Hasta aquí los datos someros, fríos y numéricos, pero ¿qué sucede mientras tanto con las personas y en nuestro caso con las mujeres especialmente?

A lo largo de los capítulos precedentes hemos insistido en varias ocasiones en la elaboración, la conformación y la reelaboración progresiva de, entre otras cuestiones primordiales, el sentido de identidad personal y de cómo éste, a la vez que es el sentimiento o reconocimiento íntimo de uno mismo a través de la vida, está relacionado, no sólo con la etapa histórica que nos ha tocado vivir, sino con las características de la sociedad a que pertenecemos, el estrato social, la familia de origen y las características biopsicológicas de cada cual en un mundo cambiante, así como las distintas circunstancias que conforman el ciclo vital de cada individuo.

También hacíamos referencia a cómo ese sentimiento de ser uno mismo, más o menos confuso o nítido en general y según las ocasiones, sufría importantes modificaciones desde los intentos de autonomía y yoidad, respecto a la familia de origen a lo largo de la adolescencia y la juventud que, incluso considerados medianamente autosatisfactorios, antes o después, dan paso al proceso nada sencillo de ser *uno y dos,* a la vez (unidad y dualidad) a través de la pareja estable o del matrimonio y *uno y trino o cuarteto* simultáneamente cuando ésta da lugar a descendencia. Pues bien, la mayor parte de estas elaboraciones sufre un desmantelamiento casi completo a la hora de disolver parcial o totalmente la relación matrimonial.

Claro está que, como también hemos insistido y subrayado tantas veces, la vida es un proceso, un continuo donde las situaciones absolutamente inesperadas son en realidad extraordinarias y en general no suelen tener lugar de manera brusca o del todo repentina, sino que son un devenir, a lo largo de un periodo más o menos prolongado, que afecta de modo particular y diferente a cada una de las personas del núcleo familiar y en estos casos, de distinto modo también, a cada una de las que componen las de origen de ambos cónyuges, que deciden dejar de serlo.

No nos detendremos en el tipo de figuras legales que existen para estas situaciones (separación de hecho, en tramitación, por sentencia judicial, divorcio por mutuo acuerdo, etc, etc.), sino en las etapas más comunes de carácter psicosocial por las que suele discurrir la mayoría, con algunas matizaciones imprescindibles que las distintas realidades individuales imprimen en ellas.

En general, las personas que atraviesan estas situaciones suelen afirmar que la suya ha transcurrido de «manera civilizada», aludiendo de esta forma a que durante el proceso no se perdieron la cortesía, las buenas maneras y/o que no se tiraron los trastos a la cabeza. Que yo recuerde, a través de amistades, gente conocida y otras que buscaron ayuda en algún momento de esta dolorosa travesía, son raros los casos en que la pareja no se ha lanzado mutuamente durante más o menos tiempo «cosas» de diverso tipo: antiguos y actuales rencores, reproches de toda índole, amenazas y chantajes emocionales de los más variados matices, e incluso agresiones que, desde las verbales, pueden desembocar en las físicas con más frecuencia de la que se presume.

Por todo ello, la literatura existente sobre la cuestión coincide en situar la separación y/o el divorcio en el segundo o tercer lugar, entre las situaciones más traumáticas de la vida individual, después de la muerte de un cónyuge querido y de una hija o hijo no recién nacidos.

Cuando nos referíamos al hecho de que el matrimonio traía consigo la entrada en una situación nueva, cuyos cimientos se basaban en elementos de tipo emocional, legal, económico, relacional y hasta de utilización del tiempo y el espacio, a veces ignorados hasta entonces, y desconocidas otras por completo, en las situaciones de ruptura o disolución conyugal el tejido de que se componen también está basado en elementos de tipo similar, en cuanto al proceso se refiere, pero adolecen de una dirección y finalidad inversos: en lugar de construir o conjugar, mediante elaboraciones más o menos costosas en común, se trata de escindir y dividir o romper lo que se edificó, volviendo a intentar elaborar un orden individual posteriormente.

También subrayábamos, al hablar del hecho conyugal, cómo el consenso social lo aprueba, auspicia y alaba mayoritariamente; en tanto que a separaciones y divorcios se refiere, aunque es cierta una mayor tolerancia progresiva, no cuenta ni mucho menos con plácemes ni felicitaciones por ahora, no sólo en nuestro país, sino en otros de más larga andadura en estas cuestiones.

Respecto a las parejas españolas a que nos referimos, ocurre además un hecho que puede explicar en parte cómo, desde el punto de vista de las familias de origen de cualquiera de los miembros en vías de separación, se repite, reforzada, una actitud semejante a la social ampliamente entendida. Padres y madres de la pareja (marido y mujer) si por lo común no disolvieron de hecho —que no de derecho— su propio matrimonio (lo que se da en muy exiguas proporciones), tras la larga duración del mismo con todos los avatares que ello implica y contemplada la vida desde otra edad y otra perspectiva, en que el hecho de la felicidad se relativiza en gran medida y existe una cierta tendencia al conservadurismo, y mayor tolerancia no exenta de resignación, en principio, suelen estimar como «una locura» los anuncios de separación de la pareja y si además existe descendencia, el dolor y la alarma se acrecientan.

Con esa tendencia al pragmatismo, tan extendida entre los investigadores e investigadoras norteamericanos, no carente de utilidad por otra parte, P. Bohannan ya en la década de los setenta se refería a las «seis estaciones del divorcio», parafraseando, en mi opinión, las siete del calvario cristiano. Con buen criterio, venía a referirse a seis aspectos o tipos de elementos que, solapándose entre sí, forman parte del periodo crítico a que nos referimos, fácilmente perceptibles también en nuestras parejas.

Sucintamente, se trataría de: el «divorcio emocional», en relación con el deterioro de la interacción conyugal; el «divorcio legal», referente a los aspectos jurídicos de la institución; el «divorcio económico» o escisión y reparto de los bienes materiales; «divorcio coparental», orientado hacia la guarda y custodia de los hijos, régimen de visitas y formación de nueva familia o familias; el «divorcio colectivo», relacionado con el cambio en cuanto a las amistades y relaciones posteriores de cada ex cónyuge y el «divorcio psíquico», con los problemas de reajuste de autonomía individual y redefinición de identidades personales.

Esquematicemos como queramos, la cuestión es que aspectos legales, materiales, psíquicos y relacionales sufren una revolución más encubierta o explícita según las familias afectadas. Y afectadas resultan todas, entre otros motivos porque a pesar de no gozar de buena acogida social, también existe del divorcio una cierta mitificación, mediante la que bastantes hombres o mujeres que optan por él, después de más o menos arduas reflexiones, suelen creer «cuando me divorcie se acabarán mis desgracias», dotándole, como decíamos que ocurre a veces con el matrimonio, de un cierto carácter mágico del que carecen en realidad, tanto uno como otro.

Un sentimiento y/o creencia de semejante índole suelen poner de manifiesto una considerable ignorancia o inconsciencia, al menos respecto a tres cuestiones importantes: en primer lugar, que la desgracia, el dolor o la insatisfacción son ingredientes habituales del hecho de vivir, junto con otros más gratos y placenteros también; en segundo, el desconocimiento de la lentitud, la complejidad y la parcialidad en cuanto a la resolución de los problemas humanos habituales de los procesos legales; y, por último, que de existir descendencia de la pareja que se divorcia, las situaciones y las circunstancias derivadas del desarrollo del propio ciclo vital de hijas y/o hijos continúan planteando nuevos problemas a lo largo de los años posteriores respecto a cuya resolución, la cobertura legal suele resultar escasa o inexistente y la inventiva desde lo individual y parental (madres y padres ex cónyuges), también resulta bastante difícil y limitada, no sólo por la mayor o menor buena voluntad o ausencia absoluta de sentido de la responsabilidad de alguno de ellos, sino por las tensiones que perduran, muchas veces, años después de haberse consumado la separación o el divorcio de hecho y de derecho.

El estadio precedente al legal es aquel en que uno o ambos miembros de la pareja han iniciado un proceso de desafección en el sentido empático, es decir, una antipatía que cursa por lo general con una retirada del sentimiento amoroso y de la confianza, lo que hace menos deseable o a veces imposible la mutua compañía en cualquier aspecto. Si cuando se está elaborando el proceso de enamoramiento y éste se produce, suele ser gracias a que cada una de las partes muestra la mayor disponibilidad según su propio estilo hacia el otro, atención, dedicación de tiempo, búsqueda de concordancias, apoyo, simpatía, protección y hasta las actitudes físicas o corporales tienden a la proximidad y al encuentro, todo lo cual predispone y facilita la relación en general y la sexual más frecuente y gratificante, basta pasar un vídeo sin sonido, en que aparezca una pareja en proceso de ruptura, y ya sólo las imágenes reflejan la disparidad, la brusquedad, la discordancia, las interrupciones o la no escucha a las razones del otro, la mirada y postura en distinta dirección a donde aquél se encuentra, el alejamiento en los espacios compartidos y un amplio etcétera añadido. Junto a ello, recuerdos, sensaciones y reviviscencias de los momentos mejores, parecen querer anudar, a veces, lo que está a punto de desatarse por completo, y vivencias de odio y hostilidad se mezclan y entrechocan con sentimientos tiernos y amorosos todavía, tan potentes y convulsionantes como aquéllos, pero en sentido y con calidad distintos.

Al mismo tiempo que la visión hipercrítica del otro se hace más acerba, tampoco falta por lo general la revisión del comportamiento propio, en cuando a lo entregado abnegada y amorosamente al matrimonio y lo que quizá no se supo, no se quiso dar o se le hurtó, de manera que un proceso de autorrevisión, un tanto en carne viva, suele ser parte también de esta tempestad interna y llevada a cabo por separado.

Incluso en matrimonios donde cada persona ha conservado un trabajo, unas aficiones y unas relaciones propias (extremos éstos escasamente frecuentes entre las casadas por los motivos que antes expusimos), sucede también que, cuando se plantea la separación, tratando de prever el futuro, una vez lograda, suele hacerse un balance más o menos consciente de las pérdidas, en este caso no materiales, sino emocionales y de apoyo que el otro le brindaba y de las que habrá que prescindir. Y al igual que cuando hablábamos de los dos matrimonios o expectativas conyugales que van en una misma boda (la de ella y la de él), también ahora hay temores compartidos, pero de diferente hechura, según las necesidades y temores de cada individuo del binomio que inicia su final.

En la pareja conocida de Miguel y Ana de que nos ocupamos en el capítulo dedicado a la década de los treinta años, cuando iniciaron la separación, ambos seguían siendo profesionales no sólo del mismo sector, sino que incluso trabajaban en el mismo organismo, desde hacía años. Entre ellos la intercomunicación profesional había sido casi siempre muy intensa, fluida y fuente de satisfacciones importantes. Ana, que fue quien inició el proceso, temía sobre todo fracasar profesionalmente si le fallaba el apoyo intelectual de él que, en realidad, rara vez necesitó en la práctica, en tanto que su marido no creía poder volver a confiar a nadie sus ideas y proyectos con la atención y el apoyo que su mujer le brindaba, además de aportaciones tan valiosas por su oportunidad, lealtad y confidencialidad absolutas, ajenas a la competitividad y las zancadillas habituales en su ámbito de trabajo. Este factor compartido los mantuvo, dos o tres años, en una especie de «coleguismo pseudoconyugal», mientras las relaciones sexuales desaparecían, litigaban por cualquier asunto personal, proyectado o camuflado en los hijos, los viajes, los aspectos materiales y/o relacionados con las familias de origen de cada cual, etc. Por último, todo este «desacuerdo» generalizado fue arrastrando hasta borrar la complicidad profesional y Ana iniciaba la búsqueda de abogado o abogada.

Esto que se dice y escribe tan rápidamente a través de cuatro o cinco palabras («buscar abogado o abogada»), a la hora de vivirlo posee también una complejidad especial. En la literatura sobre esta cuestión apenas se cita el tira y afloja a que están sometidos, tanto consigo mismo como con el otro, cada uno de los cónyuges, por ser el primero o no en dar este paso crucial, porque además de todo lo dicho hasta ese momento en discusiones, peleas u otro tipo de contiendas, significa que, al darlo, el problema trasciende y sale del ámbito doméstico y privado (del mundo íntimo de ambos), al ámbito público y es participado por terceros, desconocidos por lo general, y ante quienes tendrán que ventilarse asuntos hasta entonces sólo sabidos y manejados por sí mismos. Esto trae consigo un «destape» individual que, como poco, incluye una serie de «tragos» y lances comúnmente amargos, dolorosos, de difícil digestión para la mayoría de las gentes por lo que encierran, cuando menos, de violencia interna y de mayor o menor ruptura de las fronteras de la «intimidad».

Como decíamos, en nuestro país al igual que ocurre en la inmensa mayoría del mundo occidental, al ser las mujeres quienes más a menudo toman la iniciativa, parece que suelen hacerlo tras haber meditado más largo tiempo la necesidad o no de llevarla a cabo y quizá por ello tienen una visión más realista y madurada del posible futuro sin marido.

En líneas generales la persona que es «dejada» es la que mayores dosis de sufrimiento abriga en un comienzo, máxime si a los requerimientos o amenazas de ruptura previos ha hecho oídos sordos, restándoles importancia y atribuyendo estas solicitudes a veleidades de la pareja sin fundamento alguno, lo que también suele ser más común entre los hombres que entre las mujeres cuyo matrimonio se disuelve, ya que frecuentemente ellos se inclinan a considerar que la relación va bien, si ellos la encuentran bien.

La persona dejada vive como hecho más o menos consumado la retirada de afecto ya explicitada o indudable, lo que significa simultáneamente desconsideración, desprecio a sus capacidades, no reconocimiento como figura fundamental en la vida de quien lo aceptó o eligió en exclusiva entre otras u otros en su momento dado. En resumen, es la invalidación por el otro, en el que más o menos tiempo se miró, reconoció e incluso encontró una autoimagen fortalecida o hasta mejorada y embellecida de «sí mismo» a través de la perspectiva del cariño.

Cuando la ruptura se inicia y como medida autoprotectora también de forma más o menos inconsciente, asistimos a la visión del otro «al revés» o de su «negativo»; el cliché de lo que fue fotografía. Existen, junto con sentimientos de culpabilidad y autorresponsabilidad en lo que está ocurriendo, momentos que se convierten en oleadas u océanos de autoexculpación, mediante los cuales la otra persona es el enemigo por excelencia, carente de motivo alguno para ser querido, estimado o compadecido; en estos casos, si el fenómeno se prolonga de manera permanente, aunque se da siempre con mayores o menores proporciones y duración, cabe pensar que en él se están depositando muchos «enemigos interiores» o sombras de otros que, si bien antiguos, no perdieron su vigencia por distintas circunstancias.

Una mujer, a la que conocí inicialmente por solicitar orientación respecto a su madre, que atravesaba una situación constante de desesperación, abatimiento y dejación en todos los órdenes, tras años de matrimonio en que las infidelidades del marido culminaron con la muerte de éste en casa de su última relación extraconyugal, unos diez años después vino a verme de nuevo, encontrándose en trámites de divorcio solicitado por ella, para disolver un matrimonio de once años, que, a lo largo de los últimos, también había menudeado en infidelidades erótico-sexuales por parte del marido. Durante numerosas entrevistas, en lugar de hablar de su crisis conyugal, vino ocupándose de la de sus padres y de la sensación de «abandono» que sólo tuvo cuando el padre murió, aunque muchos años antes ya no convivía con su madre, ella y sus hermanos, entre los que ella fue la más beligerante de toda la familia, atacándole y «protegiendo a la madre de los sufrimientos que él le hizo pasar, para terminar rematando con la faena de morirse en casa de la otra». Según refirió, cuando comenzó a hablar de «su» cuestión matrimonial, «al primer indicio de engaño le planteé las cosas muy claras y en cuanto me cercioré de que me engañaba (contrató los servicios de una agencia de detectives) solicité la separación». Era cierto que ella había sido una buena profesional antes y durante el matrimonio, se consideraba una madre (de dos hijos) y un ama de casa aceptable, para el cúmulo de quehaceres que desarrollaba, e incluso su marido coincidía en ello, así como en haberle sido de gran ayuda en su propia carrera durante los años de noviazgo y de casados. Si bien terminaron divorciándose al final, ello sucedió de mutuo acuerdo.

Hasta que nuestra amiga consiguió arbitrar esta alternativa para una situación que por último tuvo el mismo desenlace, no dejó de percibir «una sensación constante de culpa y desasosiego, que me hacían cambiar de idea de un día para otro y me hacía temer volverme loca; me sentía obligada, empujada sin remedio a tomar la iniciativa de romper, fuera como fuera; tenía que adelantarme no fuera a ser que mi marido diera el primer paso y me abandonase de repente sin esperármelo». Ni qué decir tiene que la dinámica del matrimonio estaba llena de complejidades como suele ser la norma general, imposibles de pormenorizar ahora, aparte los detalles referidos.

Aun tomando sopesadamente la iniciativa e incluso con la bicoca de un proceso legal de pronta resolución (lo que ocurre en un 24 por ciento de los casos, a lo largo de un mes; entre uno y tres meses para un 11 por ciento; entre cuatro y cinco para un 13 por ciento; entre seis y doce meses para el 17 por ciento; y a lo largo de más de un año, en un 27 por ciento de ocasiones), la mayor parte de las veces la tormenta conyugal suele arreciar de tal modo en las postrimerías que amenaza con dar al traste, no sólo con la resistencia emocional, sino a veces física de cada uno de los miembros de la que fue familia, aunque cada cual lo exteriorice de muy diversa forma.

Cuando se dictan las «medidas provisionales» mediante las que se regulan en principio la disponibilidad económica, el hábitat, la división de bienes materiales, así como la convivencia o no con los hijos o las hijas existentes, se produce generalmente una nueva vuelta de tuerca a una situación que muchas personas dicen experimentar: «sabiendo que me está ocurriendo a mí, pero sin poder creérmelo del todo», «es como vivir sonámbula a la vez que tienes claro que estás despierta y bien despierta», «como si no quisieras enterarte de la verdad por si no puedes soportarlo». Es el estadio de ecuador de la situación, desde el que para bien o para mal, cada uno/a tiene ya bastante claro que la vuelta atrás es mucho más difícil o imposible y que el futuro que se otea es menos rosado del que se soñó. Estas situaciones son tanto más comunes, si la ruptura del matrimonio se lleva a cabo a «cuerpo limpio», es decir, sin que existan relaciones extraconyugales por una u otra parte, que signifiquen un objetivo deseable y más consolidable, una vez rotos los anteriores lazos; así, a lo largo de ellas tienen lugar numerosas revoluciones interiores, de intereses diversos y contradictorios, que reabren una y otra vez la herida cuando comienza a cicatrizarse.

Este nuevo paso legal y emocional perfila ya los aspectos que van definiendo a cada una y a cada uno como nuevas entidades «civiles» y privadas a todos los efectos, lo que se proyecta de forma también más nítida en los posicionamientos que van conformándose en el ámbito familiar de cada cual, amical y de relaciones interpersonales, a favor, en contra o de neutralidad, en cuanto a las personas que fueron un binomio de intereses múltiples. Pero como esto no sucede de la noche a la mañana, sino que requiere también un tiempo más o menos dilatado, en tanto se conforman apoyos claros y desaparecen otros, en muchos casos las personas en vías de divorcio experimentan una especie de desaprobación o aislamiento y en muchos también como una etapa de falta de base de sustentación o de derrumbe del mundo conocido y válido hasta entonces.

A estas alturas, es evidente que el llamado «divorcio psíquico» hace tiempo que comenzó y que, a no ser que los trámites legales se prolonguen bastante por encima del término medio habitual, concluye más tarde que la finalización de aquéllos y la obtención de la sentencia de divorcio, que implica una nueva situación civil desde el punto de vista oficial. Sin embargo, la adquisición de una nueva entidad o identidad personal suele caminar un tanto más despacio.

Es muy frecuente que cuando la parte legal ha finalizado, las personas implicadas en un proceso tan complejo y sembrado de todo tipo de tensiones, experimenten una sensación de alivio llamativa; incluso hay quien refiere una etapa más o menos larga de cierta euforia, de proyectos nuevos, de vitalidad recuperada y que se creyó perdida. Son numerosas las mujeres que conozco, profesionales de distinto cometido y activas en su trabajo, que «se sintieron renacer» en estas circunstancias.

Sin embargo, en los casos más favorables incluso (situación laboral y económica estable y suficiente, hábitat asegurado, apoyos familiares y amicales sólidos), se produce un «efecto rebote» posterior, hacia la inseguridad, la sensación de fragilidad e inestabilidad más o menos pronunciadas en tanto se hace frente a la reelaboración y consolidación de una identidad individual y que se logra, antes o después, no sólo en virtud de la solidez o la «integridad» de la que se poseía antes de casarse, sino de los éxitos y los fracasos que las nuevas exigencias y responsabilidades, afrontadas individualmente, vayan aportando cotidianamente y de lo integrador o desintegrador que haya resultado el matrimonio mientras existió.

Como contrapartida, tanto más se prolongarán las vivencias de temor, acobardamiento, autoinsuficiencia y aflicción, cuanto menos abundantes y sólidos sean los apoyos de toda índole con que se cuente y más esperanzas de felicidad y más ingenuamente fraguadas se hubieran proyectado en la vida conyugal, viviendo y sintiéndose muy dependiente del otro en las cuestiones más fundamentales de la vida. De una u otra forma, son las mujeres quienes con frecuencia permanecen a cargo de la descendencia habida y las que, tras el divorcio, experimentan con claridad la merma que durante el matrimonio se produjo en los lazos de amistad propios, a la vez que fueron considerando como «amistades» las que eran sobre todo o exclusivamente del marido en un principio.

A pesar de todo ello y lo que significa de responsabilidad nueva ocuparse más o menos, pero bastante en solitario del vástago o los vástagos con quienes suele permanecer conviviendo, lo que también le resta —si trabaja asalariadamente fuera del hogar y muchas horas en él— tiempo para sí misma y relaciones interpersonales, hay que subrayar que en los estratos sociales de referencia parece ser menor el número de mujeres que acuden a solicitar ayuda especializada, en comparación con los hombres divorciados.

Sí es cierto que la mayoría de las que recuerdo y conozco en medio de estas crisis, normales y secundarias por tanto a divorcios y separaciones, las atribuyen por lo general a «su» falta de capacidad, inseguridad o ineptitudes varias, lo mismo que el sufrimiento prolongado que la circunstancia de la ruptura conyugal comporta, hasta que adquieren más o menos lentamente otro ritmo y tipo de vida más estable, en cuanto al plano exterior e interno de sí mismas, después de lo cual la mayoría viene a considerar más frecuentemente que el divorcio ha sido un acierto, en tanto que el error había sido el matrimonio o por lo menos «aquel» matrimonio.

Una vez más parece que en estas circunstancias las mujeres internalizan pulcramente el sentir social que mayoritariamente y todavía hoy las suele responsabilizar de la buena marcha conyugal y, por consiguiente, en principio y mientras no se demuestre lo contrario, de la culpa de su disolución.

MUJERES-MADRES Y PROFESIONALES CABEZAS DE FAMILIA

Las mujeres separadas y/o divorciadas, junto con las madres solteras desde un principio y las viudas con hijos, vienen a conformar el sector más amplio de las llamadas «familias monoparentales» en los últimos tiempos y que en nuestro país significan el 82 por ciento del total de aquéllas, según el censo de viviendas de 1981; siendo el 18 por ciento las nutridas por hombres y la descendencia. Por aquellas fechas su distribución por Comunidades Autónomas era como muestra la tabla (pág. 194).

En estas situaciones, también escasamente estructuradas todavía desde el punto de vista social, lo que se evidencia entre otras cosas a través de la diversidad de denominaciones que reciben («nuevas familias», «familias monofocales», «familias incompletas», «disociadas», etc.) y que traducen la indefinición del fenómeno históricamente entendido, se encuentran, formando parte de un cierto *totum revolotum*, las mujeres que tuvieron descendencia y rechazaron la convivencia con el padre de la criatura y que en un momento posterior de su vida pueden acceder al matrimonio, así como las «recalificadas» de solteras tras el divorcio y con hijos a su cargo, las viudas madres y las mujeres solteras madres adoptantes.

DISTRIBUCION PORCENTUAL
DE LAS VIVIENDAS MONOPARENTALES 1981
(tantos por mil)

	Madres con hijos solteros		
	Sin otras personas	*Con otras personas*	*Total*
Andalucía	104,891	23,690	128,583
Aragón	28,876	6,013	34,888
Asturias	25,726	7,475	33,202
Baleares	16,013	3,702	19,715
Canarias	29,332	7,422	36,754
Cantabria	12,031	2,814	14,845
Castilla-León	63,134	12,564	75,698
Castilla-La Mancha	32,174	5,930	38,104
Cataluña	23,917	5,799	29,715
Extremadura	21,687	4,745	26,433
Galicia	57,680	21,372	79,052
Madrid	107,010	29,037	136,048
Murcia	17,661	3,764	21,426
Navarra	12,516	2,247	14,762
Rioja	5,784	0,940	6,723
Valencia C	78,397	16,745	95,142
Vasca C	20,794	4,606	25,400
Ceuta	1,319	0,357	1,676
Melilla	1,514	0,424	1,938
España	660,460	159,650	820,110

Fuente: Censo de Viviendas 1981, publicado en «La mujer en cifras 1992» (Instituto de la Mujer, Ministerio de Asuntos Sociales).

En esta década de la vida, el sector menos numeroso conformador de este colectivo sin duda alguna es el de viudas, aunque la cuantificación de todo él y de cada uno de los grupos que lo integran es escasamente fiable aún hoy para nuestro país, máxime si pretendemos desde estas páginas referirnos a las mujeres que se encuentran formando parte de las capas medias desde el punto de vista socioeconómico. En todo caso, para aquellas derivadas de la ruptura legal del matrimonio entre 1981 y 1986, según S. Borrajo, su número oscilaría entre 136.000 y 154.000 (con un nivel de confianza del 95 por ciento); en el 90 por ciento de los casos la custodia de los hijos menores recayó en la madre, lo que entre dichos años vino a significar 133.000 familias integradas por una adulta cabeza de familia y con hijos/as a su cargo, frente a 15.000 hombres en situaciones semejantes.

Si el título de este epígrafe está relacionado con las mujeres profesionales cabezas de familia, tampoco quiere decirse que todas las que devienen profesionales estuvieran ejerciendo como tales en el mercado de trabajo antes de gobernar la familia constituida por ella y sus descendientes, sino que esta situación de tener que velar por la subsistencia propia y de los suyos es un factor precipitante en muchas ocasiones de la búsqueda de trabajo para quienes se encuentran ante estas exigencias urgentes e inaplazables, lo que mueve a muchas a entrar en el mercado laboral por vez primera, o regresar a él si lo abandonaron en etapas anteriores y ello, ya de por sí difícil para las mujeres como hemos venido subrayando, resulta aún más duro y agobiante cuando la fragilidad emocional de ellas y de hijas y/o hijos es aún intensa en caso de separaciones, divorcios o fallecimiento del marido.

Matices especiales suelen caracterizar a las mujeres madres solteras que por lo general en la cuarentena, de no haber contraído matrimonio nunca y vivir con los hijos/las hijas, en estas capas medias han buscado y encontrado algún medio estable de vida, siendo numerosas también las que cuentan con alguna ayuda de la familia de origen. En cuanto a las mujeres solteras adoptantes se refiere, lo más común es que suelan animarse a poner en práctica esta iniciativa, cuando su situación económico-profesional puede garantizarles una estabilidad a ellas y a la prole.

Los elementos o los factores compartidos por unas y por otras, a pesar de la diversidad de cada una, podríamos resumirlos de la siguiente forma: mayoritariamente, en estos estratos sociales sobre todo medios y modestos, donde más frecuentemente el estatus económico es el proveniente del marido, la mayoría de las veces se produce un desclasamiento descendente, pues a la vez que aumentan ostensiblemente el nivel de responsabilidades que ejercer y las necesidades domésticas que cubrir, desciende llamativamente el nivel de ingresos económicos fijos de que disponen.

Por pudor personal y social, por «vergüenza de clase», y porque la socialización genérica femenina propicia un sentimiento de autoculpabilidad que lava y oculta muchos otros institucionales y sociales, la odisea por la que suelen pasar muchas de estas mujeres sólo es conocida por alguna amiga o confidente, pues incluso ni llega a revelarse a las familias (sobre todo al padre y la madre) en ocasiones, por una mezcla de temores en cuanto a crear disgustos a los otros y/o recibir reproches de ellos, en lugar de ayuda y comprensión.

Una inmensa mayoría de estas mujeres cabezas de familia, si bien suele permanecer en el mismo domicilio que de casadas, tienen que recurrir por vía judicial después de más o menos tiempo de espera (un año suele ser frecuente como poco), a que los ex cónyuges cumplan con su obligación económica de compartir al menos los gastos que genera la descendencia en común, pues si la ex esposa trabaja, rara vez percibe cantidad alguna para sí misma, con lo que, en el mejor de los casos, a lo largo de un primer año o más, sólo con su sueldo tiene que hacer frente a los gastos de la misma casa y dos o tres personas como promedio, cuando antes los de tres o cuatro se cubrían con una cantidad económica doble o mayor aún. Comoquiera que en ese primer año es cuando los ex maridos se sienten más paternales al quedar alejados de sus hijos, reclamando las visitas, los fines de semana compartidos, etc., de lo que se olvidan más pronto o más temprano, son tiempos de tribulaciones intensas todavía, pero que devienen en tragedia silenciada cuando los meses se suceden, con escasos ingresos o sin ellos, sin encontrar trabajo o teniendo que aceptar el primero que les surge, para afrontar lo más perentorio de lo cotidiano, o la ayuda solidaria de personas amigas, cuando no de familiares.

A todo ello viene a unirse una autoexigencia muy común en esta nueva etapa, como es la de intentar ejercer de padre y madre respecto a los hijos, que del primero suelen irse quedando bastante ayunos, lo que si bien resulta una empresa imposible, la mayoría suele vivirla no sólo como realizable sino como una auténtica obligación, de cara a lo que consideran debe ser necesario para el desarrollo «normal» de la descendencia, respecto a la que suponen necesaria una mayor dedicación que nunca, dada la semiorfandad en que se encuentra.

Vemos así, en los años subsiguientes a la separación o la ruptura conyugales, a una mujer afectada aún por las secuelas tanto legales, económicas como emocionales, que en lugar de ser objeto de un trato preferencial, tanto en el ámbito de lo privado como de lo público, pues sus necesidades son mayores tanto en uno como en otro, con un poco de suerte quizá consiga una cierta cobertura de los mínimos en el terreno afectivo, en el que, sin embargo, tiende a darse más a los hijos que antes, a la vez que reanuda o inicia tareas en las que se espera de ella una eficacia, dominio y autocontrol de acuerdo con el desempeño adecuado de las mismas en el mercado laboral, sin poder renunciar a las domésticas que suelen acrecentarse, pues si tuvo alguna ayuda remunerada para paliarlas de casada, debe prescindir de ella en muy frecuentes ocasiones.

Cuando la mayor parte de estas situaciones han llegado a estabilizarse de uno u otro modo, casi siempre relativamente, y las cabeza de familia a que nos referimos, próximas a los cincuenta años, vuelven la vista atrás y observan lo difícil, abrupto y aparentemente intransitable del recorrido hecho, muchas suelen exclamar: «parece imposible que haya podido con todo lo que se me vino encima», «no quiero ni acordarme de los primeros años», o «si me hubieran dicho lo que tendría que pasar, no hubiese creído nunca que fuese capaz de soportarlo».

Así, en retrospectiva, aunque no se olviden de lo extremado, duro y amplísimo de los cometidos desarrollados y sobre todo de lo que fue encontrar trabajo por primera vez, retornar a la profesión abandonada o tener que simultanearla con todas las novedades asumidas, casi de golpe, muchas suelen estimar que, como contrapartida, el trabajo fuera de casa no sólo fue el soporte económico-tabla de salvación, sino que significó durante los primeros tiempos o a lo largo de toda la andadura la fuente de relación con otras personas e intereses que no fueran el hogar, los hijos, los colegios y el batallar por el equilibrio de todos día a día.

Sin embargo, en todos los países y también en el nuestro lo que, llegadas a este estadio, la mayor parte echa de menos es la cobertura afectiva y erótico-sexual, así como un exceso de «soledad», que virtualizan no en cuanto a personas próximas sino respecto a nuevas relaciones estables de tipo amoroso y/o sexual. Ello resulta difícil, ya no sólo a tenor del escaso tiempo y a veces la economía disponibles para el esparcimiento, la diversión y la creación de nuevas amistades, sino a consecuencia de la escasa aceptación que estas circunstancias poseen todavía por parte del elemento masculino en nuestros sectores medios de población. A ello se añade, que así como a los hombres divorciados la familia de origen suele animarlos a encontrar nueva pareja e incluso contraer otro matrimonio, las mujeres en igual situación, sobre todo si se quedan a cargo de la prole, no suelen contar con la aprobación de su padre y/o su madre casi nunca para intentar otro noviazgo o una nueva boda.

La situación de Adela puede ser paradigmática de la de otras mujeres en situaciones semejantes. Cuando nos conocimos decía encontrarse «muy deprimida desde que había comenzado el curso», hacía unos cinco meses. Era enseñante en un instituto público desde hacía diez años, se había divorciado hacía cuatro, cuando contaba cuarenta y tres y vivía con una hija de diecisiete y un hijo de dieciocho años respectivamente, en lo que fue el hogar conyugal. Económicamente salía adelante con grandes estrecheces y habiendo rebajado llamativamente su nivel de vida, incluso en aspectos básicos como la alimentación y la indumentaria de sus hijos y de ella misma, además de no contar ya con vacaciones fuera de la ciudad ni ayuda doméstica alguna, salvo la que su madre podía prestarle algunas tardes. Estuvo año y medio a la espera de que el juez procediese a retener de la nómina de su ex esposo la cantidad correspondiente en concepto de «alimentos» para la hija y el hijo, y que sólo había cobrado el primer trimestre tras el divorcio, cantidad más que simbólica dados los emolumentos que aquél percibía mensualmente por su trabajo y los gastos derivados de los chicos. Al parecer, el proceso de divorcio se llevó a cabo mediante un abogado contratado por el marido, que fue enormemente favorable a éste en detrimento de los derechos de Adela y de los pequeños.

Según ella, con haber sido insoportables los últimos años de matrimonio y el primero después de su ruptura, posteriormente había ido encontrándose cada vez mejor, incluso después de casi un año de multiplicarse y triplicarse con el cuidado de los hijos, dedicar los fines de semana a la limpieza general de la casa y poner al día su trabajo escolar. Gracias a otra amiga, separada desde hacía más tiempo que ella, había empezado a salir a alguna discoteca o cafetería alguna tarde en que su madre iba a su casa y se quedaba con los nietos: «Dejé de sentirme rara como las primeras veces, en que mi amiga me llevaba casi a rastras y yo salía y volvía a casa como si hubiese hecho algo malo; me di cuenta de que si charlábamos con algún hombre gracias a que mi amiga era muy simpática y mucho menos tímida que yo, en cuanto yo me refería a los niños, o bien la cosa se cortaba o al poco tiempo de vernos me proponían irnos a la cama. Mi amiga, con más años de experiencia de separación, me decía que si quería distraerme y pasar el rato, mejor que me callara lo de los hijos, porque a ella le había pasado igual, incluso enterándose más tarde de que alguno era casado y no le había dicho ni palabra al conocerse, ni incluso después de tratarse durante bastante tiempo.»

Según Adela, desde hacía algo más de un año estaba saliendo con un compañero del instituto, soltero, algo más joven que ella, con quien mantenía una relación afectiva agradable y unas relaciones sexuales esporádicas pero satisfactorias casi siempre: «Eso sí, en casa de él, porque yo no me atrevía a llevarlo a la mía por los niños, aunque él los conoce, pero eso yo no podía superarlo. A veces, al principio de salir, comenté con ellos, bromeando, que iba a echarme novio y, a la segunda o la tercera, mi hijo comentó que si era broma no le hacía gracia y que si no lo era que hiciese lo que quisiera y que no dijera nada; y la niña, que parecía encajarlo mejor, una noche vino llorando a mi habitación a preguntarme si tendría que volver con su padre, si yo me casaba cuando tuviera novio.»

Durante las vacaciones de verano salieron y entraron a menudo con los chicos a la piscina y al campo: «Y parecía que la cosa funcionaba, pero desde que comenzó el curso después de haber hablado de la posibilidad de venirse a vivir con nosotros, se ha distanciado, apenas llama, soy yo quien tiene que buscarlo y ya he dejado de hacerlo, porque si quedamos es para una relación sexual de cualquier manera, que me deja peor que si no nos vemos.»

El capítulo relativo a la relación con los hijos es, como decíamos al inicio de este epígrafe, uno de los más conflictivos para las mujeres profesionales y cabezas de familia. Y cuando nos referíamos a la tan común e imposible idea que suelen compartir de tener no sólo que maternar, sino paternar al mismo tiempo, es cierto que observamos también en nuestro medio, como en otros de características similares, que durante el segundo año posterior al divorcio e incluso a veces más prolongadamente, su actitud respecto a los hijos se hace más restrictiva y autoritaria, lo que no deja de ejercerse por otra parte con inseguridad, malestar, sentimientos de angustia y culpa en muchas ocasiones, dado que sin duda muchas veces el desarrollo de este nuevo papel no sólo está motivado por lo que se cree necesita la descendencia en ausencia del padre, sino que traduce la inseguridad y la debilidad ante el hecho de tener que empuñar por primera vez, y en solitario, las riendas del hogar con todas sus consecuencias.

Los sentimientos con respecto a los hijos son además muchas veces contradictorios; en ocasiones se les considera unas víctimas totales a consecuencia de la separación del matrimonio y lo que la madre suele considerar, en principio, como su ineptitud para controlar a la perfección el maremágnum con que se encuentra entre las manos; y en otras es ella la que se siente victimazada por la «voracidad insaciable» de aquéllos, tanto en lo afectivo como en lo material, sintiéndolos como enemigos de su desarrollo personal, profesional y responsables de las carencias que, con unos u otros matices, experimenta toda la nueva familia, un tanto abandonada a sus propias y disminuidas posibilidades durante más o menos tiempo.

Virginia, una mujer de cuarenta y siete años, tras siete de divorcio y dos de convivencia con un hombre separado, cuyos hijos estaban a cargo de su ex esposa, y que había llegado a integrarse bastante bien en su casa con los suyos y con ella, decía que comenzó a venirse abajo y añadía: «En este año último en que no se decide a divorciarse de su mujer de una vez, a pesar de que me jura y perjura que va a solucionarlo, seguimos igual; bueno, igual no, mucho peor, porque discutimos cada dos por tres, yo trato de aparentar que no me inmuto, pero no puedo más por dentro; tenía que ponerle las maletas en el portal, pero no soy capaz.»

Supe, algún tiempo después, que llevó a efecto lo de las maletas y que, tras unos meses de no saber de él, cuando volvieron a encontrarse él estaba tramitando su divorcio. No sé qué habrá sido de ambos desde entonces.

Aunque existen variaciones tan diversas como las personas que integran estas situaciones, lo cierto es que ni la edad ni las responsabilidades múltiples (madres, profesionales, amas de casa a tiempo completo o parcial), ni las experiencias conyugales previas, ni las expectativas sociales más comunes y mayoritarias que virtualizan el matrimonio como medio para crear la familia propia, facilitan la tarea, sino todo lo contrario. La posibilidad de satisfacer sus deseos y legítimas necesidades de afecto, compañía y sexualidad, muchas veces no se lleva a cabo hasta que los hijos se han independizado, tras lo cual va siendo cada día más común que conozcamos la «normalización» en cuanto a convivencia establecida o segundo matrimonio, con el compañero semiclandestino durante varios años, bien por indecisiones mutuas, bien porque a veces «ellos» se deciden al fin a romper su matrimonio, deshecho desde mucho tiempo antes, sobre todo movidos por la necesidad de «ir sobre seguro» y tener otra mujer que los reciba sin ataduras propias, como afirmaba Delia, casada otra vez a los cuarenta y nueve años, tras doce de divorcio y seis de relación con un novio «mal casado desde siempre» según él, y que no inició los trámites de su separación hasta que la hija de Delia se independizó totalmente a los veintitrés años.

Son muchas también las que a través de la casa, los hijos, la profesión y las amistades, permanecen definitivamente solteras, denostando a los hombres a menudo y echándolos de menos otras veces.

Y quizá sea una característica de casi todas ellas que, dada la socialización de que todavía son subsidiarias y que convierte sus potenciales en impotencias, en lugar de sentirse orgullosas de los logros alcanzados, tras derrochar por lo general energías, dedicación, voluntad y esfuerzo, no se sientan felices ni muy satisfechas, sino que perciban en primero o único lugar las fatigas y las cargas derivadas del desempeño de sus complicados y diversos cometidos, que verdaderamente cansan y pesan, pero sobre todo porque la sociedad les remite, mayoritariamente todavía, la imagen de «estar castigadas a trabajos forzados» por haber perdido o no haber sabido conservar al marido y haber deshecho una familia «normal». A lo largo del tiempo, no obstante, algunas suelen admitir que a trompicones, sin saber muy bien cómo y bordeando o habiendo vadeado crisis, más o menos largas y agudas, la familia que encabezan es más satisfactoria que la que compartieron antes.

LOS COSTES DEL POLIFACETISMO CONTINUADO

Hay mujeres que en la cuarentena y a medida que ésta se prolonga se encuentran de repente con que los hijos ya son adolescentes más o menos maduros, el marido es mucho menos joven e interesante que cuando se casaron, ella ya no sabe muy bien ni cómo es a estas alturas, al tiempo que en su trabajo ha adquirido una cierta o real veteranía.

Aunque ellas no lo crean, muchos de quienes las conocen o saben de su vida piensan que esas son las supermujeres. Simplemente este criterio no cuenta con su asentimiento, porque piensan que las *superwomen* deben ser superfelices también y ellas no han alcanzado semejante estadio, ni estiman con buen criterio que exista por ninguna parte. Han coleccionado alegrías, frustraciones, cansancio, desespero, dedicación amorosa y rencores hacia los hijos/as y el marido, o hacia unos y unas y hacia otro por turnos sucesivos o al mismo tiempo; se han prometido mil veces dejar que la casa se hunda y no limpiar ni guisar durante un mes; se han echado a llorar más de una vez cuando la asistenta por horas las plantó definitivamente; han amenazado en mil ocasiones y no lo han hecho nunca con marcharse de casa, del trabajo y abandonar todo de una vez; han envidiado a la amiga que se divorció, porque por lo menos se quitó de delante al marido, como ella está deseando hacer con Paco tantas veces; se cambiaría por su cuñada, que se dedica sólo a la profesión para ser una lumbrera, gracias a no meter la pata casándose y trayendo hijos al mundo, o por aquella prima que vive en el pueblo, soltera y cuidando tan a gusto de su madre, e incluso le parece que la suya fue mucho más sensata y razonable, quedándose en casa cuidando de ésta y de todos ellos sin pretensiones de mujer moderna como ella, que es una chapuza de madre, esposa y secretaria, enfermera, maestra, auxiliar o funcionaria, siempre con la sensación de los deberes (hogareños, conyugales, maternales o administrativos) medio hechos.

Habitualmente suelen creer que a ellas les faltan muchas cosas, cuando a la vez se quejan de que les sobran un montón de las que tienen, además de unos cuantos kilos, y quizá de lo que más carecen, como tantas otras, es de mayor estimación por lo que hacen, tanto en el ámbito doméstico como en el público y dentro de sí mismas, como consecuencia.

Nadie reconoce para ellas, como tampoco para las trabajadoras solteras con hijos a su cargo o las divorciadas en circunstancias similares, el valor que todo ello encierra individual, social y económicamente entendido, lo que se convierte en motivo de desasosiego, de ausencia de autovaloración, cuando tantos valores demuestran, pero se juzgan siempre por lo que les falta para la perfección, para el *ideal*, y el de hoy sería el compendio de lo antiguo, lo actual y lo futuro: el desiderátum en resumen. Muchas han tenido que escuchar en sus casas y/o en el trabajo cómo es que se le ha olvidado aquello, o no estaba a punto esto otro y entonces sí, entonces han explotado en denuestos como una olla a presión que hace saltar la válvula de seguridad y esparce su contenido hasta el último rincón, pero en esas ocasiones siempre hay alguien que opina que están histéricas sin que se entienda por qué, descontentas sin que les falte nada, o insoportables cuando deberían considerarse verdaderamente afortunadas.

Muchas de ellas, a estas alturas, han ido sumando papeles de manera no muy consciente, sino en un proceso acumulativo y obligado por unas y otras circunstancias, poco discriminador por lo general, hasta encontrarse con un cúmulo de responsabilidades que exceden sus capacidades interiores y que las privan de libertad de acción externa, de ir al propio paso, en lugar de tener que caminar, y a ser posible sin tropiezos, al que le marcan los unos y los otros, cada cual a tenor de sus expectativas, sus necesidades y de la relación que con ella les vincula, lo que suele significar un cúmulo de contradicciones imposibles de coordinar de manera medianamente razonable, por mucha lucidez mental que se posea.

Por lo general, suelen perder los nervios muchas veces, se echan a llorar de pronto, gritan en ocasiones o se quedan mirando a la pared o al techo enmudecidas muchas noches, como esperando que de allí les venga la luz que ilumine sus ideas, sosiegue sus corazones o renueve las energías desaparecidas para poder con el siguiente día.

Algunas pasan de los cincuenta años en estas tesituras; otras rompen con el marido como comentamos, siendo escasas las que dejan con ellos a los hijos; otras hacen crisis creyendo que padecen alguna enfermedad que los médicos no logran diagnosticar y que las hacen permanecer de baja laboral más o menos tiempo.

¡Son las verdaderas *superwomen* y ellas, en cambio, tan desesperadas y sin saberlo!

Las profesionales a tope: el deseo y el temor del éxito

Cuando nos referíamos a la década de los treinta años, mencionábamos a mujeres que desde distintos sectores de las capas medias, por unas u otras razones, y dedicadas a distintos cometidos, llegaban a los cuarenta manteniendo su trayectoria laboral como lo más permanente de sus vidas, aparte del hecho de encontrarse más o menos ligadas a los miembros de su familia de origen, amistades, colegas, etc.

En esta década algunas mujeres se sienten urgidas a llevar a cabo aquello que no consideraron fundamental o prioritario en la anterior, y, sobre todo en la primera mitad, se casan y tienen algún hijo, pues gracias a los ejemplos de actrices mundialmente famosas que se convierten en madres cuarentañeras de hijos sanos, la mayor flexibilidad y avances de la ginecología y de la sociedad en general, temerosa de que en países como el nuestro se llegue a un nivel cero de natalidad, parece que el veto a las madres «añosas» y la descendencia deficitaria va cediendo poco a poco.

Sin embargo, las hay también que continúan su trayecto profesional, después de alguna que otra relación amorosa-sexual más o menos larga y seria, y a veces tras algún aborto, sin cejar en sus esfuerzos por alcanzar determinadas metas dentro de su trabajo a lo largo de esta década, y siguen estimando todo ello como lo más importante en sus vidas, aunque no dejan de considerar el amor y el emparejamiento, ocasional o no, como deseables.

Se ha insistido, en diversos estudios de distintos países, sobre la frecuencia con que estas mujeres son primogénitas entre la descencencia o hijas únicas, que cuentan con expectativas similares a las que se tendrían respecto a un hijo varón y cuyos lazos con los padres, así como el apoyo y la relación que con ellos establecen, las identifican con éstos e internalizan responsabilidades que de otra forma no sentirían como propias. Se afirma que en estas ocasiones el padre instaura con la hija una camaradería de la que carece con su esposa, a la vez que recibe de aquélla un tipo de afecto y de admiración que tampoco su cónyuge le profesa por razones obvias. Asimismo, abundante bibliografía se muestra concordante en la observación de que algunos hombres de éxito, en tanto rechazan la competitividad y la brillantez en sus esposas, se enorgullecen de los éxitos de su hija predilecta a la que no sienten como rival, lo que si les sucede, suele molestar y tratan de eludir con respecto a un hijo varón y sobresaliente en sus cualidades.

Basta que observemos con un poco de detenimiento, para que advirtamos sin dificultad cómo estas mujeres van a contracorriente de lo tradicionalmente establecido, a la vez que pueden ser el paradigma, a ojos de unos cuantos, de «eso» que han dado en llamar «andrógino» y que por ambiguo, heterodoxo u original, suele producir desconfianza y temor en la mayoría, a la vez que para otros, pocos/as por lo general, puede ser paradigmático del porvenir en ciernes.

Comoquiera que sea, si hemos insistido muchas veces a lo largo de estas páginas en las dobles vinculaciones o los dobles mensajes que siempre existen en el ciclo evolutivo de las personas y que se multiplican en el de las mujeres a que venimos refiriéndonos, sobre todo en etapas que se hacen críticas, por la acuidad y la multiplicidad de aquéllos, éstas a quienes dedicamos nuestra atención ahora concitan muchos mensajes en direcciones diversas a lo largo de sus vidas.

En principio, si bien reciben en mayor o menor medida la socialización común del genérico femenino, el personaje modélico al que se vinculan pronto y con mayor intensidad suele ser la madre. Al correr el tiempo, se da una cierta complicidad padre-hija que excluye un tanto a la madre, a la que ambos, consciente o inconscientemente, suelen minusvalorar o temer en otras ocasiones, de forma que el padre proyecta en estas hijas las expectativas de futuro poco comunes o infrecuentes todavía con respecto a las chicas en general.

Ejemplos similares también se encuentran en las familias donde la fratría sólo la integran mujeres, dándose esta vinculación más con alguna de las hijas, pero que otras imitan por adopción para sí mismas, al resultar un tanto ignoradas individualmente durante la infancia, la adolescencia o la juventud, si sus dotes o características no destacan especialmente.

Cuando nos referíamos a la década de los treinta años, comentábamos que alrededor de un 10 por ciento de mujeres suele permanecer en estado civil de soltera permanentemente, porcentaje que supera al de los hombres en iguales situaciones. Si bien la sociedad se resiste a considerar este tipo de mujeres ejemplar para otras, algo ha sucedido en los últimos años cuando algunas treintañeras, o en los cuarenta ya, no reciben el calificativo de «pobre mujer sola», «solterona», etc., sino «la soltera de oro», por ejemplo. Y lo que parece haber ocurrido, al menos en las capas medias y aún más en las superiores, de manera más bien implícita que legitimada públicamente, es que ya no se puede afirmar con rotundidad que esta mujer o estas mujeres permanezcan solteras porque nadie quiere casarse con ellas, sino que quizá son ellas las que, al no necesitar el matrimonio para subsistir porque son autónomas y capaces del autogobierno de sus vidas, también eligen y/o deciden, más o menos libremente, con quién emparejarse y con quién no, así como el tipo de compromiso a establecer.

Sí resulta frecuente que, quizá por esa temprana vinculación a la figura masculina de la infancia y el apoyo o auspicio recibido a través de este vínculo prioritario, suelen ser mujeres que posteriormente establecen alianzas más frecuentemente con hombres de quienes son subordinadas (profesores, colegas de mayor estatus, jefes en general), los cuales llevan a cabo, conscientemente o no, una labor de promoción o auspicio, a la vez que también se sirven de sus dotes y talentos para beneficio propio. Podemos encontrar numerosos ejemplos en universidades, empresas, formaciones políticas y otras, en los que no es escaso el número de ellas que suelen establecer emparejamientos más o menos definitivos con hombres casados o comprometidos de manera estable.

No obstante, lo que puede describirse de un modo tan aparentemente sencillo con papel y tinta, dista mucho de serlo a la hora de vivirse.

Estas mujeres, a pesar de encontrarse con un puente tendido tempranamente hacia el genérico masculino y poseer más refuerzos socializadores en este sentido que el común de sus homólogas, no son ajenas tampoco a las expectativas sociales mayoritarias en cuanto a ellas, en tanto que mujeres, ni tampoco a la internalización de las pautas «femeninas» que, a todos los efectos, han venido recibiendo también desde su nacimiento.

Si desde el punto de vista teórico parecen poder resolverse de un plumazo estas cuestiones, diciendo que lo ideal para todas las personas, al menos en nuestra opinión, es convertirse en género humano, compendio del masculino y femenino, lo que comporta un distinto y más amplio nivel de «humanidad», ello es un arduo proceso en la vida cotidiana de los seres concretos, sujetos a puntos de vista, juicios, prejuicios, ideales y simbolismos todavía, no sólo diversificadores en cuanto a los arquetipos o estereotipos de «lo masculino» y/o «lo femenino», sino dicotómicos y antitéticos en infinidad de ocasiones a lo largo del ciclo vital de cada uno/a y, por tanto, base o trasfondo de intereses enfrentados y, en consecuencia, de conflictos y posibles crisis.

Social e individualmente no está normalizado todavía el hecho de ser personas transgenéricas. Socialmente ello significaría un sistema de equilibrio de valores y poderes ya logrados entre hombres y mujeres, otro tipo de estructuración familiar y aprendizajes de niñas, niños adolescentes y jóvenes de diferente sexo y, por tanto, una internalización de todo este tipo de desarrollos personales posibles, sólo limitados por los recursos generales disponibles en mayor o menor medida para cualquier persona. Ello no crearía, como en la actualidad, la brecha o la fractura interna subjetiva de sentimiento de duplicidad a veces, o de anomalía de identidad genérica otras, cuando no da lugar a enredos, nudos y confusiones interiores, barreras y bloqueos en el transcurso de la vida.

En las mujeres a que ahora nos referimos y que suelen definirse a sí mismas a través de sus profesiones, sea cual sea el grado o estatus alcanzado en ellas, todas conocen el deseo y el temor al éxito y a través de la obtención de alguno y de fracasos también, han descubierto la otra cara de la luna y han desmitificado gran parte de la misma, no sólo para sí mismas, sino también para otras mujeres.

Evidentemente no puede darse el «temor al éxito» si éste no se desea o forma parte de las expectativas personales. Pero como puntualizaba M. Horner, entre otras, ese temor corresponde más bien a la «imaginería del temor al éxito», imaginaciones o fantasías que suelen estar en relación con la anticipación de «consecuencias» o «efectos» negativos secundarios al éxito, los cuales incluyen, por lo general, temor a ser socialmente rechazadas, a perder las amistades personales, la cualidad de posible pareja sentimental o matrimonial y resultar aisladas, marginadas e infelices. Asimismo, existe una directa o indirecta expresión del temor a ser percibida, por la mayoría y/o por sí misma como un híbrido extraño y anómalo, lo que arroja sentimientos de angustia, inadecuación y culpa, previos o en torno a la idea del éxito. En consecuencia, también es frecuente la negación o el rechazo a la realización del esfuerzo necesario para mantener o afrontar las responsabilidades derivadas de aquél, una vez logrado, lo que a veces desemboca en ingeniosos mecanismos psicológicos, tales como el aviso o eslogan mental de «eso es imposible para mí», «sencillamente no lo soportaría», respuestas contradictorias e inadecuadas a los requerimientos y habitual o frecuentemente cargadas de confusión, hostilidad y temor.

Ni que decir tiene que estas fantasías arrancan o tienen un sustrato o cimiento de realidad social, pero cuando nos referimos a ella (la realidad social) debe tenerse en cuenta, tanto lo mayoritariamente disuasorio respecto a estas situaciones como lo que puedan aportar de estimulante o reforzador de realidades o «sectores» de la propia individualidad o identidad negados o coartados pero existentes, y que «piden» la parte que les corresponde.

«El peso de la púrpura» es una frase acuñada no para las mujeres, sino para reyes o magnates de la Iglesia u otras instituciones jerárquicamente establecidas y cuya cabeza o sus cabezas múltiples han sido encarnadas por hombres satisfechos de estos éxitos, aunque reconozcan los costes indisociados que traen consigo.

Sin embargo, el papel de las mujeres o su estereotipo más vinculado todavía con obedecer o influir que mandar, más la invisibilidad que el reconocimiento público, más la modestia que la ostentación, más la cesión ante el rival antes que su derrota, aunque se trate de una lid justa y limpia, trae consigo, muy frecuentemente, que en ese desequilibrio de la identidad genérica personal vivan los éxitos muchas veces como si de duelos se tratase.

He asistido a situaciones de amigas o conocidas que ante la lectura de tesis doctorales, oposiciones para el logro de distintos puestos de responsabilidad, nombramientos para el desempeño de cargos públicos, etc., a la vez que se sentían estimuladas y atraídas por superar aquellas pruebas, indisolublemente unidos, vivían el pavoroso temor a no lograrlo o la autonegación y/o prohibición para conseguirlo. Las reacciones más comunes, previas a estos acontecimientos, solían ser las de afirmar a los acompañantes que no lo lograrían u obtendrían escasa puntuación, o que no les importaba demasiado quedar fuera de juego. Evidentemente, no sólo quitaban importancia así al posible fracaso, sino que camuflaban su deseo, al parecer «ilícito», de éxito para sí mismas. Un importante número de ellas, tras lograrlo y comenzar a ejercer las nuevas funciones, consideraban éstas carentes muchas veces no sólo de la dificultad que supusieron previamente, sino también del atractivo que su fantasía les había incorporado más o menos de forma inconsciente. En el fondo, existían fuertes cotas de desilusión, tras conseguir lo tan fuertemente temido y deseado.

Son mecanismos muchas veces inconscientes que expresan la contradicción o la confrontación entre deseos de iguales magnitudes pero divergentes en esencia, que alguna vez llevan a la anulación mutua y al bloqueo de la voluntad, el pensamiento o ambos.

El ejemplo más llamativo al que asistí, fue el de una reacción de mutismo que hizo necesario repetir por tercera vez la ceremonia de toma de posesión de un determinado tipo de trabajo por parte de una mujer, que, hasta aceptarlo, había estado durante meses tratando de resolver el dilema que se le planteaba entre acceder a él o casarse con el hombre con quien llevaba cuatro años de relaciones mantenidas; en la primera de las ocasiones no pudo pronunciar palabra; en la segunda afirmó «Sí quiero» y a la tercera acertó, balbuceando, con la frase de aceptación de su nuevo cometido.

Cuando las contradicciones internas no logran aminorarse a través de un cierto «acuerdo entre las partes», es muy frecuente la sensación de angustia, ansiedad, temor e inquietud subjetivas, así como vivencias de amenaza u hostilidad por parte de los nuevos compañeros y/o colegas, inadecuación e inseguridad personal, sensación de indefensión, fragilidad y orfandad extremas.

Evidentemente la situación, la jerarquía o el rango adoptado, que son sinónimos de prestigio, éxito público o masculino por excelencia, suelen crear una revolución interna durante más o menos tiempo, hasta reelaborar una nueva vivencia de identidad integradora de unos y otros aspectos de sí mismas, lo que puede resultar largo, costoso y a veces casi impracticable en las que podríamos denominar «las crisis tras el éxito», frecuentes aún en las mujeres.

Esta tensión emocional vivida durante más o menos tiempo y que produce una sensación de extrañeza con respecto al ejercicio de los nuevos cometidos, como si por lo general fuesen ajenos a la persona que los desempeñe, es lo que algunas autoras han denominado «tensión como consecuencia de adaptación al rol o nuevo papel», y que a una conocida le produjo vómitos diarios durante casi nueve meses al aceptar un tipo de responsabilidad laboral nueva para ella y hasta entonces no ejercida por ninguna mujer en aquel ámbito. Según ella comentaba muy sagazmente: «Era una manera muy femenina de llevar un embarazo masculino.»

En estas situaciones se produce generalmente una gran necesidad de apoyo y gratificaciones por parte de miembros del colectivo de origen (otras mujeres), para continuar sintiéndose perteneciente al mismo, a la vez que se esperan, pues necesitan y desean, la sanción positiva por parte del otro, al que de alguna forma tratan de adaptarse.

La forma de resolución de estos conflictos es lógicamente un tanto diversa. No obstante, podríamos referirnos a unas cuantas más comunes o frecuentes.

El llamado por R. Moulton «síndrome de las buenas chicas con ansiedad de autoafirmación» es característico de muchas mujeres que han alcanzado puestos de dirección o de considerable responsabilidad en ámbitos eminentemente masculinos. Las mencionábamos al comienzo de este epígrafe, cuando nos referíamos a ellas como camaradas hasta cierto punto, admiradoras en alto grado y deseosas de cumplir las expectativas de sus padres. Muchas fueron brillantes en sus estudios, pero aprendieron a mantener una fachada de modestia y sencillez mediante las cuales evitar la envidia; perfeccionistas en el desarrollo de su trabajo, auto y heteroexigentes en exceso, suelen encontrarse más seguras de sí mismas y de sus decisiones siempre que las reglas del juego estén muy estructuradas y se cumplan adecuada y repetitivamente. Sus problemas suelen comenzar cuando se encuentran en la necesidad de tomar nuevas decisiones tan sólo por sí mismas y encontrarse expuestas, como consecuencia de ello, a errores posibles o críticas adversas. Su deseo de amabilidad y complacencia, respecto a los demás, las lleva a veces a situaciones insoportables, incapaces de negarse a aceptar cometidos o tareas que, aun a sabiendas de no ser propias, les encargan o endosan colegas masculinos de su rango o inferiores en jerarquía y que aceptan sin rechistar. En muchas de ellas alterna una actitud complaciente y resentida a la vez, devoción y docilidad, habitualmente ligadas a rencor y hostilidad encubiertas.

Otras, habituadas a caminar de la mano de hombres exigentes pero protectores, encuentran muy difícil o casi imposible aprender a defenderse por sí mismas e incluso propiciar la derrota de un adversario en competencia con sus intereses. Algunas, que aprenden a llevarlo a cabo a costa de sufrir las críticas más o menos irónicas, hirientes y envidiosas de sus colegas de ambos sexos, acaban muchas veces revistiéndose de una coraza de autosuficiencia y prepotencia semejante a la de los mejores especímenes del otro sexo, que muchas veces, antes o después, suelen percibirse como asfixiantes y tampoco deseables.

Por supuesto que siempre queda como solución la huida, pero ello, consciente o inconscientemente, tampoco resulta ajeno al conflicto, sino que es una alternativa que, por lo extremado, también suele pasar factura andando el tiempo a través de situaciones semejantes que aparecerán de nuevo tarde o temprano.

Siempre se acaba hablando del amor y de los hombres

Si es cierto que muchas, muchas veces, cuando los hombres se encuentran reunidos y al parecer enfrascados en asuntos del «más alto nivel», lo que hacen en realidad es estar hablando de mujeres, no lo es menos que cualquiera que sea el motivo que concita una reunión de amigas cuarentañeras, ésta suele derivar, antes o después, en hablar de los hombres, sobre el amor y sobre más o menos dosis de sexualidad y afines.

También parece ser la década de los cuarenta años aquélla donde las «canas al aire» son más frecuentes en las mujeres, aunque estén casadas o emparejadas de manera estable. La perspectiva de los cincuenta años, más próximos o lejanos todavía, suele asimilarse a una etapa, a partir de la cual, ni el amor ni el sexo serán ya posibles de alcanzar y en numerosos casos se produce una huida hacia adelante o pisotón al acelerador, que a veces acaba en accidente y otras no.

De esta manera «el demonio meridiano» enreda en la vida de unos y de otras, que se creen próximos a la decrepitud, a medida que la cuarentena se desgasta.

Cuando en una cafetería o en casa de alguna de ellas se encuentran las amigas de siempre, de las que una o dos son casadas, alguna separada o divorciada, y alguna soltera autónoma y garbosa —aunque un poco alicaída tras la ruptura de la relación de los últimos años—, la conversación puede discurrir sobre política, el paro, el trabajo, el jefe, las últimas películas que vieron o no pudieron ver, hasta irse deslizando poco a poco a la relación con *ellos* o su ausencia.

La o las casadas suelen lamentarse de la rutina de la vida en común con el marido, los chicos y el trabajo, y se preguntan si eso será la madurez que muchos dicen o la pura resignación ante la pasión desaparecida y las ilusiones aplastadas bajo el peso de las responsabilidades y las obligaciones cotidianas. La amiga separada o la que se divorció, en pleno «ataque de soledad» últimamente, parecen inclinarse a dudar si en el fondo no será más prudente y razonable aguantar «lo malo conocido», a lo que todas se oponen vigorosamente.

Si una de las casadas le dice a la amiga que permaneció soltera y profesional a tope, cómo la admira por no haber caído en tantas trampas como ella y desarrollar tan estupendamente su trabajo, ésta suele reconocer que es buena desde luego en lo que hace, pero que eso no es todo y que le ronda la idea de adoptar una niña o un niño en el futuro, ante lo que la separada o divorciada —con dos hijos a su cargo— da un respingo y le aconseja que se lo piense bien, porque sus retoños, estupendos sin duda alguna, son por otra parte una responsabilidad interminable; en definitiva, insiste en que se busque otro buen novio y se deje de tonterías.

Así, entre un poco de ironía, algo de cinismo y envidias cariñosamente compartidas, la tertulia suele prolongarse más de lo previsto cuando se entra francamente en el capítulo de nuevos enamoramientos deseados, fantaseados o intentados con que reavivar el alma y alegrar el cuerpo: «¿Pero en quién te fijas? Mires donde mires yo creo que ellos han evolucionado mucho menos que nosotras; por mucho que de repente te atraiga alguno, en cuanto sale a relucir la presunción o la machada es que te caes de espaldas y si resulta suavecito y tierno, a los cuatro días te ha tomado por una madre como te descuides. Y saber, lo sabe una ya dormida: halagar su vanidad durante cierto tiempo y caen en el bote sin remedio..., pero mira que tener que estar repitiendo siempre el numerito, que no te crees ni tú a estas alturas...».

IV. LA DECADA DE LOS CINCUENTA

En los cincuenta se encuentran hoy aquellas españolas cuya infancia transcurrió después de la Guerra Civil española o en plena contienda.

Medio siglo cumplido, rico en acontecimientos históricos de todo tipo, políticos y sociales, sin duda han impreso sus huellas, con mayor o menor profundidad, en sus biografías hasta hoy.

Las de las capas medias hicieron sus deberes escolares junto a los seriales radiofónicos y los consejos para adultos de Elena Francis. Durante la semana, el uniforme del colegio; y sábados y domingos el traje que solía durar dos años por lo menos, y lo mismo el calzado y los abrigos. Muchas aún recuerdan los jerseys calcetados por sus madres primorosamente, hasta que con el estirón de la pubertad se cansaron de tricotar las mangas que les resultaban interminables y empezaron a comprarlos en los grandes almacenes, que ya iban siendo un foco de consumo para las clases medias, según los precios y las calidades ofrecidos, por unos u otros, de los tres o cuatro más famosos por entonces. Y aunque parezca increíble, muchas utilizaron por primera vez un teléfono cumplidos los diez años.

Cuando eran jovencitas descubrieron la existencia del televisor en casa de las amigas de familias más pudientes y cuando aquel trasto, feo de verdad pero asombroso, llegó a la propia, no se perdieron las series norteamericanas de sobremesa, o el teatro algunas noches, que arrumbaron los novelones de la radio de la Sra. Tellado o el Sr. Mallorquí. Se acostumbraron a afirmar que Los Beatles y su música eran estupendos, aunque solían resultarles ajenos y no entendían la letra de sus canciones, al igual que ocurría con aquel Elvis Presley que sólo emocionaba cuando entonaba baladas románticas parecidas a boleros. En realidad, fueron los libros y el cine los que sacaron a muchas de una posible idiocia más o menos crónica.

Vieron el increíble paseo del primer hombre por la luna en una madrugada en que no pegaron ojo ni un segundo y se entusiasmaron cuando repitió la hazaña espacial la primera mujer: Valentina Tereshkova.

Para cuando asistieron petrificadas de espanto e incredulidad a los asesinatos de los hermanos Kennedy y de Martin L. King, algunas ya se habían casado, y comprendían bastante bien que el mundo propio y ajeno tenía poco de idílico al final de los años cincuenta y comienzos de los sesenta, con la revolución cubana como faro. A la muerte de Franco muchas eran ya madres de algún que otro hijo o hija, en tanto la Guerra de Vietnam parecía ser eterna.

Por aquellas fechas algunas militaban ya en el renacido Movimiento Feminista de la segunda mitad de la década de los setenta y otras se adhirieron a él durante el controvertido Año Internacional para la Mujer de la ONU (1975), donde las españolas aún contaron entre sus representantes con dos miembros de la Sección Femenina Falangista. Muchas y prácticamente todos, percibieron a las feministas como una raza aparte de mujeres, si es que en realidad lo eran, y había quienes sentían lo mismo que lo que aquéllas proclamaban a pleno pulmón por las calles, con la policía de gris a caballo o a pie tras sus talones, pero lo guardaban para sus adentros por temor, vergüenza o de todo un poco.

Todas y cada una a su estilo, en estas capas medias, no han estado cruzadas de brazos generalmente ni mucho menos. Pero lo cierto es que los últimos quince o veinte años, cargados de experiencias y responsabilidades más o menos duras, se les han pasado en un soplo.

Unas continúan casadas e incluso las hay que cumplieron las bodas de plata y esperan el primer o la primera nieto/a, aunque otras ya son abuelas jóvenes y hasta repetidoras. Otras, desde que se divorciaron, no quisieron saber más de casorios ni de convivencias mantenidas. Aunque son escasas, también están las que se recasaron al final de la cuarentena más frecuentemente, porque tenían claro que lo suyo era el matrimonio. Las que continúan solteras, dedicadas sobre todo a su profesión, han cambiado de parejas más o menos estables varias veces, han pensado en adoptar alguna criatura en más de una ocasión, pero continúan su camino en solitario, aunque no tanto como ellas dicen y los demás suponen, y algunas otras simultanean estas circunstancias con una relación madre-hija o hija-madre cuyas ambivalencias, riñas y apegos parecen más bien un romance interminable.

Hay quienes ya llegaron hace tiempo, otras están en ella y otras esperan con mayor o menor temor la tan traída y llevada menopausia.

Sin embargo, el denominador común que las abarca a todas es que, si las estadísticas no fallan demasiado en cuanto a la esperanza media de vida se refiere y este planeta nuestro resiste todavía, más o menos enteras, o más o menos magulladas, desembarcarán en el siglo XXI y en él serán «las mujeres del siglo pasado».

El tiempo corre que vuela

Así como en la década de los treinta años comentamos que el tiempo en general empieza a percibirse como un elemento vital que ya es consustancial de cada uno/a y que en esos años parece dedicado sobre todo a ascender por la empinada cuesta de las obligaciones y las responsabilidades de la adultez inicial, también subrayamos que a lo largo de la cuarentena, cuyo inicio suele ser una especie de«aldabonazo vital», el tiempo suele vivirse por algunos/as con cierto carácter mesetario o como el inicio de una cuesta abajo, más o menos suave o brusca, y acelerada en otros casos.

La llegada de los cincuenta años, es decir, el medio siglo, es algo que incluso a las más conscientes y reflexivas suele anonadar un tanto: «¿será posible?», «¿pero cómo puede ser que a mi hijo le hayan tallado ya?», «¿no me digas que vas a ser abuela, pero cuántos años tiene Lucía? Claro, veintisiete, lo mismo que mi hija».

Hombres y mujeres se sorprenden, se saben cincuentones pero en la primera mitad de la década son reticentes a creerlo todavía. Una amiga mía desde hace muchos años y que ahora cuenta con cincuenta y cinco, me comentaba hace unos días que cuando leyó en un periódico que se cumplían los veinticinco años de la publicación de *Cien años de soledad*, primero lo consideró, sin más, una errata o gazapo del diario en cuestión, pero que al ver que la prensa diaria y especializada seguía insistiendo días después en la efeméride, se vio obligada a consultar el volumen que tenía en casa, lo que de inmediato le demostró que el error era suyo; «¡hubiera jurado ante un tribunal, si me preguntan, que no hacía más de doce o quince años como mucho que se publicó!», insistía asombrada una y otra vez.

Ellas han comenzado a percibir hace ya algún tiempo que, a pesar del tuteo que se estila tanto, la gente joven las llama de usted y dice de ellas «esa señora»; porque de «señorita» sólo las adjetiva el comerciante avispado del barrio o del mercado que quiere ganarse las simpatías y cuidar la clientela femenina madurita. A tenor de todo ello, cuando van a comprarse alguna ropa o se les invita a algún tipo de actividad ajena a las habituales, se sorprenden repitiendo la muletilla «es que a mi edad...», o «eso ya no va con mi edad», o «a esta edad ya me parece fuera de lugar».

Ven a sus hijas o hijos veinteañeros o rondando la veintena que, en general, las hacen parecer ahora más bajitas y que como se descuiden pretenden convertirse en los mentores o mentoras que no tuvieron nunca o ser el remedo de sus padres a la hora de mandar y disponer. Y los recuerdan pequeñitos, cuando los llevaban al parque cogidos de la mano, cuando cruzaron solos el primer semáforo y ellas los observaban desde la otra acera con el alma en vilo y les parece imposible que casi sean ya hombres y mujeres, aunque en realidad lo son para unas cosas y para otras unos críos insufribles. Y cuando van por la calle distraídas, corriendo casi siempre entre una cosa y otra y se ven en el espejo de un comercio de repente, creen ver en él, como por arte de encantamiento, a sus madres cuando ellas tenían veinte años y se empeñaban en que ya eran viejas, aunque ellas les decían, como sus hijas ahora, que estaban estupendamente y ojalá de mayor pudieran parecérseles. Algunos padres ya no viven y algunas madres, viejecitas, empiezan a perder un poco la cabeza.

Ya no suelen estar al tanto de los nombres de los actores o las actrices de cine jóvenes que se encuentran en candelero, ni distinguen los derivados del rock, ni los meandros por los que discurrió. Suelen aturdirse en las discotecas con tantas luces y bafles estridentes que encantan a su prole, y la gran ciudad, que a lo mejor no fue donde nacieron pero que se había convertido en «su ciudad», en caso de ser una de las grandes o muy grandes, les parece cada día menos habitable, porque la mayoría de los días no hay quién pare en ella entre los atascos del tráfico, la gente cada día más nerviosa y antipática, y los precios de las cosas que van de disparate a disparate.

También viene a descubrirse ahora algo importante y un poco pavoroso, si no se descubrió ya en los cuarenta, y es que para bien o para mal, pero en lo fundamental de la propia vida se está absolutamente sola, separada, única, entre todos los que la rodean.

En medio de todo ello, y también por ello, existe un deseo y una necesidad más o menos acuciante de encontrar el ritmo personal, el verdadero paso y «tiempo» que se necesita, para no andar como a contrapié, bailando a un son que, por una u otra causa, ha sido el de los demás, por muchos y diferentes que éstos fueran, pero no el verdadero y propio.

Reducir el paso. Quizá detenerse un poco y pensar más en una misma, aunque dé un poco de temor o mucho en realidad, porque si no es ahora, ¿cuándo hacerlo ya? Y sin querer, y aunque no sea una época en que el estado de ánimo se encuentre bajo mínimos, es inevitable evocar a la amiga o el amigo coetáneos que desaparecieron no hace mucho en un accidente de circulación o a consecuencia de un infarto o que se encuentra en el hospital con una afección maligna.

Y es que, ciertamente, si durante los cuarenta no se hizo balance general de lo vivido y por vivir, en esta década se plantea, sin remedio generalmente, a veces de forma imprevista sin que parezca corresponder siquiera a la reflexión o diálogo interior, más o menos inconsciente, que forma parte de la vida de todas las personas y que no muy raramente toma la forma de una crisis con todas sus características y turbulencias, en cuyo fondo parece latir, sin poderla acallar por más tiempo, la inquietante pregunta: «¿quién soy yo a fin de cuentas y hacia dónde voy?», «¿qué ha sido de mi vida y qué hacer con la que me quede?».

Ni la cara ni el cuerpo son ya lo que fueron

Los caracteres de la corporalidad, como en etapas anteriores del ciclo vital, continúan siendo un elemento significante y significador de la propia identidad personal y, como siempre, no es ajeno sino que proviene, junto con el devenir biológico, de las normas concretas y simbólicas que rigen en la cultura de la que formamos parte.

Si durante los cuarenta no suelen ya tenerse dudas de que la corporalidad de cada una es esa y ninguna otra, y salvo vaivenes llamativos en el tipo de dieta alimentaria, ejercicio físico u otras circunstancias más o menos accidentales, hay una estabilización en esta cuestión y la aceptación más o menos amplia de la misma, en general, desde los cuarenta y tantos o ya dentro de los cincuenta, el cuerpo vuelve a reclamar la atención de las mujeres más olvidadizas, dado que experimenta antes o después cambios llamativos o discretos.

A igual alimentación, movilidad y cuidados o ausencia de los mismos, tanto si se es delgada, redondita o gruesa, la cintura se ensancha un poco, las caderas y el vientre se redondean más, los zapatos son más cómodos si se compran un número mayor y aunque se continúe caminando, generalmente a trote ligero, ello resulta algo más fatigoso, de manera que se reduce un tanto la velocidad no sólo de la marcha, sino que apetece hacerlo en la vida en general. Las arrugas del rostro suelen formar ya un interesante mapa, el cuello ha perdido tersura y se afloja un tanto, a no ser que se vaya conformando como una papada regordeta y permanente; las lectoras asiduas exhiben importantes ojeras abultadas y las amigas del campo y la naturaleza ven reproducirse profusamente por su cara y por su cuerpo pecas, lunares y manchas de color café con leche, más o menos amplias, que poco delicadamente alguien denominará «manchas seniles», sin darle importancia alguna, mientras la interesada suele quedarse de una pieza.

En una sociedad como la nuestra, tan dada a valorar a las mujeres por su corporeidad o belleza, en tanto que objetos sexuales sobre todo y encontrándose ambos elementos tan ligados al patrón juvenil por excelencia, hasta la más despistada comienza a percibir en esta década, si no cayó en la cuenta antes, que lo que no van a sobrarle precisamente son admiradores prendados de sus características físicas actuales.

Si se olvidaron, después de gestaciones, partos y puerperios ya un poco lejanos y gracias a una buena salud en general, de que también eran biología, ésta se impone una vez más con la terquedad que la caracteriza, no sólo mediante las transformaciones corporales paulatinas pero incuestionables, sino a través de alguna primera «goterilla» o «achaque», como la artrosis que molesta a veces en el codo o la rodilla, los alimentos grasos que la chiflan desde siempre pero que ahora le hacen recordar que existe la vesícula o quizás una tensión arterial que sube por encima de la rayita pertinente, sin saber por qué, de cuando en cuando.

Aun sin estos signos de que el organismo ya no se encuentra en su mejor etapa de funcionamiento, sino que da señales de venir haciéndolo durante medio siglo y casi siempre sin gozar de los cuidados y atenciones básicas, que hubiera agradecido muchas veces, tanto desde el punto de vista individual como social, estos cambios requieren de reacomodaciones psicológicas consecutivas y dan lugar a otras, por parte de los demás, que aunque no precisamente alentadoras, no dejan por ello de ser las que son en un sistema sexista como el nuestro y tantos otros.

Ya en 1975 S. Sontang utilizó el término de «doble estándar a medida para las personas mayores» refiriéndose a las diferencias que la sociedad continúa estableciendo según un sexo u otro, antes, durante y después de la juventud y que se cifran en resumen en una «doble estética» o en un «doble concepto respecto al atractivo», según se trate de hombres o mujeres y que sigue vigente hasta la muerte.

Así como la infertilidad para las mujeres, si no se ha producido a finales de la cuarentena, tiene lugar en la primera mitad de los cincuenta como lo más común y la del hombre parece producirse algunos años después (aunque ya sabemos que Ch. Chaplin y algún otro presumieron de paternidad a los ochenta años), y a la par o algo antes se encuentran con disminución de potencia genital, mantenimiento de la erección, etc., el atractivo físico del cincuentañero, «la masculinidad», parece hallarse al margen de estos avatares y también de que su figura acuse más o menos intensamente el paso del medio siglo. Muchas y muchos insisten en que ello radica en el poder, el prestigio, o ambos, adquirido por los hombres; pero se da la circunstancia de que, en líneas generales, aunque quizá la mayoría no haya conseguido semejantes «éxitos», resulta que todavía cuentan más que las mujeres de su misma edad, con la posibilidad de encandilar a algunas e incluso más jóvenes que ellos, lo que sin duda no deja de ser gratificante y factor que mejora o apoya su autoestima personal en general, también a estas alturas.

Por el contrario, incluso las que fueron bellas y a lo mejor han adquirido cierto estatus económico-profesional o ambos y todavía retienen rasgos físicos agradables, conservando una corporeidad no precisamente devastada, suelen dejar de resultar atractivas o «femeninas» socialmente con el paso de los años y, por supuesto, en la cincuentena.

Una vez más parece imposible romper el círculo vicioso entre dominadores y subordinados, en un sistema ya constituido y en el que resulta difícil, si no imposible, intercambiar los términos en tanto se respeten siempre las mismas reglas del juego. O quizá se esté tan excesivamente pendiente de ese juego, que se olvida la posibilidad de dedicarse de una vez a otros, que pueden resultar mucho más interesantes y enriquecedores, no sólo por lo nuevos, sino por lo alentador de sus resultados muchas veces.

Las mujeres que vivieron las décadas anteriores muy pendientes de sus kilos, sus centímetros, el reparto más o menos «perfecto» de curvas, rectas y volúmenes, no suelen despreocuparse ahora, sino todo lo contrario.

La persona que recuerdo haberme sorprendido más en una entrevista no muy lejana y en relación con estos asuntos «corporales», fue una mujer de unos cincuenta y cinco años que acudió a la misma porque, al parecer, en las últimas semanas decía encontrarse con un ánimo triste, abatido, sin apetito, con menos ganas de salir a la calle o de visitar a sus hijos y sus nietas, así como con el temor de tener aburrido a su marido ante aquellas circunstancias. Por el contrario, el marido, que la acompañaba, parecía muy entretenido ordenando informes, recetas y resultados de diversas pruebas con que demostrarnos que la situación de su esposa debía ser consecuencia de haber engordado tres kilos en el mes anterior, durante las vacaciones, ya que se encontraba bien en todos los sentidos y, sin embargo, ganar peso por encima de los cincuenta kilos había sido desde jovencita algo insufrible para ella, que usaba la misma talla que cuando se conocieron, lo que parecía motivo importante de satisfacción para ambos y de preocupación ahora, que había sobrepasado el listón por cuarta vez desde que se casaron, hacía ya treinta años.

Sin llegar a estos extremos, la que más y la que menos no es que suela recibir con gran contento todos estos cambios imparables, aunque paulatinos, pero sí que las más afectadas negativamente son las que no han desarrollado o cultivado capacidades de otra índole o que incluso habiéndolo llevado a cabo con buenos resultados, estiman éstos mucho menos importantes, a tenor de la falta de estima que socialmente reciben al respecto, cuando la corporeidad y la apariencia externa no cumplen con los cánones eternos, baremados para o contra las mujeres y sobre el prototipo juvenil de moda.

Algunas siguen tratando de parar el tiempo pasando de cuando en cuando por quirófanos o por las consultas de profesionales, más o menos serios, que prometen u ofrecen ciertas dosis de juventud y belleza a costa de honorarios más o menos sustanciosos, a una clientela que a estas edades suelen acudir en abundancia a clínicas privadas y también al circuito público, quizá también con la esperanza a veces de que alguien las atienda y entienda un poco, para quizás comenzar a atenderse y entenderse ellas al cabo de los años.

El «¡Ya no puedo más!» de las que permanecieron en casa

En el capítulo anterior mencionamos a mujeres que optaron por iniciar un trabajo fuera del hogar por vez primera al cabo de diez o quince años de casadas, o que intentaban reanudar una profesión que abandonaron mientras se dedicaron a la familia propia o que rompieron su matrimonio y con hijos, mucho esfuerzo, poco dinero y a brazada limpia, trataron de mantenerse nadando contra corriente, procurando no irse a pique.

Hay muchas que con circunstancias similares, van posponiendo la decisión de tomar una decisión, para no seguir con la amargura que se cronifica, aburriéndose a ellas mismas y a los demás, siempre profiriendo iguales quejas, pero sin apearse de ese carrusel que las mantiene, a su pesar entretenidas, pero mareadas de continuo.

En la cincuentena, sin embargo, por lo poco que hemos referido hasta ahora, el divorcio o la separación de un marido con el que se ha convivido por lo menos veinte años o más, no suele ser común por propia iniciativa y menos si la mayor parte de ese tiempo se le dedicó a él, la casa y los hijos/as, a no ser que en medio del tedio, la rutina y la grisura de lo cotidiano se crea que apareció de repente el supuesto «hombre de su vida» y se intente una huida por todo lo alto, con visos de decisión heroico-romántica de penúltima hora, que casi siempre viene a ser una sobredosis de lo mismo, con ribetes de película de R. Haltman o de Ana Karenina de finales del siglo XX.

No es que no existan enamoramientos intensos a cualquier edad o que no se consideren adecuados en ésta genéricamente hablando, sino que bastantes de los que suelen producirse parecen no ser más que otra vuelta de tuerca sobre el mismo eje, con apariencias de cambio pero sin serlo.

Una conocida mía venía insistiendo, durante muchos años ya, en que no podía soportar más las exigencias de un marido tan buen trabajador, fiel y honrado como tacaño y desagradable de carácter, un hijo y una hija que se demoraron siete y ocho años en carreras de tres o cuatro respectivamente y una amplia casa que atender, donde acudían con frecuencia parientes y amigos, que la apreciaban mucho por sus dotes de anfitriona generosa y simpática. Fueron años de deshojar la margarita: «¿me separo?, ¿no me separo? ¿me separo?...»

Hasta que un día apareció un amigo de un amigo, que le presentó a otro, del que al parecer se enamoró perdidamente en dos semanas. Según decía, él estaba todavía más interesado que ella en la relación y después que el romance se prolongó por espacio de casi medio año y se encontraba dispuesta a abandonar marido, hijos, casa y hasta el país, él echó marcha atrás y tuvo que reconocer que en el suyo tenía esposa y dos hijos muy parecidos a los de nuestra amiga, que había sido, como de costumbre, enormemente dadivosa con aquel novio al que agasajaba con cualquier motivo y que cuando desapareció decía «haberla estafado en su buena fe, como siempre le ocurría con todo el mundo» y evidentemente no le faltaba razón cuando así opinaba.

Muchos de los «ya no puedo más», llevan muchas veces años de vigencia; algunas han pasado por crisis que se atendieron haciendo desaparecer los síntomas de las mismas cuanto antes, de modo que al poco tiempo se encontraban igual, pero mientras tanto, el malestar agudo y repetido de la desesperada cincuentañera se convirtió en: «las histerias de Matilde», «la depresión que le da a Mercedes cada dos o tres años» o «las manías de Carmela, que nunca está satisfecha con nada».

Las mujeres entre los cuarenta y cinco y sesenta años, más o menos, de las capas medias e incluso más pudientes y modestas, forman el grueso fundamental de quienes demandan atención psicológica y/o psiquiátrica, tanto en el sector público como privado, no sólo en nuestro país, sino en otros de características similares al nuestro.

De manera un tanto vaga se las viene homologando, sin demasiado rigor, bajo epígrafes distintos pero que se han popularizado mucho, como el «síndrome del ama de casa», «el síndrome del nido vacío», «depresiones del climaterio o involutivas» etc., etc., que si bien aluden de forma sintetizada a alguno de los factores que afectan más o menos intensamente a estas mujeres, no deben entenderse en el sentido de que todas las que se dedican fundamentalmente o exclusivamente al hogar y su familia estén destinadas a entrar en crisis, pues hay formas muy diversas de ocuparse de los hijos, la casa, el marido y una misma; ni tampoco es sinónimo de crisis inevitable el hecho de que los vástagos se independicen, antes o después, ya que muchas lo que experimentan como insoportable es precisamente lo contrario: «un nido abarrotado» durante demasiado tiempo. Tampoco es razonable etiquetar de la misma forma a mujeres procedentes de estamentos socioeconómicos muy diversos, pues la pertenencia a uno u otro condiciona en gran medida la calidad de vida cotidiana y el tipo de ejercicio de un mismo papel, tarea o el transcurso de una fase del ciclo vital, como puede ser el matrimonio, la crianza de los hijos o el paso a la vejez, así como la ausencia o la abundancia de recursos de diversa índole para poder sortear las etapas críticas, más allá o más acá del estilo o del carácter personal de cada una.

En este sentido el «¡ya no puedo más!» de muchas, y llevan en sus casas quizá más de veinte años, se resuelve de muy distinta forma si la relación conyugal fue madurando en el correr del tiempo y otra serie de responsabilidades contraídas van cediendo de una forma u otra, de manera que esa mujer que no creía ver solución a su vida, tras cierta etapa de la misma, se siente mucho más a gusto que años atrás, saturada de presiones; si llevan reflexionando e intentando mejorar con todos los medios a su alcance la relación conyugal que parece ser la atascada sin remedio y optan finalmente por la separación con todas sus consecuencias; si no saben lo que sucede y para tratar de esclarecerlo se toman un tiempo de distanciamiento y reflexión, con o sin ayuda ajena; o sin apenas advertirlo, poco a poco, han ido aumentando sus relaciones y ocupaciones extradomésticas y el hogar viene a convertirse, con el correr del tiempo, en un lugar gratificante y tranquilizador como nunca lo fue, para sorpresa de la interesada.

No obstante, suele ser común que parte del «¡ya no puedo más!» esté relacionado con un sentir muy extendido y que podría traducirse como: «no poder seguir dando continuamente a todos los de alrededor y recibir tan poco o nada; porque, o bien no me acuerdo de que existo, o los demás no lo perciben y yo no me atrevo o no sé ponerlo de manifiesto».

ENTRE HIJAS E HIJOS VEINTEAÑEROS Y LAS MADRES Y LOS PADRES ENVEJECEN

Esta es una situación enormemente común en esta década de los cincuenta.

Hay un número muy considerable de mujeres en los estratos medios que conservan sus ascendientes, cuya edad ronda o excede con bastante los setenta y cinco años, de los cuales, por lo menos uno, cuando no ambos, han ido necesitando de ayuda más pormenorizada o mantenida a consecuencia del deterioro lógico de la vejez o incluso de alguna enfermedad típica de ella, o sobreañadida por diferentes causas, lo que los sitúa en un grado de dependencia extrema de los hijos y en el caso de las hijas mucho más frecuentemente, a medida que el tiempo se prolonga. El hecho de que en las grandes urbes se haya ido dando el proceso de nuclearización de las familias que describíamos al comienzo de este libro, trae consigo que en estas situaciones, y dado el tamaño habitual de las viviendas y las obligaciones de la pareja intermedia (en este caso la de la cincuentañera), todo ello dificulta mucho o imposibilita totalmente aunar la convivencia de la generación de los ascendientes con los hijos del matrimonio que residen aún con ellos tantas veces.

La no convivencia continuada de nietos/as y abuelos/as, tan corriente todavía hace cuarenta o cincuenta años en nuestro país, facilita poco e incluso impide la tolerancia de los más jóvenes con respecto a estas personas ancianas, al fin y al cabo sus antepasados, sobre los que gravita también, dada su mayor longevidad en los últimos lustros y el hecho de su no productividad económica, la sensación de que son un lastre social y a veces un estorbo familiar.

En los casos, más frecuentes aún, en que la hostilidad hacia ellos no es la protagonista, sino que se conserva el cariño y el respeto, las mujeres de la generación intermedia a que nos referimos se encuentran con dos familias que atender y varias personas con muy distintos intereses y necesidades, lo que suele acarrear un cúmulo de tensiones, desencuentros y contradicciones nada fáciles de sortear y que ponen a prueba a la persona más sensata, con mayor capacidad organizativa y mayores reservas de paciencia.

Marina, que trabajaba en una empresa desde hacía muchos años, llevaba los diez últimos acudiendo a casa de su madre tres tardes por semana, desde que ésta enviudó hacía diez, momento a partir del cual empezó a perder facultades mentales de forma más intensa. Permanecía con ella hasta que le daba la cena y la acostaba, tras lo cual iba a su casa, donde la esperaban su hijo y su marido. Su hermana se ocupaba de la madre las otras dos tardes, y los fines de semana el marido o el hijo de Marina iban a recoger a la anciana a su domicilio, al que la devolvían el domingo por la noche. Así un año y otro, por lo que no era raro que a lo largo de ellos menudearan las tensiones entre el matrimonio y el hijo de ambos, las hermanas entre sí, los cuñados, cuando no el rechazo de alguno hacia la abuela, que, según el día, también ponía a caldo al primero que encontraba. El hijo de Marina se quejaba de que no podía estudiar y que tampoco se iba a ir a una cafetería o a casa de un amigo los fines de semana, por culpa de las locuras de la abuela y el escándalo que armaba muchas veces, por eso insistía en que lo mejor era que la anciana fuera a una residencia para personas de su edad.

Después de deliberaciones, contradeliberaciones, malas conciencias y necesidad de descansar un poco, Marina se recorrió todas las residencias que le recomendaron y las únicas que le parecieron adecuadas resultaban imposibles de sufragar para su familia y la de su hermana. La situación para la que ninguno encontraba alternativa y a todos traía de cabeza, con tensiones cada vez más enconadas, sólo se solucionó, al cabo del tiempo, con la muerte natural de la abuela.

Mientras tanto, Marina había renunciado a un ascenso en su lugar de trabajo, por ser incompatibles los horarios con los de los cuidados que su madre precisaba, a raíz de lo cual el jefe que la propuso para el mismo le retiró su confianza, por considerar que «le había fallado con la excusa de la enfermedad de una vieja». En contrapartida, los vínculos entre ambas familias, que nunca fueron demasiado buenos, se fortalecieron y consolidaron como nunca, a través de aquellas dificultades compartidas y habiendo renunciado de común acuerdo a posponer a la madre por otros intereses. A los dos años Marina logró un puesto más interesante en una filial de la misma empresa, cuando ya había renunciado a semejante idea.

Así como en la literatura sobre estas cuestiones se insiste mucho, desde hace largo tiempo, en lo crítica que suele resultar la pérdida o la interrupción de un papel u ocupación habituales (pérdida de rol), sin que abunden los trabajos en que se discrimina, con más finura, qué otros factores o elementos coadyuvan a que esa interrupción pueda significar una crisis personal (no es lo mismo, por ejemplo, la jubilación para un trabajador modesto que realiza un tipo de trabajo rutinario por necesidad, que la del profesional acomodado que a través de su quehacer fundamental ha ido creando otros derivados de aquél y que pueden suponerle iniciativas posteriores remuneradas o no), existe mucho menor interés por los efectos nocivos que sobre las personas produce la acumulación de papeles y/o cometidos diversos y simultáneos. Sin embargo, este es el caso más frecuente en las mujeres de nuestras clases medias a lo largo de los cuarenta y los cincuenta años, pero que se genera en las décadas anteriores.

La socialización desde el nacimiento de las niñas, para que sean mujeres capacitadas en la adultez en los cometidos de cuidado, ayuda, apoyo, comprensión de los demás, tanto en los aspectos materiales como emocionales, alcanza su máxima expresión, aunque no se acompaña de premio, validación ni contrapartida socialmente reconocida, cuando vienen a significar el eslabón de enganche en medio de la cadena formada por sus ascendientes (a veces no sólo consanguíneos sino políticos) y sus descendientes, e incluso, a finales de los cincuenta a veces, también los descendientes de sus descendientes.

Los ejemplos que más abundan a nuestro alrededor son las mujeres soportes, paño de lágrimas o *sparrings* de tres generaciones cuando menos, y de un marido que por esas fechas está próximo a la jubilación o acaba de jubilarse ya, y anda como un personaje en busca de autor, deambulando por su casa a unos horarios desacostumbrados, que a él le extrañan y a ella le estorban, pero que a pesar de ello suele andar pensando: «¿qué podría sugerirle a Pepe que hiciera para entretenerse un poco y se le quitara esa pinta de fantasma?», mientras regresa de acompañar a rehabilitación a su madre de ochenta y tres años «que salvo lo de la cadera está hecha una rosa y mejor que yo de la cabeza». Pero mientras conduce por una ciudad en pleno atasco de circulación, continúa maquinando: «que no se me olvide comprar los dodotis por si mi nuera trae esta tarde a la niña, creo que no me quedan ya y a lo mejor a ellos se les olvidan, con lo agobiados que andan siempre; ahora, que ocurrírseles ir por el segundo, eso ya es para matarlos; a ver si puedo girar aquí y me paro un momento en esa pescadería porque ya está bien de congelados y a la niña le gustará más la pescadilla fresca. Ya me han quitado el sitio. También mis hijas podían hacer la compra alguna vez a la semana, pero mejor olvídate; a ver si a Cristina le dura ese trabajo por fin y Sonia que se case de una vez o que se vaya con David a China, pero lejos, lejos de casa por una temporada. Voy a llegar tarde y no quiero ver a Pepe con ojos de carnero degollado y menos hoy que viene Jorge a comer y seguro que me suelta la pulla de siempre: "¿qué, hermanita, tú por ahí de parranda y tu maridito aquí compuesto y sin novia?"; lo que tenían que hacer es la comida y poner la mesa y recibirme a hombros por lo menos; y verás cómo está mañana la oficina sin haberla pisado hoy con el lío de lo de mi madre...».

Ella como tantas otras, tiene cincuenta y siete años, el hijo mayor casado, las dos hijas en busca de destino estable fuera del hogar, una profesional y otra conyugal, según parece, a pesar de sus veintiséis y veintisiete años, una nietecita de catorce meses, un marido jubilado desde hace seis y hasta hace año y medio también cuidaba de una tía que falleció «de repente» a los noventa años. Durante los últimos suyos a veces me cuenta que se siente deprimida, sin ilusiones y que no sabe por qué. Hace unos cuatro, se tomó dos puñados de somníferos con coñac, un domingo en que se fueron todos. Como nos conocemos hace tanto tiempo, a los pocos segundos de comentar que no sabe por qué su vida le parece un asco, vuelve a mirarme, se echa a reír y se pone a hacer «la lista de méritos que nadie reconoce», como ella llama, desde hace mucho, a todos los papeles que realiza «sin que le importe a nadie un comino y que sólo apreciarán si me muero de repente como mi tía, probrecilla».

Mi amiga y otras muchas son parachoques, *sparrings*, *punching-balls* donde golpean unos y otros, sin que ellas sean capaces de devolver un golpe de cuando en cuando, para noquear un poco al que más se lo merezca, espabile y se dé cuenta de que tiene ante sí a una-persona también, sujeto con necesidad de apoyo, consuelo, cariño, estímulo, comprensión y ayuda.

Cuando el marido hace crisis y la resuelve con una mujer más joven

Isabel, con cincuenta y cuatro años ahora, fue de las que dejó su profesión cuando sus tres hijos contaban seis, cuatro y un año y medio, pensando en retomarla cuando hubiera pasado la barahúnda de colegios, guarderías, enfermedades infantiles, permisos sin sueldo cuando se quedaba sin ayuda en casa, maletas que preparar cada vez que su marido se iba de viaje para atender negocios dentro o fuera del país, etc., etc.

Después de un intento de suicidio en el que culminó una etapa de agotamiento, insatisfacción y desesperación total, a comienzos de los cincuenta años, el psiquiatra que la atendió le recomendó que no se tomara las nimiedades tan a pecho y que lo mejor sería volver a trabajar «cuando cada cosa estuviera otra vez en su sitio».

Pasaron los años durante los cuales «las cosas» y las personas siguieron más o menos en los lugares de siempre, si bien los hijos crecieron un poco más aún y los problemas no mermaron. Su marido había logrado una sólida reputación en su trabajo, aunque no por ello se encontraba satisfecho. Ella no había podido olvidar su profesión por la que, de cuando en cuando, sentía una nostalgia en carne viva, que malamente iba paliando a través de compañeras con quienes conservaba la amistad y a través de lecturas sobre materias de la misma. Juan Luis, su marido, que le llevaba unos cinco años y que era el prototipo de persona segura de sí misma, autosuficiente, brillante y de iniciativas ágiles fuera de la familia, siempre se había resentido mucho cuando alguna de ellas o algún proyecto suyo no había prosperado nada, o tanto como él consideraba que merecía y que siempre era mucho. Hacia el final de los cincuenta y cinco, en lugar de pasar a ser subdirector de la compañía para la que había trabajado, hecho que daba por seguro, ésta se fusionó con otra más potente quedando relegada su situación a la de los últimos tiempos. Durante casi un año no levantó cabeza e Isabel estuvo allí cuidándolo, animándolo, distrayéndolo y hasta propiciando reuniones en la casa con gentes que a ella no le agradaron nunca (colegas del marido), hasta que Juan Luis pareció salir del «bache» y al poco tiempo estaba mejor que en toda su vida, en tanto que Isabel acusaba el año de pesadilla anterior, al que se unió el de rescatar a su marido de la crisis, sin abandonar al resto de la familia, pues padre y madre ancianos, hijos y algún sobrino que, como siempre, continuaron contando con ella, como si tal cosa. Mientras, veía que ahora era ella quien se venía abajo de nuevo, pero sin ser capaz de apoyarse en su marido que se encontraba por fin en plena forma. Una amiga que la visitaba con frecuencia y le hacía salir a la calle a trancas y barrancas, una tarde de dijo que no tenía más remedio que contarle lo que sabía todo el mundo y era que su marido mantenía una relación con una chica joven de la empresa desde hacía tiempo, y que además no lo ocultaba para nada.

Cuando habló con Juan Luis del asunto como pudo y ya de madrugada, él se mantenía en sus trece de separarse «porque su nueva relación no era ningún capricho y pensaba seguir adelante fuera como fuera». Isabel sentía que se estaba rompiendo en pedazos por dentro y que no era capaz de recoger ninguno, tal como se encontraba. Los días que siguieron fueron espantosos para ella. Lo único que se le ocurría era volver a plantear los mismos ruegos, las amenazas y las consideraciones, ante las que su marido se mostraba cada vez menos receptivo, amenazó, y a la semana puso en práctica, mudarse a la casa de su «novia». Sacaron de milagro a Isabel de otra intoxicación medicamentosa, pero no de una situación de confusión y abatimiento que se prolongó durante más de un año. Al segundo, un poco a rastras de las compañeras y antiguas colegas y también ayudada por los hijos, que espabilaron cuando tuvieron que ejercer de adultos por necesidad, empezó a trabajar en su profesión, protegida sobre todo por dos de ellas, una de las cuales era ahora su jefa. Al año y pico su marido parece que se convenció de que la muchacha de la que se había enamorado no estaba interesada por él de modo definitivo, ya que tenía otra relación con un chico de su edad, e intentó, por todos los medios a su alcance, reanudar la vida con Isabel.

Ella lo pensó mucho, lo dudó no menos, pero al cabo se decidió por el divorcio. Ahora trabaja en su profesión y mucho menos en casa, donde vive con el menor de sus hijos; espera una nieta del mayor y piensa que, en los años que aún queden, está dispuesta a aprender a pensar en ella y en lo que necesita; en sentir y vivir la vida que le reste no como una carga o una obligación forzosa, sino también como algo que puede ser motivo de disfrute, sosiego y esperanzas.

Las profesionales con éxito o sin él que continúan solteras

Llegadas al transcurso de los cincuenta, nos encontramos con mujeres profesionales que no se casaron nunca y no tuvieron descendencia, otras que sí la tuvieron sin casarse o que se casaron, pero que rompieron el matrimonio con posterioridad y no volvieron a repetirlo; las que durante un tiempo abandonaron la profesión, mientras fundaban y organizaban su familia propia, y regresaron al trabajo que dejaron; también pertenecen a este grupo las que después del divorcio, o de la separación, entraron por primera vez en el mercado de trabajo. Todas ellas significan aproximadamente las tres cuartas partes del total de las mujeres que trabajan asalariadamente en nuestro país, realidad que precisa subrayarse.

En cuanto a las primeras, suelen ser mujeres ya seguras y veteranas en las lides laborales y cuyos cometidos, según el rango en que se encuentren, no suelen constituir problema, excepto si se anuncian movimientos sobre bases competitivas (ascensos, oposiciones o plazas de mayor categoría, etc,) que nunca las dejan indiferentes o incluso les pueden hacer temblar el suelo bajo los pies, aunque todo el mundo sepa que son ellas las idóneas para el puesto. No obstante, a estas alturas de la vida, aparte de que las promociones suelen ser más bien escasas o nulas, tanto en el aspecto laboral como en el privado se tiende más a la calidad que a la cantidad, más a los requerimientos interiores que a los externos, hecho que suele darse con frecuencia también entre los hombres de edades más o menos similares.

Muchas desearían ejercer su cometido de forma más personal, más a su manera, pues ello es una necesidad que les afecta tanto en su trabajo, como respecto a los restantes elementos integradores de sus vidas. Hay quienes inician una actividad privada en su profesión, si no sobre la base de un mayor logro económico, sí sobre todo por el placer de realizar a su modo y más adecuadamente sus iniciativas, siendo autoras de su quehacer y no ya como subordinadas, obligadas a cumplir con los puntos de vista de jefes y superiores, con quienes coinciden cada vez menos en muchos planteamientos, porque más seguras de los propios, necesitan ver los resultados de ponerlos en pie, aun con los riesgos que ello implica siempre.

No obstante, eso no significa necesariamente que los aspectos privados y más «tradicionalmente femeninos» hayan sido erradicados u olvidados, sino que por el contrario y a la par, es muy frecuente que se encuentren realizando tareas que pospusieron en torno a la casa, la relación con familiares y amigos y que ahora adquieren una relevancia que dejaron de tener durante años y que suelen ser motivo de dedicación y de disfrute, de complementariedad y ensamblaje, como retomando algo que se depreció y que ahora tiene un valor por sí mismo y da redondez a los días de estos años.

Este discurrir es el más placentero, si bien no deja de sorprender, aunque gratamente, a quienes evolucionaron así. Pero no siempre ocurre de este modo.

Virginia, brillante, trabajadora, luchadora desde niña y profesional relevante a lo largo de muchos años, cumplidos los cincuenta se encontró con lo inesperado. Por una serie de circunstancias cambiantes en la administración, de la que formó parte los seis últimos años, muy bien considerada por la mayor parte de los colegas masculinos con algunos de los cuales mantuvo relaciones amorosas y erótico-sexuales más o menos esporádicas, pero casi siempre muy extremadas y cargadas de tensiones, apasionamientos y rupturas un tanto dramáticas, se vio fuera de ese ámbito cuando ella esperaba continuar ascendiendo dentro de lo que siempre consideró «el curso normal de su vida».

Le sobraban talento, experiencia y capacidad para desenvolverse por su cuenta, cosa que había hecho también con excelentes rendimientos antes de su incorporación a aquella administración, pero, al parecer, eso era poco para ella a esas alturas. Se había ido haciendo a la idea, desde niña, de estar poco menos que «predestinada» a tareas más elevadas y que identificaba con la que acababa de perder, pérdida que también en su familia fue vivida, sobre todo por sus padres, como «el fracaso de su vida», pues habían auspiciado mucho, desde siempre, las rígidas ambiciones de Virginia.

Su carácter aparentemente duro, autosuficiente, segura de sí misma y de sus decisiones, no le facilitaron las relaciones de amistad o empatía, de igual a igual, con otras u otros colegas y nadie supo de ella por un tiempo. Vivía sola desde hacía mucho y su autonomía e independencia hicieron suponer a quienes la conocían que quizá se hubiera marchado una temporada de vacaciones, pues ni se la veía, ni atendía el teléfono cuando alguien la llamaba. Fue una hermana suya, que siempre se mantuvo próxima a Virginia, a pesar de lo poco fácil que ello solía resultar, la que forzó la situación una noche, al cabo de tres o cuatro semanas, encontrándose con una Virginia que había permanecido encerrada en su casa ebria noche y día, llorando su «hundimiento» e incapaz de pedir ayuda, por no mostrar su fragilidad, la necesidad de amparo, simpatía y también de crítica y oposición a muchas cerrazones suyas, que la convirtieran en un ser humano menos prepotente y desgraciado.

Algunas de estas mujeres, a lo largo de su andadura laboral, han tenido como puntos de apoyo el grupo de amigas, algunos compañeros o compañeras especialmente leales entre sí, la familia de origen o lo que queda de ella, ejerciendo como tías afectuosas y pacientes de sobrinas y sobrinos, y no siendo raro, sino bastante común, que se integren en asociaciones voluntarias de la más diversa índole, dedicando parte de su tiempo libre a la atención de iniciativas y necesidades sociales de muy distinto tenor. Unas continúan desemparejadas y otras conviven bajo el mismo techo o cada cual en su casa, con la misma o las mismas personas a lo largo de los años y, por lo general, pasada la efervescencia de la idea del matrimonio, finalizados los cuarenta, no suelen experimentar urgencias en este sentido en la cincuentena, a no ser que la crisis se ponga de manifiesto de una manera abrupta y estremecedora.

Recuerdo a una mujer, M.ª Jesús, que, según contaba, estaba satisfecha con lo alcanzado dentro de sus actividades laborales, donde también era muy apreciada, disfrutaba mucho de su casa que poco a poco había ido arreglando como siempre imaginó que sería su vivienda ideal, a la vez que continuaba siendo amante del deporte y la naturaleza, y colaboraba en distintas asociaciones voluntarias.

Ultimamente, el «chequeo» a que se había sometido revelaba un excelente estado de salud a sus cincuenta y cuatro años y se preguntaba «cómo estando tan bien podía sentirse tan mal»: comía a la fuerza en los últimos meses, vomitaba a veces a media tarde, había dejado de ir a nadar y de trotar por las tardes con su perro por el parque cercano; algunas noches se despertaba como aterrada y empapada en sudor en medio de una pesadilla, y el día, dentro o fuera del trabajo, lo pasaba atemorizada ante cualquier nimiedad, que antes de esa etapa jamás le hubiera preocupado (consultar algo a un compañero, sacar entradas para un espectáculo, etc., etc.). Era lo bastante razonable como para no haberse dejado convencer por distintos profesionales anteriores, de que «lo suyo» era consecuencia de la menopausia (había dejado de menstruar hacía seis años y desde casi dos atravesaba la situación descrita), pero insistía en que algo muy grave tenía que pasarle para encontrarse así.

No era grave, pero sí difícil y preocupante para ella la situación de los últimos años que, sin embargo, no consideraba relevante en un principio, pero que fue desvelándose poco a poco.

La amiga, de edad similar a la suya, con quien compartía su vida a todos los efectos desde hacía más de quince años, pero en casas independientes y trabajos distintos, se había ido quedando sin familia alguna, en el transcurso de los últimos tres años. La relación entre ambas sólo era conocida por personas muy íntimas y escasas, sobre todo por insistencia de Mª Jesús, que no había podido superar al parecer el hecho de haber sido expulsada a final del bachillerato, que nunca finalizó, del colegio religioso en que había cursado estudios desde los cuatro años, a raíz de la relación de enamoramiento con otra compañera a quien también expulsaron por la misma causa. El revuelo y el «escándalo» se extendió al ámbito familiar de ambas y en cuanto a M.ª Jesús se refiere, que hasta entonces había sido «una hija modelo», se convirtió de un día para otro en el «garbanzo negro» de la casa y la culpable de la mayor parte de los problemas familiares, incluido el fallecimiento de su madre dos años después, de una afección cardíaca muy grave, que padecía hacía más de veinte años. Era evidente que la vida de M.ª Jesús había experimentado, desde que su pareja le había propuesto la convivencia normalizada, explícita y bajo el mismo techo, una colonización de fantasmas viejos, pero tan terroríficos como si acabaran de estrenarse.

A Nuria también le habían insistido en que la menopausia era la causante de sus problemas, si bien a los cincuenta y tres años continuaba menstruando con la normalidad de siempre, lo que al último profesional que la atendió le pareció anormal y corroboró el diagnóstico de sus predecesores, a los que Nuria había acudido en busca de remedio. Mujer inteligente, metódica, ordenada, autoexigente al máximo durante su formación académica, y después de ella, fue accediendo a los distintos hitos de su profesión, hasta los de mayor prestigio, atravesando obstáculos muy serios, a veces en competencia con colegas hombres, algún otro de los cuales había significado un apoyo importante respecto a la escasa o nula aceptación por parte de los demás. Desde que se divorció, alrededor de los cuarenta años, lo que dio un vuelco total a su vida del que creyó no poder recuperarse durante tres o cuatro más, había enfocado sus esfuerzos hacia sus dos hijas y su profesión, aunque su carácter solidario y empático le permitía gozar de amistades firmes y simpatías múltiples. Durante los últimos ocho años había mantenido una relación con un hombre de su edad, cuyo matrimonio iba de mal en peor, pero que no obstante continuaba por esos derroteros, siendo la compañía mutua y esporádica que se brindaban un elemento importante, para cada uno a su manera, en el terreno afectivo y sexual sin más pretensiones al parecer.

Las dos hijas se habían independizado ya (la menor hacía

unos dos años) y en ese intervalo Nuria había dado por concluida la relación con su amigo, precisamente cuando éste parecía decidido a divorciarse, porque según ella «no deseaba ser el motivo de una ruptura familiar y él debía obrar en conciencia, según lo que creyese más justo, pero no porque nadie le influyese».

Desde que este hombre, al cabo de año y medio, había vuelto con intención no sólo de reanudar la relación, sino quizá de «formalizarla», cuando su divorcio se consumase definitivamente, Nuria había comenzado a experimentar un estado de ansiedad insuperable, «absolutamente irracional» a su modo de ver: «a veces me hace creer que voy a volverme loca o hacer alguna atrocidad. Es como si en mi vida no hubiese sitio para él; pero, a la vez, si lo aparto de ella por completo sé que no voy a perdonármelo, porque voy a estar como en estos dos años últimos, en que no le encontraba un sentido real a nada de lo que había conseguido profesionalmente y hasta el carácter se me iba agriando y me sentía siempre a la defensiva, como si todo me ofendiese o me molestase».

Ciertamente, le costó un tiempo nada breve ir ajustando y reajustando, dentro de sí misma y con su compañero, espacios interiores y exteriores, piezas racionales y emocionales nada fáciles de «casar», a lo largo de la cincuentena en que ambos se encontraron, sin esperarlo, con la crisis que seguramente se había estado posponiendo desde los cuarenta y que Nuria vivió al comienzo «como si me hubiese explotado una bomba de relojería». Sin embargo, parece que la empresa resultaba para ambos lo bastante estimulante y necesaria como para dedicarle los esfuerzos y el tesón que les había caracterizado en otras, que lograron resolver acertadamente la mayoría de las veces.

Cuando la madre o el padre mueren

Parece ser común en nuestra cultura, y en las del mundo occidental, que la muerte, aunque evidentemente sea un hecho inevitable, solemos pseudoevitar dedicándole poca o ninguna atención en nuestras reflexiones, nuestras investigaciones y escaso o casi ningún espacio en nuestra propia vida, no en cuanto a nuestro propio final se refiere, cuestión ardua en general para cualquiera, sino incluso en cuanto tiene que ver con nuestros seres más o menos queridos, pero fundamentales, como son las madres y los padres.

Hay quienes dicen resolver estas cuestiones mediante creencias religiosas de una u otra orientación, lo que no suele estar exento de dudas y contradicciones íntimas también, y existe una población no confesional que, no obstante, suele tener sus «ataques de credulidad», más o menos frecuentes o esporádicos, según los casos en que estas cuestiones se plantean.

De cualquier manera, siendo la muerte de nuestros ascendientes un hecho que desde el punto de vista psicosocial se incluiría dentro de los «acontecimientos programados» (Derogatis, Pearlin, etc.), es escasísima la literatura sobre esta cuestión desde cualquiera de las disciplinas de las ciencias humanas o sociales.

No obstante, a lo largo de la cincuentena es la etapa donde tiene lugar, más claramente que hasta entonces en cualquier otra (salvo quizá la presunción de muerte a una edad concreta, muy común entre jóvenes y/o adolescentes), la consideración de la inevitabilidad del propio final como cuestión que viene a enfrentar a las personas con el sentido, utilidad o satisfacción/insatisfacción de lo realizado o no hasta entonces en sus vidas. Al mismo tiempo, también existe la conciencia clara de que la pérdida de los ascendientes (madre y padre) se halla próxima sin duda alguna, si es que no ha tenido ya lugar la de alguno de ellos; lo más común es que fallezca primero el padre, que aunque algo mayor en edad que su esposa normalmente, posee en nuestro país unas expectativas de vida menores que las de las mujeres (alrededor de unos siete años más, a favor de ellas, como ya apuntamos anteriormente).

Así como durante la infancia y hasta en la adolescencia muchas personas niegan y no creen de verdad en la muerte real de sus ascendientes (dada sin ninguna duda la necesidad y la dependencia intensa que les une a ellos) e incluso algunas niñas o niños abrigan la certeza y/o el deseo de que si su madre o padre murieran ellos morirían de inmediato también, no por ser una circunstancia ya previsible desde la mitad de la vida propia, deja de constituir un acontecimiento único en todos los aspectos y de transcendencia incuestionable cuando tiene lugar.

Son figuras que han «existido», con las cuales se ha vivido y tenido en cuenta, desde lo que suele denominarse «siempre» y que define en este caso la vida entera subjetiva y física, que también proviene de aquéllos en primera instancia y primera etapa vital a todos los efectos o en su inmensa mayoría.

Ese *siempre* significa que desde que se guarda memoria de uno mismo, ésta está entretejida, asociada, vinculada con todas las características de lo humano (afectos positivos y negativos, egoísmos-generosidades, odio-amor, comprensión-hostilidad, captación a través de todos los sentidos, etc. etc.), hasta el punto de que esas figuras y proyectos vitales y hasta gestos y olores peculiares forman parte de manera más amplia o relativa del repertorio de sus descendientes, incluso cuando éstos tantas veces reaccionaron contra ellos, para actuar justo a la inversa de como ellos actuaron, pero siendo ellos en definitiva a partir de quienes se instrumentalizaba la propia actuación particular por oposición en estos casos.

Con la elaboración y las reelaboraciones múltiples que la identidad de las personas experimenta a lo largo de sus ciclos vitales respectivos, e incluso cuando la existencia de la madre y el padre llegan a parecer una mera presencia, quizá por la pérdida de la integridad y coordinación de las funciones básicas que arrojan las características de humanidad, no por ello dejan de ser puntos de referencia insustituibles.

Como hemos venido refiriendo a lo largo de estas páginas, lo más común es que las mujeres desde la infancia y a través de las distintas etapas del ciclo vital, se sientan más identificadas y estrechamente vinculadas con sus madres, en tanto que a los hombres, también con más frecuencia, aunque no siempre, suele ocurrirles con los padres, pues su destino cultural hasta el momento parece obligarles a ser hombres a costa de distanciarse y rechazar subjetiva y objetivamente todo «lo femenino» que pueda existir en ellos. Con distintos matices por tanto, en relación con la socialización genérica y con la biografía personal de cada uno, lo que sí suelen compartir de manera más o menos dolorosa y duradera es el sentimiento de orfandad definitivo que unas y otros suelen experimentar con la pérdida de la pareja de la que provienen y junto a la que crecieron y evolucionaron durante una larga parte de sus vidas.

Aunque en la cincuentena el sentimiento de individualidad-singularidad-soledad suele ser una vivencia nuclear y reconocida por parte de la mayoría como ya decíamos, sin embargo, a la muerte de los progenitores suele experimentarse como la pérdida o la ruptura real del cordón umbilical con el ayer de los orígenes, de manera que el sentimiento de «soledad en el mundo», más o menos intenso y amplio, es una experiencia por todas y todos compartida, aunque silenciada por la mayoría.

Como en todos los hitos importantes del ciclo vital que gozan de larga tradición, las ritualizaciones de los mismos a través de los tiempos propician una interacción entre lo íntimo privado y lo exterior o público, de manera que tras ese latido interno de pudor o repugnancia a desvelar lo más personal, se halla la necesidad de compartirlo y recibir ayuda para paliar el dolor que en solitario parece acrecentarse más aún. En este sentido, la mayoría se sorprende ante lo que presumió serían molestias e ingerencias de los de afuera, cuando llegase alguna de estas circunstancias, que suelen anticiparse tantas veces con el pensamiento para irse acostumbrando a ellas más o menos inconscientemente; pero incluso las personas menos amicales y las más reservadas para sus asuntos propios, experimentan como alivio y ayuda la que les proporcionan durante los primeros días, tras la muerte del padre o de la madre, aquellas visitas y la compañía más o menos afectuosa o protocolaria de amigos o conocidos en la casa.

Muchas mujeres no dejan de comentar, aun en plena etapa de duelo, cómo se encontraron a sí mismas deshechas por la pena, pero reconfortadas, tratando de atender y ocuparse de quienes las acompañaron y distrajeron esos días y a quienes suelen guardar un agradecimiento especial por esos hechos que vivieron, lo estuvieran o no, preñados de afecto y cordialidad para con ellas, que tan agudamente los necesitaban entonces.

Hay toda una etapa posterior, de más o menos larga duración, durante la que se elabora la separación gradual y psicológica de aquella persona, cuya presencia física apenas permanece cuarenta y ocho horas con la familia tras el fallecimiento, pero que no deja nunca de formar parte de la vida propia, sólo que de otro modo. En ese transcurso hay un rememorar constante de experiencias pasadas y de las que nunca pudieron serlo, de lo que se recibió y de lo que se devolvió o no pudo hacerse con la madre o el padre desaparecidos, lo que se considera que fueron comportamientos inadecuados con ellos, las disculpas no expresadas, lo que se deseó o se necesitó muchas veces plantearles, pero para lo que no hubo ocasión y parece que quedó pendiente. Se vive un retroceso hacia la infancia y la juventud con los componentes de fragilidad e indefensión de entonces o aún mayores.

Es un estadio de reajuste y reelaboración de la propia identidad personal y también de las relaciones y los lazos con los demás, hermanos/as y parientes incluidos y que tampoco excluyen, en la mayoría de las ocasiones, la resolución de asuntos que conciernen al ámbito de lo legal y lo económico, espinosos, arduos y creadores de tensiones graves tantas veces.

Sobre todo cuando la madre que quedó viuda todavía aunó en torno suyo a los hijos o hijas ya casados y a los miembros de cada familia formada por ellos, es frecuente escuchar que a su fallecimiento unos y otros perdieron el contacto y la «familiaridad» que hasta entonces existió gracias a ella.

Por ser la muerte un hecho natural en el devenir de nuestra especie y, por tanto, en el ciclo vital de cada uno, no se le suele conceder la importancia que comporta como circunstancia trascendente, máxime cuando la edad a que se ha llegado al experimentarlo (la cincuentena en este caso) hace suponer hallarse preparado siempre para acontecimientos semejantes. Y, sin embargo, hay que tenerla en cuenta como una crisis normal pero inevitable, que precisa un tiempo y unos medios apropiados para que, como todas, dé lugar a una resolución que puede consolidar y enriquecer la trayectoria individual en lugar de paralizarla o deteriorarla.

En cuanto a las mujeres se refiere, no son raras las veces en que muchas relaciones madre-hija conflictivas, a lo largo de la mayor parte de la vida, comiencen a resolverse a través de un proceso posterior de reflexión y entendimiento de lo que dicha relación vino a significar en realidad, a la luz de las propias experiencias, a través de la relación en muchas ocasiones con amigas que vienen a hacer las veces de madres sustitutas, sin ni siquiera propornérselo, y sin que el proceso sea consciente en muchas ocasiones, por una u otra parte.

Surge una reconciliación con la persona que la madre fue, y por tanto sujeto con virtudes y defectos, capacidades, incapacidades, aciertos y desaciertos múltiples, vistos con la perspectiva que proporciona la ausencia y la distancia, y que posibilita en ocasiones la visión de un ser real, poseedor de una biografía propia, concreto y entrañable, más allá y más acá del ideal de madre o de madre ideal exigido a toda costa.

Quienes a lo largo de la cincuentena todavía conservan a su madre viuda, en gran número de casos, suelen comentar: «cuando mi padre murió lo sentí muchísimo, pero sé que con mi madre será distinto y peor aún; sólo con tenerla ahí, aunque no pueda resolverme nada, ni yo le vaya a ir con mis problemas, ya me siento menos mal, cuando me siento mal; como si sin saberlo ella, ni proponérselo tampoco, estuviera ayudándome ya». Es el símbolo del amparo, la comprensión y la disponibilidad maternas un tanto mitificado también, pero quizá el único del que muchas mujeres creen disponer.

La idea del suicidio vuelve a rondar

En otros epígrafes correspondientes a la cincuentena nos hemos referido a esta cuestión, un tanto de pasada, al mencionar a Marina y a Isabel en algunas de sus circunstancias.

Si en otros capítulos comentábamos que la fantasía de

poner fin a la vida es algo generalizado entre las personas y que muchas veces tiene la utilidad de servir de válvula de escape imaginaria a situaciones que resultan insufribles, la década de los cincuenta no es especialmente un valle de rosas para casi nadie en las clases medias, pues todavía las responsabilidades son enormes, en tanto que paulatinamente decrece el potencial fisiológico, así como el componente ilusorio o ilusionante de lo porvenir, en general, a través de un mejor conocimiento de la realidad vivida. Ello no anula el hecho de que también esa experiencia y mejor conocimiento de la vida y de las personas, si ha transcurrido más o menos emparejada con una mayor capacidad de autoconocimiento en cuanto a cualidades, aptitudes y limitaciones se refiere, proporcione una sensación de mayor adecuación, comodidad y sencillez en el manejo de esa realidad, de sus problemas y de proyectos, que aún pueden estar en ciernes en la mayoría de las gentes.

No obstante, también hay que subrayar que las alternativas, la posibilidad de cambio de rumbo, de mayor disfrute y dedicación a uno mismo, que muchos sienten como necesarias y deseables, para no continuar viviendo como si del cumplimiento de una obligación odiosa y pesada se tratase, son bastante limitados en los estratos sociales a que nos referimos, pero no porque vivencial y personalmente como se creía y proclamaba hasta mediados de este siglo, las capacidades personales carezcan de posibilidades de cambios, reorientaciones, creatividad y generatividades múltiples todavía, más o menos conscientes para cada uno.

Entre una y otra circunstancia, las mujeres, una vez más, en los momentos cruciales del ciclo vital, parecen llevar anexo siempre ese plus a que nos hemos referido varias veces. A estas alturas de sus vidas ya comentábamos la simultaneidad y la multiplicidad de papeles que endosan con mayores o menores fatigas y tensiones, a los que se unen la falta de valor que ello representa a ojos de los demás y las expectativas generales, que no cesan de orientarlas por esas mismas vías más tradicionalizadas aún para las de los cincuenta años que para otras de menor edad. Continúan por tanto teniendo menores licencias para ser, transformarse y cambiar que si fuesen hombres, como ya les sucedía a las veinteañeras a quienes nos referíamos al inicio, a pesar de las distintas circunstancias historicopolíticas en que nacieron y se formaron unas, madres de las otras.

Sin embargo, y aunque se hable tan poco de ello, muchas veces son algunas hijas las que en estas edades pueden significar el empuje o el punto de apoyo y esclarecimiento que algunas mujeres madres necesitan alguna vez, a lo largo de sus cincuenta «tacos», como las jóvenes suelen nombrar al medio siglo en años de sus progenitoras.

Como recordaremos, para Marina la circunstancia precipitante de su intento de suicidio fue el inicio de separación de su marido enamorado de una joven. Isabel intentó poner fin a su vida cuando, a las múltiples tensiones a que se encontraba expuesta, se añadió el fracaso de una relación sentimental extraconyugal de breve duración, en la que había cifrado unas ilusiones desmedidas, según consideraba ella al cabo de cierto tiempo.

Elvira se encontró en una situación límite para ella y sin salidas, cuando, convaleciente de una intervención quirúrgica importante y al regresar a casa, sin poder valerse por sí misma todavía, empezó a recibir las llamadas acuciantes de su tía de ochenta años (la única familia que le quedaba, anciana con una salud de hierro), culpabilizándola de que no fuera a ocuparse ya de ella desde que la habían dado de alta; ésta era una más entre las culpabilizaciones y exigencias características de esta señora que, a lo largo de la vida, su sobrina había ido encajando unas veces mejor que otras, pero encajando desde luego. El hijo mayor había suspendido mientras ella estaba en la clínica, de manera que tampoco finalizaría ese año la carrera; su hija de veintiún años, solícita como siempre, procuraba ayudarla en lo que podía cuando se encontraba en casa: la animaba, le daba conversación, pero a veces no podía evitar echarse a llorar con Elvira, cuando ésta daba rienda suelta a su desesperación y sensación de desamparo. Su mejor amiga iba a hacerle compañía algunas tardes a la salida del trabajo, en los ratos que sus obligaciones familiares se lo permitían.

La decisión de tomarse el contenido de varios tubos de calmantes juntos vino de la mano de sentirse una carga, un problema y una desgracia para todos y pensando que su muerte resolvería circunstancia tan desesperante. Fue su hija, que regresó al poco de salir esa mañana, de manera insospechada, la que la encontró desvanecida y la llevó al hospital donde la atendieron evitando un desenlace fatal. Y fue su hija también la que más adelante logró convencerla de que ella no era problema para nadie, sino de que cargaba con muchos más problemas de los que le correspondían y que ya iba siendo hora de que, si sola no podía evitarlo, alguien le enseñara a aprender a hacerlo de otro modo diferente y positivo, sobre todo para ella. Aquella situación extrema, aquel callejón sin salida aparente, fue transformándose poco a poco en una nueva puerta de acceso a otro tramo de vida para Elvira, no sin esfuerzo, dedicación y tiempo, pero más centrado en sus problemas, en vez de en los ajenos como de costumbre.

La culpa de todo la tiene la menopausia

En esta década dejan de menstruar las mujeres que no lo hicieron en la anterior.

No vamos a referirnos aquí a las características del proceso fisiológico en concreto y los cambios que a este tenor tienen lugar, pues sobre ello existen publicaciones abundantes, pero sí considero necesario subrayar desde un comienzo que, así como la maternidad o el hecho de las mujeres-madres se ha mitificado y glorificado socialmente, el de las mujeres menopáusicas se encuentra también mitificado, pero en el sentido estigmatizador y degradante para quienes lo experimentan por lo general.

Ayer mismo pude ver el fragmento final de una serie norteamericana para televisión que, al parecer, dedicaba ese capítulo a una mujer que había asesinado a su marido y para quien la defensa esgrimía, como eximente, la situación de «locura transitoria», por encontrarse en el transcurso de la menopausia, lo que finalmente decidía al jurado a declararla inocente, cuando en realidad, en plena lucidez, con sofocos más o menos llevaderos y los estrógenos más o menos decaídos, había perpetrado el asesinato para cobrar los millones de la póliza del seguro de vida del difunto, lo que le permitiría, más contenta que unas pascuas, vivir tranquilamente con su amante con quien tramó el crimen utilizando como pretexto la «locura de la menopausia».

Si traigo este ejemplo a colación es porque a mi juicio la historieta de la serie enunciada viene a resumir gráfica, irónica, pero bastante claramente, varias cuestiones que nos interesan respecto a esta circunstancia del ciclo vital de las mujeres: en primer lugar, que la mayor parte de los cambios e hitos biofisiológicos que las caracterizan como tales han sufrido un grado de medicalización tan considerable (y psicologización y psiquiatrización secundarios en consecuencia), que muchas veces son contemplados como si de enfermedades se tratase; y en segundo término, que en determinadas ocasiones y según unos u otros intereses, dichas supuestas enfermedades se pretende que tengan el carácter de enajenantes. Con ello se intenta eximir a algunas mujeres de responsabilidades desde un sistema sexista, que en estas ocasiones ejerce de paternalista, excusando, protegiendo e invisibilizando el delito de la hija, que por ser mujer es tonta en general, y por encontrarse en un determinado estadio biofisiológico, absolutamente incompetente o loca.

Como en tantas ocasiones, en ésta, las polarizaciones extremas son odiosas, desvirtuadoras de la diversidad del fenómeno, según las personas, así como contraproducentes para la mayoría de ellas. Se comete un gran error de bulto, tanto si se niegan totalmente las posibles repercusiones de los cambios fisiológicos de la menopausia, «porque al ser un proceso *natural*, como tal hay que tomarlo sin darle mayor importancia mientras dure», y allá se las compongan todas las mujeres, como si sobre él se lanzan campañas que pretenden la caza y captura de la menopáusica, a la que hacen sentirse como un edificio en ruinas sobre el que se avecina el desplome inminente, si no se le apuntala gracias a las mil y una técnicas de última hora, que suelen presentarse como la panacea y, una vez más, como el elixir de la nueva belleza y eterna juventud. Se omiten así los posibles efectos adversos futuros, que a más corto o largo plazo todo remedio tiene como contrapartida, a la vez que se utiliza a las mujeres, una vez más, como sujeto consumista y de negocio de la industria farmacéutica y de algunos/as profesionales de la salud, más o menos ingenuos y bienintencionados o más bien interesados en la rentabilidad económica que suelen proporcionar las técnicas muy sofisticadas. Por añadidura, se las induce a vivir una etapa determinada de sus vidas con aprensión y temor, como si algo amenazador, ajeno a ellas se las viniera encima y respecto a lo que se creen inermes y desde luego vencidas «si alguien no acude en su ayuda».

Siempre, cualquiera que sea la edad que tengan, el cuento o la leyenda de la incapaz que se perderá en el bosque; de la pobre y desgraciada aunque sea hermosa; de la que resultará devorada por el lobo, si príncipes azules o al menos algún hombre no viene a sacarla del atolladero. De mayores encarnan en estos relatos o al «hada madrina», símbolo de la madre ideal, medio santa o santa entera, toda generosidad y amor, capaz de obrar milagros en la vida de la hija buena, o la «madrastra», mala madre, despiadada, medio bruja o bruja por completo, rival de la joven y envidiosa de sus pocos años y belleza, que en ella (la madrastra) ve desaparecer a pesar de estar en posesión de la riqueza y el poder, ya que suelen ser reinas o mujeres poderosas (recordemos las madrastras-reinas de *Blancanieves, La Bella Durmiente* o el personaje de Cruela d'Evil de *101 Dálmatas*), capaces de recurrir al asesinato de la joven con tal de prolongar su protagonismo.

Estas mujeres poderosas e inteligentes que lo tienen todo salvo la juventud y la belleza de esa etapa en que se marchita, son el estereotipo que se sigue ofreciendo a las niñas y a los niños desde gran parte del cine y la literatura infantiles todavía, como ejemplo de la mujer desgraciada, cruel y vengativa, «la mala» de la película o el cuento, la menopáusica por edad, desesperada ante el declinar imparable de los atributos femeninos más preciados socialmente, lo que le impide disfrutar tranquila y confortablemente de otros logros adquiridos a través del tiempo y los propios méritos y esfuerzos.

Cuando al comienzo del epígrafe me refería a la menopausia como estigma social, quería significar que el estereotipo de la menopáusica suele ser deshonroso y peyorativo para las mujeres etiquetadas con este calificativo, sean menopáusicas o no, y que vendría a resumirse en la siguiente constelación de prejuicios, cuando no creencias y tesis sostenidas incluso por profesionales relacionados con estos temas: nerviosas, ágiles y cambiantes desde el punto de vista emocional, siempre tensas e irritables, osteoporóticas, hostiles, infértiles, frígidas y resentidas, amargadas, feas y decrépitas. En resumen: *no mujeres*, según el ideal más tradicional y decimonónico, pero todavía vigente en gran medida.

De todo ello, lo cierto sin duda alguna es la infertilidad. El resto no se constata ni desde el propio sentir de las mujeres, a pesar de encontrarse todas ellas influidas en mayor o menor medida por esta visión social, mediatizada sin duda por las corrientes más biologistas de los saberes sobre la salud y por quienes vienen sustentándolas con mayores bríos, incapaces, sin embargo, de afirmar con rigor, hoy por hoy, ni demostrarlo, que los cambios biofisiológicos son los protagonistas absolutos de los restantes que experimentan las mujeres a estas alturas de sus vidas.

Conviene subrayar también los dobles mensajes que la sociedad establece sobre la mayoría de los hitos cruciales de la biofisiología femenina y que incluyen, como expusimos ya, también a lo que a la maternidad concierne. Respecto a la menarquía (inicio de las menstruaciones), si bien es el anuncio de la fertilidad deseable para la especie, cuando menos, existe una publicidad considerable sobre los elementos higiénicos precisos e incluso innecesarios durante las fechas en que se producen las menstruaciones y a las adolescentes suele inculcárseles un pudor y una vergüenza que les incita a que ello no trascienda, ni se note, ni sea sabido por parte de los hombres sobre todo, o también alarma y preocupación cuando tarda en aparecer en comparación con las de su edad; es la paradójica «vergüenza de ser mujer», en lugar de empezar a sentirse contenta y satisfecha por ello. Pues bien, cuando las reglas cesan, existe también muy generalizada la «vergüenza de que se sepa que ya no se es mujer», no sólo respecto a los hombres en primer lugar, sino a otras coetáneas que aún menstruan o al menos eso dicen. Y también el hecho, como con la menarquia pero al revés, se oculta y disimula durante más o menos tiempo.

En uno u otro caso se cifra, se vincula y se estereotipa la riqueza enorme de todo ser humano y, por tanto, de las mujeres en esta ocasión, a una sola función: aquella que a partir de un cierto momento suele capacitarlas para procrear o lo impide a partir de su cese. Nada más.

Pero las mujeres lo han internalizado como parte de su identidad a través de la socialización al uso, en mayor o menor medida, y lo sienten y padecen más o menos como consecuencia.

A todo ello hay que añadir que el escaso interés que suele prestarse a la cotidianidad de la vida de las mujeres «normales y corrientes» suele revertir en la ignorancia sobre la complejidad, la diversidad y la especificidad de las mismas y que se resuelven o pretenden resolverse a través de tópicos o cajones de sastre que, con una etiqueta de supuesto cientifismo, eluden cómodamente el análisis y el conocimiento pormenorizado de sus vidas y de ellas mismas, en cuanto personas reales y tantas veces problemáticas por tanto. En este sentido, tanto la menopausia como el climaterio, etapa precedente y posterior a la misma, es una especie de saco elástico infinito donde ellas mismas, extraños, conocidos y muchos profesionales de la salud también, suelen arrojar un sinnúmero de conflictos de todo tipo, bien porque no saben qué hacer con ellos, bien porque prefieren no pensarlos, ya que temen carecer de alternativas, bien por creer a pies juntillas que, «como una buena capa, la menopausia todo lo tapa».

Como siempre que desde estas páginas nos hemos referido a las crisis vitales hemos subrayado sus características integrales de fenómenos biopsicosociales en un determinado tiempo histórico, una vez más debemos insistir en ello ahora. Es evidente que el declinar biofisiológico iniciado en la treintena y prolongado a la largo de los cuarenta, continúa produciéndose más o menos velozmente antes, durante y con posterioridad al cese de las menstruaciones, pero salvo circunstancias claramente patológicas (y no olvidemos que toda patología es siempre en mayor o menor grado psicosomática), ello no implica, *per se* y exclusivamente, un cambio ni una crisis ineludible en la vida de las cincuentañeras, ni un bajón repentino en los caracteres generales de su corporalidad.

Cuando comienzan a experimentar desajustes en el ciclo habitual, si bien reaccionan ante ello de muy distinta forma, según sean sus circunstancias personales y biográficas, así como el carácter general y especial de la etapa vital en que se encuentran, suelen tender a tres tipos más comunes de enfoque sobre la cuestión: eludirla o no mencionarla siquiera entre otras vicisitudes importantes, como «si aquí no pasara nada»; centrar en la menopausia todas las causas de los conflictos presentes físicos, emocionales, laborales, familiares, etc., etc., aunque algunos provengan de largos años atrás, pretendiendo que «la culpa de todo es de la menopausia»; y, por último, un amplísimo número de mujeres que en nuestras ciudades, en las capas medias, en la cincuentena y en plena crisis, suelen hablar de los conflictos acumulados de la más diversa índole añadiendo «y para remate, ahora esto de que las reglas van y vienen como les da la gana, por si fuera poco con lo que tengo encima».

En cualquier caso, la que más y la que menos, con ganas o sin ellas, con más o menos prejuicios asimilados sobre el particular, se encuentran ante la desaparición o la pérdida de algo habitual y propio durante más de un cuarto de siglo por lo general y ante algo así, todas las personas, «animales de costumbres», en afirmación de algunos, suelen dolerse durante un cierto tiempo.

Casi todo el mundo extraña la ausencia en un principio e incluso añora por un tiempo, al huésped molesto y latoso algunas veces, pero que ya formaba parte de la convivencia habitual, cuando decide abandonar la casa para siempre.

«Intentaré describir cómo hace la mujer el aprendizaje de su condición, cómo lo experimenta, en qué universo se encuentra encerrada y qué evasiones le están permitidas. Sólo entonces podremos comprender qué problemas se plantean a las mujeres que, herederas de un difícil pasado, se esfuerzan en forjar un porvenir nuevo.» Así decía entre otras cosas Simone de Beauvoir en 1949 en la introducción al tomo II de *El Segundo Sexo,* que subtitulaba *La experiencia vivida.*

Sin duda la autora fue una mujer de su tiempo, pero de las que junto con otras, cada cual con su singularidad y características específicas, formó parte de quienes podríamos adjetivar de disidentes, transgresoras o aventureras, en el sentido de aceptar sólo parcialmente, a través de su andadura vital, ciertos convencionalismos sociales respecto al hecho de ser mujer, reforzando a la vez con su vida y con su obra otras formas de hacer y desear, minoritarias en cuanto a las mujeres de entonces e incluso aportando innovaciones desde el punto de vista existencial y creativo, para muchas de las generaciones futuras.

De Beauvoir no era consciente por entonces, ni admitió hasta muchos años después, que dicha obra (*El Segundo Sexo*), ni ella misma, tuvieran que nada que ver con el feminismo. Hubo de rendirse a la evidencia, cuando desde las distintas corrientes del renacimiento feminista de la década de 1960, «las otras» le hicieron ver y acabaron convenciéndola de la autoría y generación de una obra que la convertía en *madre* intelectual y paradigma vital para tantas. Es decir, trascendió de su propia sensación de inmanencia gracias al reconocimiento de otras transgresoras, disidentes y aventureras que, incluso en otras latitudes, habían hecho de sus estilos diferentes, valores o contravalores que oponer a los hegemónicos. Pero ello no ocurrió en «cualquier momento de su vida».

Antes de todo ello y traspasada la frontera de los cincuenta años, decía verse a sí misma acabada, sin capacidad para proyectar su futuro: «Adulta dejé de invocar el porvenir;

cuando hube terminado mis memorias [cumplido ya el medio siglo de su vida] ninguna voz se elevaba del pasado para instarme a seguirla. Estaba decidida a empezar otra cosa. Y no lo he logrado. Invisible, bajo la última línea se dibujó un punto de interrogación del que no he podido apartar mi pensamiento. La libertad ¿para qué? A toda esta reyerta, ese gran combate, esa evasión, esa victoria ¿qué sentido le daría el resto de mi vida?...» No obstante esta batalla consigo misma una vez más, en busca de un futuro propio, no escrito para nadie ni por nadie, le hacía percibirse por entonces, en la tesitura de darlo por concluido a la vez que en la necesidad de continuar creándolo, a costa de sí misma y con los demás, nuevamente tanteando, nuevamente equivocándose y acertando. De hecho, el párrafo transcrito más arriba constituye parte del prólogo de *La plenitud de la vida* de esta mujer singularísima, que nos dejaría como último testimonio de sí misma y de su obra *La ceremonia del adiós* en 1981.

«Una istriana veneciana nacida a comienzos de los años veinte», como Rossana Rossanda, en 1978 se halla desde hace tiempo en plena crisis de identidad, de revolución interna de búsqueda de sí misma, tras haber sido, además de pensadora insigne desde su juventud, miembro del Partido Comunista Italiano y de su Comité Central, del que fue expulsada junto con otras compañeras y compañeros diez años antes, hacia los cuarenta y tantos años.

«Hicimos *Il Manifesto* reprochándole al Partido Comunista Italiano el no afrontar una contradicción interna, pero nosotros tampoco sabíamos afrontarla [...]. Es este un terreno incierto de arenas movedizas que se ha tragado a más de uno, que abandonó la vida pública para volver a casa. Sobre todo eran precisamente las intratables mujeres del feminismo, con su silencio o su ausencia de los partidos, las que daban el testimonio más agresivo y obstinado, el que ponía fuera de sí al político y que también a mí me producía verdadera cólera, aunque quizás ellas me estuvieran señalando el camino con aquel gesto», cuenta de sí misma en la introducción de *Las otras*, escrita por esas fechas.

En su quehacer político y personal se había producido

una quiebra, una falla que desde toda una construcción ideológica, segura y consistente para siempre, al parecer, pero que hace crisis en un momento dado, viene a cuestionar su propia identidad como persona mujer: «Hecho para el que había permanecido sorda y ciega hasta entonces.» Por una serie de circunstancias vitales entroncadas con otras histórico-políticas relevantes (adolescencia en la II Guerra Mundial, militancia desde la etapa juvenil y miembro del Comité Central del mayor partido comunista de occidente desde los 35 años) «era, como dirían las feministas, un hombre perfecto»; un comunista perfecto en este caso.

Si traigo ahora estos ejemplos (entre otros muchos que podemos encontrar) extraídos de las vidas de dos mujeres de nuestro siglo y respecto a las que muchas personas hubieran supuesto que lo poseían todo: inteligencia, belleza, prestigio incluso más allá de las fronteras de su propio país, poder, éxito con los hombres, etc., no es sólo por la admiración, el reconocimiento y el respeto que como a tantas otras les debo desde mi juventud, sino sobre todo por el hecho de que, al igual que muchas, menos conocidas o anónimas para la mayoría, vinieron a formularse preguntas más o menos similares a lo largo de su cincuentena, a pesar de haber acumulado un bagaje de experiencias y conocimientos poco comunes tanto para mujeres como para hombres, y que viene a resumirse de manera sencilla, pero también desilusionante, por lo general, en la frase: «¿Y esto era todo?», que tantas y tantos suelen pronunciar en los alrededores de su medio siglo de existencia.

En cuanto a las mujeres se refiere, quizá desde el neofeminismo de la década de 1970, en que la proclama de proclamas o la vindicación de vindicaciones se sintetizó en el slogan «La liberación de la Mujer», muchas de las que hoy han llegado a la cincuentena habiendo militado, o no, en algún grupo del Movimiento Feminista de nuestro país, más o menos identificadas o conscientes al menos del derecho que como personas les asistía de poder estar y hacer, dónde y lo que pretendieran, como aspiraciones legítimas de cualquier sujeto y que ello suponía «liberarse» de una serie de opresiones, prohibiciones, exclusiones y/o subordinaciones indignas para cualquier ser humano, llegadas a este estadio de sus vidas suelen exclamar indignadas, compungidas, desilusionadas, perplejas o angustiadas, según cada cual en sus circunstancias: «¿La liberación era esto?»

La frase en sí creo que precisa de alguna consideración. Puesto que suele formularse como una pregunta-exclamación o exclamación-pregunta, parece evidenciar que se trata de un interrogante mayor o superlativo y comoquiera que el verbo aparece conjugado en pretérito (aunque imperfecto), hace referencia a algo del pasado que, en este caso es *la liberación* como sujeto de la frase y que mediante él sufre una traslación hacia el presente, para convertirse en *esto.* Hasta aquí una perogrullada más o menos, pero quizá como muchas otras, con mayor contenido del que suelen aparentar en ocasiones.

Esto es una forma vaga y neutra de referirse a la situación en que la mujer que exclamó se encuentra objetiva, subjetivamente, desde el punto de vista psicofísico y, por tanto, en un periodo sociohistórico y biográfico específico. Hace alusión a algo impreciso, desestructurado, inasible, ya que no llega a concretarse como pudiera ser si dijese, por ejemplo: «¿la liberación era esta porquería o esta maravilla o esta pamema o esta bicoca?», etc., etc. Y lo vago, lo impreciso, lo inconcreto, suele arrojar un sentimiento de inseguridad, incomodidad e incluso frustración y desesperanza, mayores para quienes precisan de «cosas visibles, tangibles y mensurables», para quienes se sienten mejor en lo conocido, lo nombrado y aceptado por la mayoría como lo bueno, pero eso es lo que no se mueve, ni discurre, ni transita, se convierte en rutina y también tarde o temprano viene a ser motivo de futilidad, incomodidad, disgusto, frustración o angustia, pues según cada cual y su situación se necesita e incluso se propicia el cambio para redefinirse, sentirse vivir de nuevo como persona, aunque sea con las inseguridades y las vicisitudes de la transición y la mudanza.

Evidentemente *la liberación* no es una *cosa* u objeto de consumo que puede adquirirse en el supermercado, sino que es un proceso, una transición, un cambio. Un proceso en el que se involucran las personas concretas y cuya onda expansiva adquirirá mayor o menor amplitud, según las corrientes favorecedoras o los obstáculos que vaya encontrando en su movimiento, previsibles unos e insospechados otros. Un proceso secular, que en otros tramos históricos anteriores se caracterizó por reivindicaciones más precisas (como el derecho al sufragio para las mujeres de principios de siglo, por ejemplo) o más amplias, como las proclamas de hace más de veinte años respecto al derecho al trabajo, a la sexualidad y al placer sexuales ajenos a la procreación si se deseaba, la maternidad libremente decidida, el acceso a cualquier lugar y a cualquier tarea, el ser persona en suma, en pie de igualdad con el resto de la humanidad.

No pretendo afirmar que sólo la influencia del Movimiento Feminista Internacional y el de nuestro país haya sido la impulsora de los nuevos proyectos y esperanzas que han ido alumbrando las mujeres a lo largo de este siglo. Es indudable que su influjo se verá favorecido, como lo fue su pujanza a principios de este siglo y su renacer en los años sesenta, por políticas orientadas sobre las bases de la defensa de las libertades y la igualdad de derechos y deberes entre todas las personas, más allá de características parciales o particulares desde el punto de vista individual y colectivo, y que la equiparación entre los más debilitados históricamente y los más favorecidos exige dedicar mayor atención a los más injustamente tratados, a la par que un esfuerzo por parte de quienes pretendan emerger de estas situaciones de inferiorización. Asimismo hay que señalar el reforzamiento que en este sentido ejercen instituciones existentes al efecto y surgidas al hacerse eco de las reivindicaciones de las mujeres y grupos militantes, y cuya finalidad y razón de ser es respaldar y defender las mismas en regímenes políticos que se proclaman democráticos, aunque también hay que subrayar las limitaciones que caracterizan a todo cuanto viene a institucionalizarse, desde que nace y crece en el vivir de cada día, hasta que se consolida como «organismo» y que, si se aleja de la cotidianidad de que procede, puede incluso devenir en obstáculo o enemigo de la misma.

En el transcurso de estos últimos años que nos sitúan en

las postrimerías del presente siglo y concretamente en nuestro país, con las circunstancias de cambio político también a partir de 1975, hemos asistido a todo este discurrir en pos del logro de esas libertades mayores para todos y específicas para las mujeres, amparadas al menos legalmente por nuestra Carta Magna.

La liberación, entendida como proceso, y ya que de procesos hemos estado hablando continuamente a lo largo de estas páginas, no es caminar por una ruta siempre llana conocida, fácil, segura y cómoda, sino más bien adentrarse y arriesgarse a transitar en la búsqueda de aquello que se vive y se siente como necesidad, aunque no cuente con el refrendo de la mayoría o de los más próximos para realizarlo, pero que en lo más íntimo late como una exigencia difícil o imposible de acallar.

En casi toda charla o conferencia sobre estas cuestiones, suelen surgir durante el debate voces con diversas demandas e interrogantes al respecto, como por ejemplo: «¿y yo cómo puedo liberarme?» (mujer que según refiere es ama de casa, de unos cuarenta y tantos años o cincuenta y tantos años, con esposo e hijos y se encuentra fatigada del quehacer de cada día o al parecer en una situación crítica que le han dicho que es una depresión). Ella espera seguramente de la conferenciante, feminista por más señas, que en medio del público que llena el auditorio sea el hada madrina, o la madre sabia, buena y milagrera que con una frase (la varita mágica de marras) la saque de su confusión, su angustia y su revolución interna, en un abrir y cerrar de ojos, y la conferenciante, aunque trata de dar una respuesta comprensiva y cálida, piensa para sus adentros: «¿de qué querrá liberarse en realidad; lo tendría ya claro o no?»

Otras veces no es pregunta, sino imprecación más o menos hostil como: «eso de la liberación es una tontería y además un cuento, ¿dónde están las guarderías que yo necesito para poder volver a mi trabajo y que mis hijos estén atendidos mientras tanto?» o «¿y qué conseguimos con tanta liberación habiendo cargado con hijos, casa, marido y trabajo fuera, mientras que los hombres siguen tan ricamente con lo de siempre y encima los domingos dicen que no pueden con su alma y no hay quien los saque de casa ni a empujones?», o «las únicas que se liberan son las ricas, porque tienen a otras que les hacen lo que yo hago a diario, y así ya pueden dedicarse a pintar la mona o a ser ministras o banqueras o lo que se les ocurra».

Preguntas, afirmaciones, quejas, explicitación de contradicciones, frustraciones y esperanzas. Pero, como casi siempre, en el subtexto o entre líneas del discurso más o menos fragmentado o coherente, se halla la creencia de que «la liberación» es algo que puede llover del cielo y tocarle o no tocarle a una, como el maná de las escrituras, sin recordar además que este capítulo, como todos ellos, era una pura parábola o simbolismo dentro de un modo de propuestas para vivir la vida. En resumen, la liberación como algo que se recibe como donación concreta y culminada, mediante la que cubrir y satisfacer todas las necesidades y las carencias que cada una siente dentro de sí, sin tener que hacer nada más que pedir, para recibir LA FELICIDAD a fin de cuentas. Pero incluso el «pedid y se os dará» de la fe cristiana, que todavía impregna la cultura a la que pertenecemos, no es más que un eslogan, una simplificación que sintetiza un modo de luchar, para lograr algo de lo que se pretende, a lo largo de generaciones.

El logro de una serie de derechos individuales reconocidos legalmente en nuestras sociedades modernas, a partir de la explicitación constante, pacífica o turbulenta de necesidades reales individuales y más o menos acuciantes para unos y para otras, no cuenta con recetas magistrales e infalibles, como ocurre en todo lo que es la aventura humana.

Por ello «la liberación de las mujeres» comprende, en mi opinión, la larga e incesante marcha o transición que muchas, antes que nosotras, emprendieron y gracias a las cuales hemos logrado hoy una serie de libertades impensables en otras etapas de la historia, pero que de no continuar en ella permanentemente, con esfuerzo, con fatigas, pero con éxitos y alegrías también, y ojo avizor de los sistemas políticos y patriarcales, hoy por hoy, que más puedan favorecerla o menos vayan a estorbarla, puede perderse o cesar en poco tiempo, como se borran los caminos trazados en la selva, que de no seguirse cuidando y vigilando día a día, vienen a hacerse invisibles de nuevo, cubiertos por la fronda y la maleza que no respetan nada que no sea su propio crecimiento.

La liberación se hace, no nace como fruta madura que tomar del árbol y con la que disfrutar golosa y pasivamente sin ofrecer algo a cambio. Y ese hacer es la esencia del propio devenir de la propia redefinición como personas más completas y más complejas también, más sabias, pero no por ello exentas de sufrir confusiones y crisis que, como aparentes barreras insalvables muchas veces, una vez vencidas, permiten un sentimiento y una visión de sí mismas más clara, más esperanzada y confortable.

Tercera parte

COMO AFRONTAR LAS CRISIS

V. PRIMEROS AUTOAUXILIOS

Durante los capítulos precedentes hemos insistido en que las crisis se traducen en sufrimiento; sufrimiento que se expresa a través de las vías que a las personas les son propias y comunes y que consisten en signos percibidos en o desde «la corporeidad», «lo psicológico» y «lo relacional».

Si escribo entrecomillados estos conceptos es porque, como también he subrayado a lo largo de estas páginas, referirnos a ellos separadamente no es más que un artificio, cuyo origen radica, sobre todo, en la secuencia histórica que han ido recorriendo los saberes y la investigación sobre el ser humano, aunque éste sea en esencia la integralidad, suma o consecuencia de aquéllos, compendiados y en continua y permanente interrelación.

Quiere decirse que según una serie de complejas circunstancias que a lo largo de la vida conforman el estilo personal de cada cual, se da una mayor tendencia, por parte de unas o de otros, a percibir y/o exteriorizar su situación crítica mediante signos que parecen apuntar más hacia lo físico, lo psíquico y lo comportamental, si bien entre todos estos factores, artificiosos repito, pueden darse y es lo más corriente, todo tipo de combinaciones. De manera muy sencilla: alguien en una etapa crítica puede experimentar dolores de cabeza intensos, falta de apetito (alimentario y/o sexual), desánimo, ansiedad, desinterés por todo, al tiempo que quizá tiende a buscar con mayor intensidad la compañía y la relación con otros, a la par que elude las que hasta entonces le eran más frecuentes, como ocurrió durante un tiempo, entre otras manifestaciones de su crisis de transición, a Charo durante la treintena o Belén a comienzos de los veinte, así como en la mayor parte o totalidad de las situaciones críticas de las personas a quienes más o menos ampliamente hemos dedicado atención en capítulos anteriores.

Es cierto que la capacidad de reflexión o inflexión sobre sí mismo, es decir, de plantearse a uno mismo como sujeto de interés, ocupación y preocupación, es algo que se va produciendo con el correr del tiempo y que también depende en gran medida del tipo de personalidad que se va acuñando, mediante el proceso de socialización de que cada ser humano es tributario y en nada ajeno al ámbito más inmediato en que nace y se desarrolla hasta independizarse (familia por lo general), como el más amplio de relaciones más o menos permanentes (amistades, camaradas de distinta índole, etc.) e incluso de las fuentes de información que van alimentando el acervo de saberes y conocimientos que cada cual adquiere a lo largo de la vida.

En este sentido las mujeres, como colectivo, suelen ser socializadas hacia una ética o unos valores del cuidado y de la ocupación, preocupación o reflexión respecto de los demás antes que de sí mismas; encuentran importantes trabas y dificultades como sujetos de interés primordial ante sus propios ojos con respecto a quienes las rodean, sintiendo excesivamente con mucha frecuencia que su propia satisfacción suele estar reñida o deja de serlo, si supone insatisfacciones para sus prójimos, sobre todo del ámbito privado y familiar, aunque una extensión de este sentir también influye negativamente en la aceptación del propio éxito como valor estimable, si conlleva la derrota o el sufrimiento (supuesto o real) de sus contrincantes en diversas lides.

Así, una adolescente o una joven, en líneas generales, más difícilmente va a poder considerarse a sí misma sujeto protagónico de su existencia subjetiva, cuando precisamente transita por este periodo vital, y lo conforma sobre todo, abierta al exterior y absorbiendo mal que bien y rechazando, bien que mal, las pautas que desde los demás tratan de imponerse para que devenga una futura adulta «normal»; es decir, más o menos de acuerdo a la norma mayoritaria o hegemónica para sus diversas circunstancias (edad, estatus socioeconómico, etc.).

Sin embargo, la edad por sí misma no es incapacitante para esta tarea, pues si así fuese, la vejez sería sinónimo incuestionable de total autoconocimiento, hecho que si bien suele ser más frecuente comparativamente, dista de ser así en un sinnúmero de ocasiones. Con las mayores o menores dificultades que conocerse un poco implica para todas las personas, existen, sin embargo, fenómenos o reacciones muy comunes a la mayoría cuando situaciones como las de crisis tienen lugar.

Entre las más frecuentes suelen aparecer: considerar determinada situación sin sentido alguno, como un «accidente», lo que conlleva una elusión total de implicación y participación en la misma, o como «castigo». En este segundo caso, puede considerarse dicho castigo como «merecido» por algo mal hecho o por algo no hecho, a consecuencia de defectos o incapacidades personales, etc., interpretación muy en consonancia con la temática cristiana del castigo, como pauta para expiar la culpa tras la transgresión de la norma (lo que suele denotar maldad y/o culpa por parte del individuo transgresor), más que del perdón o la tolerancia ante los errores más o menos conscientes o inconscientes y la enmienda de los mismos, o su intento a través de enseñar a corregirlos. Pero también puede vivirse como un castigo «inmerecido»; en esta situación el sujeto se exime a sí mismo de toda responsabilidad o corresponsabilidad en lo que le acaece, siendo *los otros*, todos menos él o ella, los que castigan a un sujeto no sólo inmaculado, sino libre de cualquier error o posibilidad del mismo.

Lógicamente, cualquiera de estas interpretaciones tiene que ver o es consecutiva a algunas de las que nuestra cultura nos proporciona, para explicarnos de alguna forma la trayectoria personal o evitarlo por medio de teorías, ideologías e hipótesis halladas hasta hoy y que engrosan lo que denominamos «conocimiento de la existencia humana», con todo lo que ello significa de cúmulo de saberes y precariedades de los mismos.

Cuando al comienzo de este libro comentábamos, citando a Ortega, la visión de la historia por parte del sujeto de la antigüedad posiblemente como una sucesión de acontecimientos sin orden ni concierto, podríamos parangonar a este estadio histórico, aquél de su ciclo vital en que se encuentran las personas que interpretan sus avatares cotidianos como consecuencia del azar, de la buena o la mala suerte y, por tanto, de algo por completo fuera de su alcance y comprensión, como de hecho suele suceder de forma más común entre la infancia y las primeras etapas de la vida, a falta de la acumulación de suficientes experiencias personales y la visión que sobre las mismas suele ofrecer el contexto del que el individuo forma parte. Esta circunstancia es compartida también por multitud de personas cuya vida transcurre en los estratos más precarizados y marginados de nuestra sociedad, que aun adultos, de edad madura o senecta, han visto obstaculizado su acceso a las fuentes de conocimiento o saber de que otros disponen con mayor facilidad, aunque tampoco esto implica que, fatalmente, todas y cada una de ellas se encuentren condenadas por dichas circunstancias a ignorarse a sí mismas y cuanto las rodea por completo.

A medida que se avanza en edad y conocimiento de los demás, normalmente aumenta el de uno mismo y viceversa, siempre y cuando el trasvase de experiencias propias o ajenas no se vea impedido o dificultado en gran medida o totalmente durante largos periodos de la vida.

La interpretación de las crisis como «faltas» o «culpas castigadas», tanto si se cree merecer la penitencia como si no, casi siempre suele hablarnos de un tipo de socialización poco flexible, de pocas licencias para ser diversamente como humano, sino de *un modo, una manera,* que se consideró la *única* o *mejor* entre las restantes, lo que imprime a la persona una expectativa o meta singular como la *sola, deseable* y/o *posible* para ella. Es la estrechez de miras, que en algunos casos acaban incorporándose y conformando la propia identidad personal y que traen consigo fácilmente, ante la crisis, el sentimiento de: «lo he hecho todo como debía, no he cometido ningún fallo, esto que me ocurre es un castigo injusto porque los demás me envidian o son malos o me odian»; o bien: «no sirvo, no valgo, lo he hecho mal; no sé qué, pero soy yo quien tiene la culpa y por eso me siento así».

Sin duda hemos venido a citar mecanismos individuales un tanto extremados, pero que enajenan al sujeto, de una u otra forma, para poder «hacerse consigo», pues bien el azar o los poderes exteriores absolutos o la incapacidad personal extrema, le impiden pensar siquiera en poseer recursos propios que movilizar para contrapesar las fuerzas más o menos «mágicas» que actúan sobre él o ella, coartando, por diferentes medios, sus posibilidades de actuación. Sin embargo, tampoco es menos cierto que en las crisis comunes, éste no suele ser el comienzo más frecuente, sino más bien la consecuencia del abandono o elusión de hacerles frente, cuando se trata de las más habituales del ciclo vital de las personas, cuyos condicionantes biográficos no han transcurrido por derroteros tan excesivos en general como los descritos.

Lo más corriente entre todas las personas y por lo tanto entre las mujeres de las capas medias a que venimos refiriéndonos, más en unas edades u otras y según las circunstancias más concretas individuales, es que todas posean capacidad y posibilidades de ser quienes pongan en marcha los primeros mecanismos para afrontar la crisis, entre otras cuestiones porque más allá o más acá de la capacidad de autoconocimiento y autocontrol o estima de sí mismas, no debemos olvidar nunca, aunque apenas contemos con ello o lo recordemos raras veces, que, a nuestra especie como a otras le caracteriza sobre todo el *afán* y *necesidad de supervivencia,* como motor oculto, pero real, para el mantenimiento de la vida, incluso en las más adversas circunstancias.

Ciertamente las crisis no son el fin del mundo, pero la mayoría de las veces lo parece.

En ellas sucede como si todos los parámetros habituales o puntos de referencia cotidianos se hubieran desvanecido o transmutado. La cualidad del tiempo interno cambia, cualquiera que sea la pauta más característica del momento vital de que se trate, y hasta la percepción del espacio y la atmósfera en torno se tornan diferentes. «Parecía imposible que fuera primavera: yo veía en mi ventana los geranios ya floridos y, al salir a la calle, el ciruelo del jardín de atrás con sus brotes sonrosados y eso me decía que sí, que realmente estábamos en primavera; pero yo no la sentía dentro de mí como otros años, sino como una fotografía que miras distraídamente, pensando en otra cosa o sin pensar en nada; hasta caminar era distinto: como una autómata; hasta sonreír, cuando conversaba con alguien y trataba de disimular mi situación, me resultaba una proeza: la cara como de madera, los ojos fijos, sólo aquella sensación insoportable de sufrimiento atroz me permitía saber que seguía viva», comentaba una conocida, rememorando una crisis ya pretérita.

Las expresiones «pienso que puedo morirme de un momento a otro» (o desear que esto ocurra), así como creer que se va a perder la cordura en cualquier instante, son los temores más frecuentes y pavorosos, aunque también ocurre en otras ocasiones, aunque menos frecuentes, el sentir un estallido de felicidad inexplicable, ver la vida color de rosa, a la vez que se sufre intensamente. Además de todo ello, suelen aparecer las emociones o los deseos antitéticos a los más característicos de la persona: «Era espantoso; yo que siempre he sido pacífica y tranquila, mi madre decía que la más dócil y complaciente de sus hijos, no cesaba de herir, de provocar a los demás continuamente, una agresividad nacida de no sé dónde, parecía ser una válvula de escape brutal, que podría arrastrarme del todo o arrollar a quien más había querido antes, como mi hijo o mi marido y luego, cuando me calmaba, me sentía la peor de las mujeres, tenía que acostarme y llorar; llorar hasta rendirme y quedar dormida por fin.»

Las secuencias que han ido formando el transcurso de la vida, parecen haberse traspapelado por entero: «Tengo 55 años, he luchado toda mi vida, mantengo a mi familia sola desde hace casi treinta y ahora necesitaría que alguien me llevase de la mano como a una criatura; un padre o una madre que cuidasen de mí, que me quisieran mucho sin pedirme nada a cambio; sin obligaciones, sin más obligaciones. Ya no puedo seguir adelante sola.»

La sensación de reconocerse a sí misma como alguien concreto, más o menos definido, desde un pasado y hasta un presente en el que se proyecta un cierto futuro, parecen disolverse como un terrón de azúcar en el agua o ser trozos inconexos, irreconocibles, como si un explosivo, al estallar, hubiera convertido en fragmentos informes lo que se fue hasta entonces: «Parecía que me había explotado una bomba de relojería» es lo que decía Nuria, cumplidos los cincuenta, y ni siquiera era capaz de razonar en principio, ella que tan razonable había sido siempre y que tanto valor había dado a la lógica y el razonamiento sobre todo.

No es el fin del mundo aunque lo parezca. Lo que sí suele ser más bien, es el fin de una etapa que ya no resiste más la continuidad, por iguales derroteros que hasta entonces o bien las consecuencias de los cambios realizados para transformar una forma de vivir que se hacía insoportable, en otra que se vislumbra más acorde con una serie de necesidades, ayuna todavía de posibilidad de expresión y desarrollo, pero hacia donde apuntan ilusiones y esperanzas. Aunque ocurre también, a veces, que el cambio se instaura sin proyectos de futuro, impelido por la necesidad apremiante de romper circunstancias insufribles ya para el sujeto.

Pero, como hemos insistido tantas veces, y en tanto que individuos, a la vez que la organización social a la que pertenecemos es motivo de la mayor parte de las tensiones y las contradicciones vitales que padecen las personas, también es fuente de recursos a utilizar, mediante los que aliviarlas o resolverlas, dentro de los límites que caracterizan a todo lo humano. Unos son los propios con que cuenta cada una como autocuidadora de sí misma, y entre ellos los fundamentales vienen a ser la *consideración* o *estimación de sí*, como alguien de importancia, por lo menos tan relevante como cualquier otra a quien se considere sujeto de derechos y necesidades y, al mismo tiempo, la posibilidad de *autodominio* o autocontrol que, en definitiva, es la mayor o menor capacidad o ejercicio de autogobierno que todos poseemos.

En virtud de ello no es extraño, sino comprensible, que la idea de acabar con la propia vida o el intento de ponerlo en práctica, sean más frecuentes tanto en la adolescencia o comienzo de la juventud como al final de la adultez e incluso en la ancianidad.

En la primera etapa las contradicciones entre las disciplinas, las exigencias y las expectativas sociales, unidas al vigor y la pujanza biofisiológicas, más las prohibiciones, censuras o falta de recursos de la propia sociedad para permitir un desarrollo paulatino a todo ese caudal de potencialidades, contribuyen a que ciertas jóvenes vivan como un dilema insuperable el propio en que se hallan. En sentido un tanto inverso, al final de la madurez, en tránsito hacia el último tercio de la vida, después de todo el batallar, del gasto de energías y retomar o no haber abandonado, a pesar de todo, las responsabilidades adquiridas, desde el punto de vista histórico-social, en que durante los últimos lustros la vida se ha ido alargando en años, esa etapa final aparece como un tramo vacío de contenidos, de expectativas sociales respecto a esas personas merecedoras por el contrario de una consideración, de un aprecio que generalmente han ganado con creces, por haber sido cuidadoras y mantenedoras no sólo de sí mismas, sino de generaciones precedentes y descendentes. En contrapartida, la idea cada vez más extendida en una sociedad monetarista es la de «retiro», postergación, inutilidad o estorbo, «carga inútil», al hallarse faltas, o parecerlo, de cometidos reconocidos y apreciados.

Sin embargo, la mayoría sigue realizándolos, contribuyendo a que la vida propia y ajena continúe, aunque no se quiera ver, ni tampoco tener en cuenta. Es como una segunda adolescencia pero al revés; un periodo donde echar mano de todo aquello que también fuimos en potencia, pero que se mantuvo oculto, obturado por las exigencias estructuradas, ritualizadas y esperadas socialmente como conformadoras y mantenedoras del orden y el sistema en que vivimos y darse a sí misma la licencia de tantear nuevas rutas, de transgredir quizá la norma que siempre se respetó, de atreverse a ser por entero de una vez por fin.

En resumen, al comienzo de la juventud es un temor a «no dar la talla», con todas las miradas puestas sobre sí y un sinfín de proyectos e ilusiones. Al declinar la vida, pero lejos aún de su final, es un: «no hay talla para mí o a nadie le importa la que tenga, o sea cual sea la que tengo nadie la ve», a pesar de tratarse por lo común de un sujeto enriquecido por las más variadas vivencias y experiencias en sortear dificultades y encontrar remedios a las mismas, entre los que el fundamental a estas alturas es darse cuenta y admitir que, libre de otros compromisos, ya sonó la hora de dedicarse a una misma sobre todo.

Pero en tanto que la vida continúa y la crisis no acaba con quien la padece, aunque se lo haga presumir, para salir de ella cuanto antes y en la mejor disposición posible merece la pena dedicarle atención, tiempo y todas las estrategias al alcance de cada persona.

La veracidad de cuanto decimos la podemos observar en tantas mujeres que, en situación crítica, creyeron llegado su final y hoy siguen ahí, entre nuestras conocidas, amigas, familiares o allegadas, más conscientes de sí mismas y, en general, más atentas también a su derecho a escoger, decidir o negarse en determinadas ocasiones a requerimientos ajenos distintos de los propios.

Mirar la crisis de frente

La táctica del avestruz de esconder la cabeza bajo el ala mientras la tormenta pasa, parece buena para el avestruz, aunque también puede perecer asfixiado por la arena, pero no parece la mejor para las personas en plena tormenta interior, si además afuera también arrecia con inusitada fuerza.

Lo primero que se suele hacer, incluso sin proponérselo de forma consciente, es pensar o decir: «Bueno, ¿pero qué me pasa, qué está pasando aquí? Yo me estoy desmoronando o me he venido abajo, pero en realidad lo que me ocurre son cosas comunes en la vida de todas la personas. Tener que intentar pasar una prueba para conseguir trabajo; decidirme a casarme el mes que viene o aplazarlo un poco; haber tenido un hijo y tener que incorporarme dentro de dos meses al trabajo; haber logrado el puesto con el que soñaba; haberme divorciado después de tanto tiempo de sentir el matrimonio como una cárcel en lugar de una compañía para vivir compartiendo las dificultades y las alegrías... etc., etc.»

Estos mecanismos son los primeros que las personas usan inconscientemente en busca de auxilio propio, mediante el esclarecimiento o la revisión de las circunstancias nuevas en que se encuentran (internas, externas o ambas) y que para ellas han adquirido las dimensiones de catástrofe absoluta, si bien por otra parte entienden o sospechan subjetivamente y objetivamente también, que no es para tanto, aunque de hecho lo está siendo y todo ello suele ser motivo de reflexiones y búsqueda de alternativas posibles.

Este es el primer paso para «afrontar» la crisis: mirarla cara a cara, no negarla.

Estos tres mecanismos elementales son los más frecuentes y útiles para empezar: 1) «¿Qué pasa o qué me pasa?»; 2) «¿Qué puedo hacer por mí, en virtud de esto que creo que me pasa?»; 3) «¿A quién puedo pedir ayuda, porque creo que yo sola no soy capaz de remediarlo?»

Aunque todos ellos parezcan tres simplezas, no suelen serlo tanto. La primera actuación denota el intento de analizar la situación, delimitar el caos, o al menos intentarlo, para que se concrete en algo comprensible o con una forma al menos, desagradable o no, pero reconocible y más concreta. La segunda, significa un intento de hacerse cargo de esa situación con los recursos propios que quizá se han utilizado en ocasiones anteriores, ante adversidades de características diversas y que lograron transitarse con mayores o menores dificultades, pero gracias a los cuales forman parte del pasado. En tercer lugar, parece que la persona hace un recuento de sus efectivos y pertrechos y considerada la magnitud de los mismos, los resultados de su utilización durante un cierto tiempo tolerable, considera que no cuenta con las reservas suficientes y decide buscar a otras personas para que le presten parte de las suyas.

Claro que cuando me refiero al hecho de mirar la crisis de frente o a las cuestiones «¿qué me pasa?, ¿esto qué es?», sé que casi todo el mundo suele referirse al malestar, al sufrimiento, a los signos mediante los que las crisis hacen acto de presencia, pero en estas circunstancias, por muy agudamente que aparezcan, si se intenta auto-ayudarse, es decir, entender más y mejor, es necesario abrir «el diafragma de nuestra cámara fotográfica» o intentar alejarse un poco de lo más inmediato, como pueden ser la angustia, el temor o la furia devoradora (los árboles que no dejan ver el bosque), para no perderse o quedarse anclada en el detalle, por mucho que con su presencia dolorosa reclame casi toda la atención, sino tratar de resituar la circunstancia nueva en que la mujer se encuentra (acceso al primer trabajo, nacimiento de la primera hija o hijo, situación de separación, muerte de la madre que significó la otra-yo, etc.) y a la que hay que atribuir los signos o síntomas en primera instancia, porque si no, se corre el riesgo de tomar la parte por el todo. Un ejemplo podría ser pensar: «tengo palpitaciones: eso es que el corazón me falla» (cuando se tienen treinta y tantos años, buena salud en general, y no hay antecedente alguno en tal sentido), en vez de pensar que siempre que tenemos miedo o nos asustamos, notamos los latidos de nuestro corazón; que la ansiedad es odiosa y desagradable pero lógica, porque expresa el temor y la inseguridad cuando se han roto los lazos con la persona con quien se convivió tanto tiempo o se está en proceso no sólo de retomarse a cargo en solitario, sino de tener que hacer frente también a una serie de responsabilidades, incertidumbres, e incluso nuevas alternativas.

Todo ello no suele alcanzarse sin pena ni gloria, ni en un abrir y cerrar de ojos. Se trata por el contrario de un proceso costoso y, más o menos lentamente, de aprender a caminar de manera distinta hasta entonces y que precisa de una serie de ensayos y tiempo suficiente, entre aciertos y equivocaciones, para su automatización más o menos plena, según el ritmo personal de cada una y los recursos internos y externos con que se cuente.

Comenzar a hablarse y escucharse

Como hemos insistido tantas veces, intentando usar e incluso abusar con el mejor propósito de la paciencia de quienes nos han seguido hasta aquí, pretendiendo a través de la insistencia persuadir de la certeza de ciertos elementos claves en toda crisis, volvemos a subrayar la importancia de reconocer y tratar de descubrir qué conflictos o deseos contradictorios se encuentran en su fondo, que en definitiva son los que conforman la tormenta subjetiva; en resumen, el sentir de la persona en circunstancias críticas.

Nos hemos referido en ocasiones anteriores al monólogo que mantenemos con nosotras mismas, antes o después, a lo largo de la vida y mediante el cual somos autoras a la vez que espectadoras de nuestro acontecer. Así, en el transcurso del ciclo vital somos protagonistas de una serie de actuaciones, a la vez que animadoras, detractoras u observadoras pasivas de los mismos.

Es cierto que no hay peor sordo que el que no quiere oír, aunque también es verdad que no hay discurso más absurdo e insoportable que aquel que consiste en repetir lo mismo indefinidamente.

Por eso, cuando nos referíamos a la pertinencia de formularse las preguntas «¿qué me pasa?, ¿qué es esto?», si siempre se da la misma contestación, que una vez escuchada deja en el mismo punto que al comienzo, como: «es que estoy enferma porque si no, esto no se entendería». Y, sin embargo, tampoco esa aseveración, cien veces repetida, permite entender nada de lo que sucede, porque además no se acude al o la profesional que atiende enfermedades, y todo sigue igual; seguramente o no se quiere saber, y por eso no se escuchan otras voces interiores para no tener que hacerles caso, o bien puede ocurrir que los mensajes de éstas resulten tan contradictorios, que la confusión continúe reinando todavía por un tiempo.

Sin embargo, la que más y la que menos suele tener un Pepito Grillo que, a riesgo de equivocarse o acertar, interviene casi siempre y merece ser atendido, porque suele formar parte del yo que se mantiene más lúcido o imperturbable. Hay que hacerle caso y ver hasta dónde su alternativa sirve o no, para sentirse mejor o menos mal, para comenzar a salir del atolladero; pero para saberlo hay que ponerla en práctica, aunque parezca la última heroicidad de nuestra vida.

Una mujer decía: «En medio de aquel desastre mío, porque a mi alrededor todo seguía igual, pero yo me sentía como sepultada por la casa entera y como si todo hubiera desaparecido de repente, aunque seguía viéndolo como de costumbre, algo me decía que tenía que moverme, salir de mí, salir de casa y, aunque me avergonzase al límite y por otro lado quisiera que la tierra me hubiese tragado de verdad, que debía llamar o ir a ver alguna de las amigas que seguramente podrían ayudarme; sobre todo una, que había pasado algo parecido tiempo atrás. Y salí, pero salí como si en la calle fuera a destrozarme un bombardeo. A pesar de eso, creo que fue el comienzo de poner fin a tanta oscuridad.»

Eso es lo que quería de verdad: compañía, escucha, comprensión, compartir con alguien conocedora de esas circunstancias, las propias tan tremendas, al parecer, por el momento. Decisión aparentemente tan sencilla, le costó sin embargo varios días de lucha interior; por una parte la omnipotencia «tengo que poder yo sola»; por otra, la fragilidad extrema: «alguien que me resuelva la papeleta». La alternativa intermedia resultó de considerar: «no soy una heroína, yo sola no puedo con esto» y «mi amiga no es la reina de los mares, ni yo su hija pequeñita», lo que le permitió empezar a establecer contactos con dificultad, a trancas y barrancas, pero que posibilitaron comenzar a suavizar lo más extremado de la crisis.

Cuando aludíamos a las voces internas igualmente poderosas y contradictorias que a veces no reducen, sino que aumentan el ruido y el volumen de la confusión, suelen traducir deseos un tanto ideales o imposibles, antitéticos, pero que se pretenden lograr al mismo tiempo. Tales eran casi todos los que se daban en el caso de Isabel, que pretendía no dejar de atender la abundante parroquia familiar que había constituido a lo largo de los años, seguir apoyando a su marido al que había arrastrado fuera de su propia crisis y, a la vez, obligarse a creer que ella podría encontrarse en forma, sin pedir nada a nadie. En consecuencia, pensó en la manera drástica y definitiva de no seguir dando nada a nadie: dejar de existir.

Es cierto, sin embargo, que una de las grandes dificultades que atenazan a las mujeres en estos momentos límite de sus vidas, es precisamente reconocer qué desean en primer lugar y después pedirlo hasta lograrlo, o intentar alcanzarlo.

Evidentemente ni lo uno ni lo otro suelen ser cometidos sencillos para nadie, pero en cuanto a las mujeres se refiere, como ya indicamos repetidamente, un factor fundamental que internalizan como conformador de su *identidad de mujeres* y que la sociedad les transmite sin cesar a lo largo de la vida, es el de «mujer en tanto que donadora, protectora, facilitadora, vicaria de los demás, etc.», ya que es de un valor extraordinario en todos los aspectos que pudiésemos citar sin olvidar ninguno, pero socialmente carece de importancia o mérito a la vista de cualquiera y, por tanto, también de ellas, que si piden, exigen, insisten en necesitar y recibir, son tildadas y se tildan de «egoístas», entendiendo el término como el peor adjetivo que, sin embargo, aplicado a los hombres en general, no es ni mucho menos peyorativo, sino connotador de masculinidad. Frases como «no sirvo para nada», «no soy una mujer normal», «no sé cuidar de un hijo precioso», etc., como repetitivamente Ana se decía una y otra vez, mientras batallaba intentando afrontar en solitario toda la mudanza interior y externa que el nacimiento de Daniel trajo consigo, son típicas de las mujeres y sinónimo de: «*no sirvo* para seguir sirviendo a los demás, para cubrir sus necesidades, sus carencias; eso quiere decir que no soy una mujer normal, que *no sirvo para nada*». La trampa está cebada con el queso y la ratita incauta atrapada y bien atrapada y sin poder comérselo.

La lectura al revés resulta dificilísima, cuando no imposible. Porque todo lo que les leyeron y lo que les contaron fue en versión de un duende patriarcal que se convirtió, como tantos, en «traidor», en lugar de traductor del significado llano de las cosas para todas las personas, sin poderes hegemónicos de por medio. Así, Ana casi no se permitía escuchar lo que quería, no se prestaba oídos, se hacía la sorda a la voz interior que clamaba por descansar, compartir la crianza del hijo con su marido, con su madre, perderlo de vista a ratos, dormir lo suficiente, poder salir y distraerse algo y recibir algún mimo que otro, o al menos las atenciones de que fue objeto durante la gestación y que cesaron luego o no se multiplicaron de acuerdo a sus necesidades y que ella no se atrevió a reclamar, anteponiendo las suyas a las de los demás. Es la actitud de la buena sirvienta que se precie de tal y que, como tal, será apreciada por sus amos para seguir sirviéndolos, desde luego, mientras no cambie.

Una vez se van delimitando o entendiendo los deseos, tampoco es «dicho o entendido y hecho», sino el comienzo de la puesta en marcha de lo que parece ser más favorable para conseguirlo y empeñarse lo bastante por lograrlo, contando con que la torpeza es la característica que nos acompaña cuando iniciamos nuevas rutas, por falta de conocimiento de las mismas, que sólo se logra transitándolas a menudo.

A la vez, cuando la transición se realiza junto a las personas con quienes se convive, éstas consciente y/o inconscientemente suelen temer que sus intereses o estabilidad se vean lesionados con el cambio y la formulación de deseos o vindicaciones nuevas de quien afronta la crisis, intentando superarla; les alarma en muchas ocasiones, y en otras puede obstaculizar o impedir el cambio por completo.

Recordemos en este sentido la transición de Josefina, tras

escucharse y entender al fin que lo que deseaba era volver a su trabajo y profesión abandonados tanto tiempo, durante el que se dio a los demás con creces, y la revolución familiar que ello significó, a fin de cuentas, propiciando cambios, reajustes, resbalones, pasos atrás y otros adelante, hasta lograr otro tipo de convivencia y armonía, que sin duda en su caso y en el de su familia significó una mejoría y un enriquecimiento personales para cada uno, en su etapa vital concreta por aquellos tiempos.

La utilidad de las alianzas con otras semejantes

A lo largo de los capítulos precedentes, una y otra vez han surgido mujeres que han salido a flote, han vuelto a reflotar o no se fueron a pique gracias al apoyo, la empatía, la confianza y la camaradería de otras mujeres: madres, amigas, compañeras, hermanas e incluso hijas.

Parte importante de la transición que muchas españolas de las capas medias, desde la concepción de éstas como colectivo, ha experimentado en los últimos quince años aproximadamente, procede en mi opinión de la *conciencia de valor* que el feminismo o movimiento de liberación de la mujer les ha proporcionado en mayor o menor medida y, en consecuencia, la adquisición del sentimiento y de la consideración de sí mismas como sujetos de derechos y de libertades, *además* de servidumbres y responsabilidades. Así, las típicas, tópicas y seculares «ayudas entre mujeres» han devenido en parte en alianzas conscientes de la fuerza mayor que el unirse proporciona para un fin determinado (como puede ser «poner en crisis» y/o someter a «crítica» determinados aspectos o el sistema patriarcal en general), en lugar de ser sólo consecuencia de la propia necesidad de sobrevivir «de cualquier modo» a la situación de subordinación, explotación o negación, como miembro de un genérico infravalorado socialmente.

A pequeña, mediana o más amplia escala, se ha ido produciendo una cierta confianza mayor o preferencia de unas mujeres por otras, reconociéndose como mejores sabedoras, entendedoras y aliadas en momentos de crisis o sin ellas.

Poco a poco, de manera fragmentaria e incompleta, pero mantenida, muchas no sólo confían más en otras que antaño y desde luego más que en los hombres en numerosas ocasiones, sino que eligen a algunas entre las personas de su entorno prefiriéndolas para unir fuerzas o solicitarlas, cuando tienen conciencia de sus necesidades. Es verdad también, que parece faltar todavía mucho para compartir con alegría los éxitos de las que los obtienen o considerar como éxitos los propios, porque todas albergan muchos más de los que creen pero sin percibirlos todavía, a consecuencia de esa perversión de valores tan característica del sistema en que vivimos y que devalúa todo lo que realizan o rodea a las mujeres.

Así, ellas han comenzado a *estimar, apreciar* o *considerar relevantes* la estima, el aprecio y la valoración de sí mismas, en la medida en que van adquiriendo la conciencia de ser personas y viceversa.

No es lo mismo ser persona simplemente, que tener conciencia de ello o sentir íntimamente que se es. Lo primero significa *ser* sin más y lo segundo revela la consideración de un valor, una dignidad, una entidad sólo posibles mediante el reconocimiento de uno mismo como trascendente, a través de la capacidad de desear y caminar en pos del deseo concebido. En resumidas cuentas *poder ser*, como algo facultativo, inherente a cada uno. «¿Qué desear, qué ser, qué hacer?», es un juego entre opciones, libertades, alternativas, elecciones que obturan o posponen otras, por incompatibles entre sí, ya sea momentánea o permanentemente. Es, en definitiva, ser sujeto histórico y humano en un mundo problemático y sin garantías ni seguridades absolutas. Es arrostrar la aventura de vivir.

Por tanto, las alianzas entre mujeres en la actualidad en gran medida no se establecen sólo sobre la base de llorar o quejarse juntas como colectivo de víctimas irredentas, sino porque generalmente acuden las unas en busca de las otras como portadoras de soluciones válidas, para emerger de las situaciones críticas que denuncian cambios evolutivos y pueden significar progresos y desarrollos en la andadura cotidiana.

La búsqueda de alternativas entre mujeres que han experimentado circunstancias similares (intentos de suicidio, crisis posparto, crisis en torno a los cuarenta, crisis ante el éxito, la crisis del divorcio, etc, etc.) permite entre otras cosas: proporcionar una visión de que la situación particular y exclusiva, según se presumió, es muy frecuente y afecta a gran número de otras. Esto no es sinónimo de «mal de muchas consuelo de tontas», sino que forma parte de los primeros pasos esenciales para percibir que, ante una circunstancia vital, más o menos frecuente en la cotidianidad, la crisis y su cortejo de sufrimiento y confusión no tiene lugar porque la mujer sea la no válida, anómala o disfuncionante por esencia, sino que otras en circunstancias similares, precisan de elementos parecidos a ella para poder llevar a cabo la transición en ciernes, de forma que los síntomas adquieran un sentido, un significado positivo ante sus ojos, transformándose en nueva herramienta auxiliar en el proceso de acceder a otra etapa vital, una vez metabolizada la crítica.

Así y aunque parezca nimio, forma la parte inicial de un aprendizaje necesario el hecho de que, aunque las mujeres son dadoras y servidoras por cultura, tampoco en estos menesteres son infalibles y omnipotentes como inconscientemente creen tantas veces. Muchas, cuando se hallan en una etapa crítica se sienten incapaces de pedir, aunque cuando «se escuchan» es lo primero que desean y saben que necesitan: ayuda, compañía y/o afecto. Se sienten avergonzadas, se les hace un mundo acudir a alguien solicitando cariño, amparo, protección y auxilio, aunque sepan que es lo esencial y básico entonces.

De momento, en lo primero que suelen pensar es en la «molestia» o el «perjuicio» que van a causar a la persona a quien acudirían, tanto más si es otra tampoco sobrada de facilidades y sobrecargada de responsabilidades como suele ocurrir, sobre todo si se ha traspasado la veintena y es de las polifacéticas o eslabón logístico entre tres generaciones, cabeza de familia y trabajadora asalariada, o en vías de divorcio o recién parida, etc. La que está en crisis, lo primero que suele decirse: «¿cómo voy a agobiarla más de lo que ya está?» o «bastante tiene la pobre con lo suyo como para irle yo ahora con mis penas». Siempre anteponiendo los otros o las otras a una misma, aunque aquéllos naveguen en un barco más o menos sólido por el momento y la necesitada esté a punto de perder el salvavidas en plena marejada. Y, sin embargo, ellas, cuando estuvieron transitando otros recorridos no críticos, fueron ayuda, compañía y consuelo de quienes se lo pidieron e incluso eso les sirvió para superar algún mal momento personal.

También, bajo la vergüenza de pedir, puede esconderse la envidia u hostilidad ante la situación que se supone idealmente buena o perfecta de aquella en quien se piensa como posible valedora en ese trance, y son frecuentes frases como «pensará que soy tonta, va a reírse de mí; a ella le ha pasado lo mismo y está feliz porque es más inteligente que yo», aunque nunca sucede así, pues nadie vadea los conflictos sin arrastrar secuelas, ni vive sin tener que vadear conflictos.

Es la batalla entre la omnipotencia-impotencia que no cesa y que en lenguaje coloquial viene a resumirse en la frase del soldadito resentido: «Para que se fastidie el capitán, no como rancho.»

A pesar de todos estos avatares y otros muchos, lo que es incuestionable es que casi todas las personas confían más en aquellas que han atravesado similares experiencias a las propias y parecen haberlas afrontado positivamente a fin de cuentas. Son el ejemplo vivo de que la circunstancia que parece inabarcable, sin embargo puede serlo para ellas, porque otras semejantes también pudieron. Pero para ello es fundamental considerar a las otras precisamente eso, *semejantes*, no superlativas, ideales (lo que ellas quizá desearían ser en esos momentos), ni inferiores, medio personas o un desastre (como seguramente se sienten ellas por entonces), sino seres humanos en transición a lo largo de sus vidas, que transcurren dentro de un estatus socioeconómico determinado y un género en mutación, aunque firmemente acuñado desde una socialización peculiar, lo que significa deficiencias y/o pluses muy similares, que unas u otras perciben o aportan en circunstancias parecidas de su andadura humana, además de los estilos y caracteres personales.

La experiencia desde el renacimiento feminista de los

años setenta en nuestro país, viene demostrando la importancia y la utilidad insustituible para una serie de cometidos de los grupos y las asociaciones de mujeres en general como espacios de diálogo, reflexión, apoyo, así como redefinición de sí mismas como sujetos de deseos y derechos, además de obligaciones. En sentido similar actúa la ayuda más específica que propician otras, como las formadas y dedicadas a atender circunstancias difíciles sobreañadidas a madres solteras, mujeres cabezas de familias monoparentales, viudas, mujeres maltratadas, separadas y divorciadas en situaciones especialmente críticas y que aunque no abunden todavía lo bastante comienzan a menudear y ser reconocidas, en virtud de la labor que desarrollan.

Concederse el tiempo necesario para vadear la crisis

Parece un constrasentido pronunciarse por o sugerir que una situación de sufrimiento deba prolongarse lo bastante en lugar de acabar con ella cuanto antes. De cualquier manera, es una forma de opinar y actuar que no invalida en absoluto las restantes, pero que también tiene su razón de ser.

Nuestra especie, como muchas otras, aprende fundamentalmente de lo experimentado y lo vivido, aunque no sea ajena, en contrapartida, a lo que sucede a su alrededor, de donde consciente e inconscientemente recibe continuas emisiones de diversos modos de experiencias y comportamientos. Sólo contamos con los otros y nosotros mismos en tanto que existimos. Pero la cualidad o la particularidad de lo vivido personalmente es la de arrojar para bien o para mal la percepción objetiva y subjetiva de sí para cada uno, ya que la experiencia es lo sentido y lo vivido por sí mismo y en sí mismo, hechos únicos e intransmisibles a otro, dada la singularidad absoluta de cada ser humano.

El sufrimiento también forma parte de la vida, y hurtarlo a quienes tratan de encontrar un sentido a toda ella significaría mutilar una parte de su significado. A través del sufrimiento y la lucha contra él o la adversidad, cada sujeto prueba sus propias fuerzas, se cerciora de su valor, capacidades y habilidades para combatirlos y adquiere una visión más certera de quién es, ante sus propios ojos, además de cuantos puntos de vista existan sobre sí y le sean transmitidos por los demás.

Es cierto que vivimos en una sociedad cada vez más proclive a negar la miseria, el dolor, el hambre, la injusticia y la desgracia, aunque en demasiados lugares estas realidades crecen y se multiplican ante nosotros, y que también cifra la eficacia y el éxito, sobre todo, en la rapidez con que se realiza un determinado cometido o encomienda, sin reparar apenas en los resultados o la calidad de lo llevado a cabo tan apresuradamente. A tenor de ello, también tiene lugar el hecho de que, al tratarse de sociedades muy complejas y estructuradas, ante todo sobre la filosofía de la ganancia económica, rápida y competitiva con otros, ansiosos a su vez de *llegar cuanto antes*, porque eso parece traducirse en *ser el mejor*, los tiempos medidos por los relojes, agendas y calendarios de lo más diverso, cuentan poderosamente, incitando a la mayoría a realizar su cometido, sea cual sea, con la mayor celeridad posible y con los mejores resultados aparentes al menos.

A la par, la técnica, elemento fundamental acuñado por el ser humano a través de su andadura histórica, como signo de progreso y medio para intentar mejorar la vida humana a lo largo de la misma, ha devenido a consecuencia de los factores economicistas ya citados y del escaso análisis crítico respecto a su necesidad o futilidad, utilidad o nocividad, según los casos y los modos de aplicación, en «la técnica por excelencia», «magia» de los tiempos modernos o sinónimo de panacea universal.

En consecuencia, el sufrimiento como factor que suele dificultar el desenvolvimiento fácil e incluso impide la realización de las tareas o los trabajos por los que rígidamente se mide cada vez más la valía de cualquier individuo, a través de la medicalización creciente y excesiva que coadyuva también a reglamentar y jerarquizar la existencia humana, suele contemplarse como un hecho que además de doloroso y no grato para quien lo padece, resulta molesto e inoportuno para quienes suelen interaccionar con la persona en crisis, pues ésta, dada su situación distinta y menos comprensible, dificulta las relaciones habituales hasta entonces, no rinde con iguales resultados en su actividad o incluso la encuentra imposibilitada por más o menos tiempo, perturbando la vida de los otros.

Todo lo anterior está relacionado desde mi punto de vista, y hasta cierto punto, con el auge mayor de una serie de remedios, «borradores», más o menos rápidos y eficaces, de los signos y las vivencias de confusión y sufrimiento de las crisis que, al desaparecer antes o después, hacen pensar, *grosso modo* que desaparecido el humo el fuego se extinguió, lo cual propicia, además de sosiego a la persona su reincorporación al circuito productivo y de valores y exigencias del que formaba parte «normalmente».

Sin embargo, y sin negar su utilidad relativa, como la de cualquier otro remedio que los humanos producimos, si entendemos que las crisis y su cortejo de signos y vivencias tienen el sentido de una manifestación, al menos de malestar individual, con las características y en la línea que hemos ido manteniendo hasta aquí, es pertinente la consideración de que el sujeto mujer —en nuestro caso y en esa situación— precise de un tiempo suficiente y necesario de atención y ocupación, ante todo de sí misma, a través del cual ir poniendo los medios a su alcance para comprenderla y, en consecuencia, *adueñarse* de ella, es decir, retomarse y reconocerse otra vez, durante y después de finalizado el acontecimiento crítico vital o, si es preciso, recurrir a otros mediante los que ayudarse a transitar o vadear a veces tan intrincado recorrido.

Nuestra especie es un tanto lenta en su discurrir vital, en comparación con otras mamíferas del reino animal. El cachorro humano es el más indefenso al venir al mundo y tarda más o menos años, según las características de unas culturas u otras, en aprender a cuidar de sí mismo y autogobernarse. Las situaciones de crisis sumen a las personas, por lo general y durante más o menos tiempo, en una sensación de indefensión, fragilidad e incapacidad aparentes, pero tan intensas como si se tratase de casi recién nacidas, con el sufrimiento añadido de que, al no serlo, aún es mayor su perplejidad o su angustia si no encuentran medios precisos e inmediatos con que remediarlas.

Sin embargo, es fundamental entender que reconstruir una realidad a partir de elementos viejos, otros nuevos y suturar fracturas hasta lograr edificar o reedificar la propia identidad y el sentimiento de seguridad y suficiencia personales, lleva su tiempo y su trabajo, y que muchas veces no contar con ello o pretender negarlo es la primera barrera que se opone, como dique de contención, a la posibilidad de progreso en circunstancias especialmente complejas.

En páginas anteriores exponíamos que el ciclo vital o biográfico de la persona, como hecho secuencial o serie de procesos, tiene unos antecedentes (etapas iniciales de la vida más o menos prolongadas), nudos y desenlaces varios hasta llegar a su fin y que todo ello tiene lugar en un tipo de sociedad determinada, en que a la vez que abunda más una serie de recursos, se halla más carente de otros, en tanto algunos nuevos comienzan a surgir, lenta y débilmente, generados por las propias necesidades-aportaciones de determinados colectivos de la misma. Todo da lugar a trayectos muy diversos, condicionados inevitablemente a tenor de la cantidad y la cualidad de dichos recursos y a través de la socialización de cada cual, según su pertenencia a un sexo o estrato socioeconómico determinados, un tipo de cultura minoritaria respecto a la hegemónica, etc., etc.

Recordando una vez más a E. Erikson: «La faceta social del sentido de identidad personal, si en gran medida depende de las identificaciones habidas durante la infancia, también se basa en los nuevos modelos encontrados en la juventud y depende de la viabilidad de las funciones que se le ofrecen en la madurez.»

Así, y en cuanto a las mujeres a las que constantemente venimos aludiendo, transeúntes desde un modelo o estereotipo muy concreto y «cerrado» de identificaciones, hacia otro «abierto» y mucho más rico y múltiple de posibilidades a lo largo de la centuria que someramente hemos evocado, podemos observar que con respecto a las crisis referidas en los capítulos anteriores, nos hallamos muchas veces con fisuras, fracturas y derrumbes «internos» o subjetivos que muestran un fiel parangón o interrelación entre el propio estadio histórico-biográfico y el histórico-social del momento en que vivimos, es decir, la circunstancia histórica en que está inmerso este colectivo.

En este sentido, cuando nos referíamos a las jóvenes, a la vez que van identificándose y aspirando a ser personas de derechos y responsabilidades lo más plenas posibles, más allá de lo doméstico y de la rigidez genérica masculino/femenino, todavía ven cercenadas estas aspiraciones, en gran medida, al carecer de los mismos recursos para tal fin (acceso al ámbito público), además de las identificaciones más intensas desde la infancia con una madre y un padre aún muy estereotipados genéricamente hablando y en situaciones asimétricas de poder o de poderes.

Cuando nos dedicábamos a las crisis más comunes de las mujeres de treinta años, podíamos observar también que, a mayor número de papeles a desempeñar y proyectos que construir, o bien tenían que renunciar a algunos o casi todos de los fundamentales, en cuanto elementos que dan lugar a una identidad más plena y deseable, o de no posponer ninguno, muchas, según sus características individuales y la carencia de apoyos y soportes necesarios tanto materiales y tangibles como ideológicos, afectivos y «morales», se encontraban sin puntos de apoyo, no sólo subjetivos y más o menos inconscientes, sino concretos y reales, institucionales o no.

Asimismo, cuando dedicábamos nuestro interés a las cuarentañeras en unas y otras situaciones con respecto al quehacer en lo público y/o lo privado, volvíamos a observar, más allá y más acá de la personalidad de cada cual y junto con ella, las carencias o la ausencia de modelos en el desarrollo de estos cometidos, así como las fragmentaciones y las contradicciones en el ideario social español vigente, en cuanto a las mujeres en general y, más concretamente, a este grupo de edad en dicha etapa de sus vidas.

Por último, respecto a las de la década de los cincuenta años, he intentado poner de manifiesto que la falta de consideración social que repercute en detrimento de las personas que se acercan más a la vejez, en tanto que mujeres, éstas ven incrementada la desconsideración o al menos la falta de estima como tales, a pesar de que su productividad y sus logros personales (profesionales, económicos y/o familiares) pudieran ser excelentes, convirtiéndose sin embargo en sujetos casi neutros, asexuados y más invisibles que en etapas anteriores de sus vidas a ojos de la mayoría. Así, en tanto personas que se alejan cada vez más de la pujanza vital de los años jóvenes, tampoco les son fáciles ni habituales las apoyaturas necesarias para vadear, sin demasiadas, y a veces, irreparables conmociones el tránsito hacia la senectud.

Sin embargo, nada más lejos de mi intención que pintar un panorama sombrío o catastrófico.

Más bien, sin desterrar la preocupación y la seriedad en la reflexión que estos fenómenos merecen, subrayar con un trazo grueso y firme la importancia de que también a estas alturas debemos ser conscientes, analizar e ir sabiendo más sin duda, a la par que intentar hallar mejores soluciones, a la vez que somos nosotras mismas las protagonistas de estos acontecimientos, de estos cambios y caminos nuevos que son, a fin de cuentas, cambios históricos y caminos diferentes que, como sujetos también, estamos propiciando al tiempo que sin duda nos afectan.

Dada la magnitud de todo ello, no es extraño que requiera y exija un cierto tiempo llevarlo a cabo debidamente.

Lo que el cuerpo se merece

A lo largo de estas páginas, el cuerpo, nuestro cuerpo de mujeres, ha sido otro de los ejes sobre el que se han ido estructurando los capítulos del libro, lo mismo que sucede con los de nuestras vidas. Cuerpo oprimido, cuerpo rechazado; cuerpo vestido, perfumado, maquillado; cuerpo mal nutrido, empachado; cuerpo más o menos torturado y a veces violado; cuerpo que propició o rechazó el placer de las caricias y la sexualidad total; cuerpo del que quizá nacieron otras vidas y se sometió a infinidad de trabajos y tareas, fatigas, y que gozó de bienestar muchas otras veces pero que casi nunca, hasta bien cumplida media vida, suele considerarse no «parte de», sino *una misma* y que aun así, continúa siendo caballo de batalla cotidiano para las más propensas a enjuiciarse, sobre todo o exclusivamente a través suyo.

Nuestro cuerpo, es decir nosotras, debemos ir aprendiendo ese autogobierno, esa autoría sobre lo que queremos ser, no *en contra de*, sino *de acuerdo con* ese físico que poseemos y que es la encarnadura de quienes somos y tenemos derecho a ser como cualquiera, como personas, sean los que sean nuestros kilos, centímetros, hechuras y volúmenes, aunque por supuesto es razonable la aspiración a ser lo mejor posible, pero no LO MEJOR, que siempre suele ser enemigo de lo bueno y menos a costa de todo o casi todo lo demás.

A pesar de la medicalización de los hitos biofisiológicos habituales de las mujeres, a que hemos hecho mención en varias ocasiones, una vez pasada la etapa escolar y los exámenes físicos rutinarios, en nuestro país y hasta el momento solemos ocuparnos muy poco de mantener adecuadamente el estado de nuestro organismo en etapas de salud, y sólo se acude a las/los profesionales de la enfermedad cuando se sospechan u observan averías de la misma y, aun así, muy frecuentemente cuando son ya antiguas o muy repetidas.

A la vez que no se ha propiciado nunca y tan sólo en los últimos años se habla de «hábitos de vida saludable» desde los organismos oficiales, no suele existir un interés específico por el cuidado y conservación en el mejor estado posible de esta estructura nuestra, de donde al fin y al cabo procede todo cuanto somos.

En otros países de desarrollo similar al que habitamos, existe un mayor rigor y continuidad en los reconocimientos periódicos de la salud de los/las trabajadores/as de cualquier sector (menos las amas de casa, claro está), así como revisiones temporales, por aparatos, según la salubridad o falta de ella de determinados cometidos y las condiciones en que se realizan.

Dado que entre nosotros todavía no es así, una alimentación equilibrada a tenor del gasto de energías que suele producirse según la etapa del ciclo vital de cada una, además de las empleadas en el tipo de tareas cotidianas, y ejercicio físico adecuado, aparte del que la vida de cada una exige, nunca vienen mal junto a una revisión más espaciada, pero regular según indique el estado de salud, después que se deja de acudir a los circuitos sanitarios «porque ya los hijos crecieron y no lo necesitan de momento» (la década de los cuarenta por lo general) o aprovechando que se acompaña a los padres a atender algún «achaque». A la vez, durante las crisis, tanto si coinciden con cambios biofisiológicos (embarazo, parto, puerperio, menopausia) como si no, y en tanto que los signos de la misma expresados o sentidos a través del cuerpo (dolores de cabeza u otros, palpitaciones pertinaces, vómitos, diarreas, sensación de mareo o inestabilidad al caminar, oleadas de calor o frío intenso, picores o alteraciones en la movilidad o utilización de algún miembro, etc.) sean pertinaces y preocupen, es preferible pasarse de precavidas, llevando a cabo las consultas oportunas, que lamentarlo después.

Sin duda, un buen estado físico predispone a un bienestar integral en todos los aspectos, como también puede venirse abajo un organismo saludable y fuerte, si las circunstancias psicosociales le son completamente adversos durante largo tiempo.

De cualquier manera, y como todo tiene su contrapartida positiva si se trata de encontrar, hay muchas mujeres que finalizando e incluso gastada ya la etapa de los cincuenta años, gracias también a la contundencia con que la corporalidad se expresa como una entidad con signos de maduración, experiencia y un largo recorrido realizado con éxitos y con fracasos de por medio, pero con el mérito y el valor que sin duda entraña haber sorteado tantos obstáculos a lo largo de él, enfrentadas al espejo, suelen percibirse a través de una mirada amable y comprensiva, que les hace sonreír con una cierta ternura y complacencia ante la mujer que han logrado ser hasta el momento, para sí mismas y consigo mismas.

VI. AYUDA ESPECIALIZADA

«Hay muy pocos psiquiatras masculinos o femeninos que se hayan preocupado del grado en que la salud mental de las mujeres está comprometida por los papeles socioculturales que les han impuesto y que la psiquiatría no ha hecho más que reforzar. En la misma línea, al dar por bueno que el hombre debe ser agresivo, la psiquiatría no se ha percatado de los enormes daños que ha causado la importancia cultural concedida a las posturas de poder y dominancia masculina. El potencial humano de hombres y mujeres se ha malversado también con estas suposiciones acerca de las conductas específicas de cada sexo.

Los psiquiatras tienen la obligación de establecer si los valores culturales son saludables como valores humanos y de ver si las instituciones sociales son adecuadas para la realización del individuo, sea éste del sexo masculino o femenino.»

Robert E. Gould, M.D.
Tratado de psiquiatría, vol. II, pág. 1623
(A. M. Freedman y H. I. Kaplan)

Formas tradicionales más frecuentes

Desde mi punto de vista, estas aseveraciones pueden hacerse extensivas no sólo a psicólogos y psicólogas en general, sino a los profesionales de cualquiera de los saberes en relación con el ser humano, marcados por la impronta que el androcentrismo o el sexismo de la cultura y/o el sistema patriarcal imprime en ellos.

La pretensión de este epígrafe no es otra que la de proporcionar unos breves apuntes sobre los subtemas que lo componen, sobre todo con la intención de aclarar algunas de las confusiones que respecto a ellos existen y expresan las personas y, por tanto, las mujeres que acuden en demanda de este tipo de ayuda.

Una visión pormenorizada sobre cada uno de ellos ocupa bibliotecas enteras en los momentos actuales.

La ayuda especializada de por sí y dado que proviene de personas formadas profesionalmente para tal finalidad, cuenta por lo general con una disposición o predisposición favorable por parte de quien demanda auxilio, lo que contribuye, mediante ese «acto de fe», a crear ya una esperanza de solución, como punto de partida, para la persona en crisis.

No obstante, la otra cara de esta disposición es que se convierta en tan desmedida, cómoda o ingenua, que llegue a suponer al o a la especialista como santo o santa milagreros a cuyo hacer mágico encomendarse, sin más exigencias respecto a sí misma. Dado que los milagros parecen haber sido escasos, en general, e inexistentes, al menos en lo que va de siglo, esta conducta, frente al o la profesional especializados, se parece mucho a la de la criatura que ante una dificultad mayúscula para su corta vida, la encuentra resuelta breve y certeramente, por lo general, por la madre o el padre, que entonces y durante mucho tiempo aún, creerá omnipotentes. Por el extremo opuesto se puede llegar a resultados similares, y es que dado que ya en torno a los veinte y hasta los sesenta y tantos años al menos (edades a las que nos hemos referido) no se es precisamente esa niña pequeña, quizá se esté en el «quiero y no quiero», el «puedo y no puedo salir de esto yo sola», así como la propia ambigüedad interna en dejarse o quererse dejar ayudar o no, induzca a rechazar de manera más o menos consciente la ayuda especializada a la vez que se solicita, lo que tampoco suele ser ajeno a cómo se hayan vivido, admitido, superado, negado u obstaculizado etapas de transición o crisis anteriores, por unas u otras circunstancias, pero que conllevan la esperanza de que la/el especialista actúe acertada y eficazmente, sin colaboración alguna por parte de quien demanda auxilio y a pesar de ello.

La mejor de las situaciones es aquella en que la mujer en crisis, una vez agotados sus propios recursos personales como son el análisis de su situación y la comparación con otras anteriores superadas o no; diálogo y petición de consejo y ayuda a las personas de mayor crédito y confianza para ella y puesta en práctica de unas alternativas u otras, e incluso confirmación de que su organismo no padece enfermedad «somática» alguna, si continúa siendo objeto de dificultades o sufrimiento permanente o bien esporádico, pero que obstaculiza su vida de modo considerable y preocupante, decide solicitar ayuda especializada para llevar a cabo su «travesía del desierto», pero sin renunciar a poner de su parte lo que pueda, en corresponsabilidad con la/el profesional en cuestión.

Es útil recordar que estas mujeres y hombres especialmente formados para desarrollar estos cometidos, además de ello, también son personas no exentas de características concretas individuales e incluso más proclives a unas u otras ideologías generales, y más orientados y expertos en un tipo de saberes u orientaciones teóricas, es decir, interpretación del sufrimiento humano y de los quehaceres u orientaciones prácticas en cuanto a tipo de tratamiento del mismo se refiere.

Los medicamentos

Los conocimientos más antiguos y tradicionales respecto al ser humano se derivan de su comprensión y atención en tanto que sujeto biológico sobre todo (organismo físico), y desde la más remota antigüedad han existido los remedios que, extraídos de la naturaleza durante siglos, y sometidos a procesos más o menos sofisticados con el correr de la historia, últimamente por lo general son compuestos sintetizados a través de procedimientos químicos diversos; es decir, lo que solemos denominar medicinas, fármacos o medicamentos y a veces drogas.

Por lo que a estos últimos se refiere hay que hacer una salvedad y una disquisición intencionada pero muy breve y de gran interés por tratarse de una situación preocupante y en ascenso continuo y peligroso en relación con las mujeres de las grandes urbes españolas. Al igual que las de otros países similares, la ingesta de fármacos es mayoritaria por parte de ellas que por la de los hombres (48,8 por ciento y 41,8 por ciento respectivamente), a expensas sobre todo de analgésicos, tranquilizantes, estimulantes y adelgazantes, ingeridos con gran frecuencia indiscriminadamente, por iniciativa propia o sugerencia ajena o remedando el quehacer del especialista que los aconsejó en otra ocasión. Comoquiera que sea, los productos a que nos referimos no deben formar parte de lo que denominamos autoauxilios, pues dada la complejidad que los caracteriza, precisan de un manejo e indicaciones muy precisas, así como de las contraindicaciones que deben ser sopesadas y pertenecer a la responsabilidad del especialista conocedor de ambas.

Respecto a los profesionales, los hay ortodoxos, así como heterodoxos, eclécticos e incluso anárquicos en todos los quehaceres de la vida y también en estos.

En cuanto a quienes utilizan sólo los medicamentos para afrontar las crisis (médicos generales y especializados en psiquiatría comúnmente) y conciben éstos como el elemento exclusivo y por excelencia para su resolución, suele considerárseles como dentro del biologismo más ortodoxo. Existen otros también que, concediendo mayor importancia a estos aspectos, sin negar la existencia e influencia de los factores psicosociales, si bien no se dedican a ellos en su relación con la persona en crisis, no se oponen e incluso pueden sugerir la oportunidad de otro u otra especialista, que puede atenderlos simultáneamente a la ayuda de medicamentos que prescribe; como también existen profesionales cuya atención procura enfocar y atender todos los aspectos citados, en el intento de una comprensión integral de la persona que demanda ayuda.

Lo cierto es que el sistema sanitario actual de nuestro país propicia aún los tratamientos medicamentosos como norma más generalizada y la formación de profesionales y especialistas en cuestiones de salud y enfermedad es mayoritariamente biologista. Depende en gran parte de la sensibilidad, el interés y la economía del propio profesional, y de la adquisición de una formación, tan sólida como aquélla, en los aspectos psicosociales que conforman la integridad del ser humano y también de su empeño y voluntad personales por cultivarlos como elementos de ayuda, lo que explica la irregularidad de su distribución, no sólo en diferentes lugares de nuestra geografía, sino incluso en distintas zonas de una misma ciudad o región.

En mi opinión, los medicamentos, utilizados en exclusiva, tienen la ventaja/desventaja de borrar, después de un periodo de latencia más o menos corto, los signos más ostensibles y quizá significativos de la crisis, lo que en casos extremos conduce a la tranquilidad-ignorancia, si bien en dosis adecuadas pueden ser de utilidad, sin impedir la reflexión y el análisis de la situación vital en que apareció la circunstancia crítica, aminorando o haciendo más soportables algunos de sus signos, cuando resultan intolerables para la persona. En consecuencia, también pueden constituir el remedio ideal para quien no abriga más pretensión que aliviar o erradicar el sufrimiento presente y seguir viviendo.

Las consultas a psicólogas/os y psiquiatras

En torno a estas y estos profesionales y sus cometidos, suelen existir frecuentes confusiones por parte de las personas, posibles demandantes de sus servicios, debidas unas a mala información o falta de ella y otras no ajenas al hecho general de que unos y otros poseen conocimientos para poder prestar ayuda a los aspectos psíquicos del individuo.

Principalmente, la psicología atiende las funciones psíquicas humanas con los distintos enfoques que le permiten las diversas escuelas existentes en su seno. Dado que no comprende la formación médica, le está vedada la utilización de fármacos o medicamentos.

Por lo que a la psiquiatría se refiere, es la especialidad médica que se ocupa de las enfermedades y/o trastornos mentales o psíquicos de procedencia diversa, en cuyo tratamiento pueden utilizarse medicamentos por parte de estos/as especialistas, dada su formación previa en Medicina. También esta profesión es hoy día el resultado de múltiples orientaciones, escuelas o líneas de comprensión teórico-prácticas en cuanto al sufrimiento mental respecta, de manera que las normas de actuación entre un/a psiquiatra u otro/a pueden diferir llamativamente, al igual que entre unos psicólogos o psicólogas y otros u otras.

Las psicoterapias

En esencia, son métodos de ayuda basados en elementos psicológicos, pudiendo llevarlas a cabo tanto profesionales de la psicología como de la psiquiatría formados especialmente para ello.

Según algunos autores, podrían citarse casi trescientos tipos de psicoterapias; no obstante, atendiendo a su comprensión como métodos o técnicas basadas en una determinada concepción del sujeto humano, cuya situación se aborda a través de una serie de elementos estructurados regladamente y aplicados con la finalidad de alcanzar objetivos determinados, que alivien y/o coadyuven a superar la crisis de la persona en cuestión, podríamos resumirlas en cuatro grandes bloques de acuerdo con J. L. Tizón entre otros autores:

a) De origen psicoanalítico.
b) Fenomenológico-existenciales y experienciales.
c) Conductuales y cognitivo-conductuales.
d) Sistémicas.

En realidad, a partir de estos cuatro troncos básicos las modalidades son muy diversas y tan numerosas como para acercarse sin duda a los varios centenares referidos.

Aunque las psicoterapias forman evidentemente técnicas

con fines curativos, o de tratamiento de las personas en situaciones de especiales alteraciones o sufrimiento psíquico, también, en su mayoría, son utilizadas para la formación de quienes se especializan en ellas, sujetos a su vez no al margen de conflictos y contradicciones más o menos acusadas como todos los humanos.

La duración y las características con que cada una de las modalidades psicoterapéuticas se llevan a cabo, siempre sobre la relación esencial demandante-psicoterapeuta (relación psicoterapéutica), vienen cifradas en líneas generales por cada «reglamento» o tipo de estructuración que las caracteriza en su concepción y entidad, y reflejados en el cómo, dónde y durante cuánto deben de prolongarse.

Existen aversiones y aficiones múltiples con respecto a estas técnicas por parte de las personas en general: desde considerar que pueden homogeneizar la individualidad de cada cual, haciéndole perder sus rasgos de identidad o estilo que la distinguen de todas y cada una de las otras, hasta creer o esperar de ellas que sean el medio a través del cual alcanzar de una vez por todas y definitivamente una situación de bienestar completo y, por tanto, ausencia de inquietudes, temores o sufrimientos a lo largo de la vida. Entre uno y otro extremo existen toda una amplia gama de prejuicios y esperanzas respecto a estos métodos de tratamiento, más acordes por lo general con lo que de ellas cabe esperar.

Por supuesto, nadie, después de una psicoterapia, se convierte en «clónico» de ninguna otra persona, ni logra el paraíso en la tierra. En resumidas cuentas, aprende a través del proceso que comportan, a conocerse más plenamente como persona con todo lo que ello significa y/o adquirir mayor capacidad, que previamente, para autogobernarse en unos u otros aspectos (inconscientes, relacionales, comportamentales y dentro del sistema o subsistemas sociales por los que discurre su vida), lo que conlleva en consecuencia la modificación de ciertas características, tan excesivas e indeseadas por la propia persona, que demasiadas veces la inducen a percibir la vida como un dolor insoportable o lo más parecido a «un infierno»; todo ello suele posibilitar el desarrollo de capacidades postergadas u obturadas, por circunstancias más o menos perdurables con anterioridad, a lo largo de su existencia.

Algunas psicoterapias, por sus características específicas, son *individuales*, es decir, abarcan en la relación terapéutica a una sola persona demandante de ayuda y un/una psicoterapeuta, o bien varias/os demandantes y uno/a o más psicoterapeutas, que trabajan en coordinación, estructura típica de las psicoterapias *de grupo* con sus modalidades correspondientes (personas de edades y problemáticas similares o diversas, familia, pareja, etc.).

Internamiento en un centro clínico

Esta circunstancia suele producirse a través de distintas vías: petición de la persona en crisis; solicitud de sus familiares, allegados y/o conocidos; representantes del orden público o la autoridad legal, requeridos a veces a instancia de los más próximos al sujeto.

Una vez ha tenido lugar el internamiento y si éste se ha producido de manera forzosa, es decir, en contra de la voluntad de la persona, la legislación al respecto tiende a velar por los derechos de la misma, como ciudadana/o que por circunstancias especiales debe permanecer más o menos tiempo en el referido centro.

Las circunstancias que lo propician más frecuentemente suelen ser: por parte del sujeto, sufrimiento extremo individual que le hace temer seriamente por su vida o su integridad psíquica, o no poder controlar impulsos autolesivos o autolíticos u hostiles en mayor o menor grado hacia los demás; por parte de sus allegados en uno u otro rango, así como los representantes de la autoridad: la incapacidad para mejorar la situación de la persona, a través de utilizar algunas de las alternativas de ayuda anteriores que hayan tenido a su alcance, a pesar de lo cual parecen existir graves riesgos para la integridad de la persona en crisis y/o sus más próximos.

Los tipos de ayuda que suelen proporcionarse en estos establecimientos son mayoritariamente psicofarmacológicos, en tanto que los psicoterapéuticos reglados no existen de manera habitual y normalizada todavía en la totalidad de nuestro territorio, donde se encuentran desigualmente implantados, por motivos similares a lo que mencionábamos al comienzo de este breve epígrafe sobre ayuda especializada.

VII. FORMAS ALTERNATIVAS

Son las llevadas a cabo en general por los todavía escasos profesionales de ambos sexos de la psicología y la psiquiatría, a que indirectamente se refería la cita de R. E. Gould con que iniciábamos el capítulo anterior.

El término *alternativo* en este caso hace referencia o tiene al menos dos vertientes, que, en cuanto a las mujeres, son concordantes entre sí:

1. Una relacionada con formas no tradicionales de instrumentalización de ayuda a la persona en crisis.
2. La otra está en relación con la especificidad del sujeto mujer, en tanto que individuo en el mundo o al menos en una sociedad estructurada de tal forma, que por el hecho de su sexo se la hace subsidiaria de una socialización específica que, en general y también en los aspectos psíquicos (emocionales, afectivos, intelectivos, actitudinales, simbólicos, etc.), contribuye a la adquisición de características semejantes a las de los individuos pertenecientes y componentes de los grupos minoritarios, aunque el de las mujeres sea mayoritario desde el punto vista demográfico.

Estas segundas, *grosso modo*, son las adquiridas e internalizadas por los colectivos o las culturas subordinadas a las hegemónicas, formando parte de su identidad individual y de grupo, en concordancia, por lo común, con el desarrollo o desempeño de unos determinados cometidos sociales, como hemos referido con más o menos insistencia a lo largo de los diferentes capítulos de este libro.

Desde mi punto de vista, sin embargo, también pudieran considerarse alternativas o una alternancia de las tradicionales, cuando las distintas modalidades de estas últimas incorporan en su seno el análisis de las circunstancias y los significados de las crisis de las mujeres, con la especificidad que todavía les corresponde, según las características de las etapas de su ciclo vital y biofisiológico en que se hallen, la generación y estatus socioeconómico a que pertenecen y el contexto social en que se encuentren, de manera que dichas técnicas experimentan a su vez una revolución o crisis que las obliga a redefinirse a sí mismas, y además a una reestructuración de sus concepciones teóricas y prácticas.

La atención a mujeres desde una perspectiva no sexista

Como he apuntado ya en publicaciones anteriores, en mi opinión, el feminismo o movimiento de liberación de la mujer, a través de sus distintas corrientes, ha significado y continúa significando entre otras muchas cosas, un elemento de cambio a través de la revisión «crítica» de los saberes considerados científicos y oficiales, a expensas de lo que en su origen fue una visión y/o reflexión «alternativa», a partir de la propuesta del sujeto mujer como individuo también protagónico de la historia humana y no como consecuencia de su visión y comprensión desde el sexo-género hegemónico masculino. Esta propuesta, reflexión y reconsideración de saberes adjetivados en su día como «contraculturales», «subculturales» o «minoritarios», ya están formando parte, paulatina pero inexcusablemente, de todo aquello que pretenda ser científico en un sentido más riguroso, amplio y comprensivo de las complejidades de los individuos, primera y última razón de ser de su existencia. Esta incorporación de conocimientos, en el mejor de los casos, no debe significar un tipo de saber y quehacer «acumulativo» o «sumativo» de enfoques o disciplinas fragmentados e inconexos, sino integrador de todos ellos y que propicie así una concepción holística de cada sujeto.

Sobre estas realidades y presupuestos, profesionales mujeres —feministas inicialmente—, en muchos otros países y desde hace algunos lustros en el nuestro, iniciamos este tipo de andadura nueva, incierta, denostada por la mayoría de colegas, cuando no ignorada o depreciada también, pero cada día más valorada y respetada por quienes afrontan su tarea con pretensiones de rigor, progreso y visión realmente científicos.

Pero no quisiera ser malinterpretada en este punto. El ser profesional mujer no es sinónimo de poseer esta comprensión de la realidad y la especificidad de las personas. La ideología hegemónica lo es, porque coloniza las ideas y las creencias de la mayoría de los hombres y las mujeres que las internalizan y llevan a cabo, en general, los papeles «convenientemente asignados», según la misma y en tanto que profesionales concretos.

Los profesionales de distinto sexo que han adquirido esta manera de comprensión respecto a las mujeres y, en consecuencia, de los hombres, adoptan o estructuran sus técnicas de ayuda en virtud de varios ejes fundamentales:

1. La mujer como sujeto y no como secuela o consecuencia del hombre y por tanto «lo femenino» *de igual valor* que «lo masculino».
2. La biología no fatalmente determinadora del acontecer humano, sino como uno de sus ingredientes básicos y, como los demás, modificable hasta ciertos límites.
3. El sexismo institucional discriminador, desde el punto de vista sexual y el sistema o cultura patriarcal, en el que están inmersas, como invalidante tanto para unos como para otros individuos, a tenor de su socialización como género determinado, según su sexo.

Grupos de autoconciencia

Orientados desde una perspectiva no sexista, aun con variaciones y matices diversos, tienen su origen, sin embargo, en los así denominados a finales de 1960 por el feminismo anglosajón (*Consciousness-Raising Groups*). La dinámica, el desarrollo y los objetivos de aquéllos se basaban, esencialmente, en la puesta en común y el análisis de las experiencias individuales de un cierto número de mujeres, que en el transcurso del grupo y a lo largo del tiempo devienen individuos paradigmáticos las unas para las otras, tanto en cuanto a capacidades para dar y recibir ayuda como en cuanto a significar ejemplos individuales estimulantes y dignos de emulación entre sí, sin necesidad del referente masculino como canon único o mayor.

Este tipo de «modelo operativo» o técnica viene siendo utilizado cada vez con más frecuencia en nuestro país, desde que se iniciara a mediados de 1970, dependiendo aún hoy, en la inmensa mayoría de los casos, de la iniciativa y las posibilidades de mujeres profesionales feministas, cuya misión esencialmente es la de coordinadoras de dichos grupos, aunque, por lo general, suelen estar especializadas previamente en técnicas psicoterapéuticas determinadas.

Consejo u orientación terapéuticos

Cuando en 1979 me referí por primera vez a estas cuestiones en otra publicación de entonces, fue a través de trabajos de autoras norteamericanas en su mayoría, sin que existiese en nuestro medio este tipo de ayudas, al menos de forma conocida por la gente en general y en todo caso, sólo como producto de experiencias aisladas, individuales y singulares o muy poco numerosas.

Hoy, pasados estos años, a través del impulso del feminismo y de mujeres concretas dentro de él, así como de instituciones surgidas desde el mismo, en un contexto democrático y orientadas a potenciar a las mujeres como sujetos de derechos y responsabilidades, aunque no de forma homogénea ni suficiente todavía, ya existen, sin embargo, en cantidad y calidad suficientes como para ser conocidas, útiles y significativas para muchas.

Profesionales diversas, asociaciones no gubernamentales e instituciones capaces de servir como puntos de referencia, orientación y ayuda a mujeres en situación de crisis, constituyen hoy una realidad casi recién nacida desde el punto de vista histórico, pero necesaria e imprescindible en cuanto a estas personas y situaciones se refiere.

Su cometido fundamental consiste, sobre todo, en el asesoramiento y la información de cómo y a través de quiénes canalizar las demandas en circunstancias críticas (de tipo legal, económico, salud en general, psicológico, administrativo, etc.), contribuyendo con ello a esclarecer en muchas ocasiones el qué hacer y cómo hacerlo con ayuda de aliadas expertas en estos asuntos.

A MODO DE EPILOGO

EN EL UMBRAL DE OTRO CUARTO DE SIGLO Y CON UN PIE EN EL AÑO 2001

Cumplido el año 2000 cabe esperar que la mayoría de las cincuentañeras de hoy iniciará su tránsito, antes o después, hacia la vejez, y las de decenios anteriores se adentrarán en adulteces más o menos maduras, en una sucesión de generaciones interrelacionadas a través de ilusiones, éxitos, fracasos, conflictos y proyectos. En cualquier caso y si, como parece, la esperanza de vida tiende a seguir aumentando para todas las personas y aún más para las mujeres, es fácil suponer que a final del siglo XX muchas se encontrarán aún con otro cuarto de siglo por delante, como caudal de vida a utilizar.

Me agradaría creer que entre quienes nos han acompañado hasta aquí, a lo largo de estas páginas, hubiese muchas personas de ambos sexos que coincidiesen en traspasar el dintel de este siglo con el deseo y el empeño de que la próxima centuria significase un crisol de voluntades aunadas en la consecución de un sistema de convivencia propicio para todos en general, de libertades y medios suficientes para permitirles ser protagonistas de sus vidas, en interrelación solidaria con sus semejantes. Más allá y más acá de las características que hasta hoy han servido como pretexto al poder o los poderes, y al margen de diferencias de grupos y personas, el hecho incuestionable es, al menos para mí, que entre todas albergamos los valores propios, reconocidos o no, de lo humano.

Es cierto que a finales del milenio estamos asistiendo a convulsiones, cambios, revoluciones de uno u otro signo y crisis de la más variada índole, que a veces nos pueden hacer temer, a consecuencia de la confusión reinante y característica de estas situaciones, lo peor para todos.

Sin embargo, después de lo ya escrito, no puedo dejar de percibir en ellos una serie de analogías con lo ya dicho.

Si ampliamos el diafragma de nuestra cámara fotográfica o, lo que es lo mismo, el punto de vista que aplicamos a lo cotidiano, cabe intentar afrontar esta etapa histórica a través de preguntas o cuestiones, cada cual desde el lugar y la responsabilidad que corresponda, sobre lo que deseamos más sinceramente, sin olvidar que la legitimación de los deseos de unos no puede ser a expensas de la negación o el olvido de los de otros y que sólo la equidad en su reparto puede propiciar una existencia más deseable o menos ingrata para todos, a nivel individual y colectivo.

Hoy ya no cabe dudar que vamos aprendiendo cómo cada cultura niega que existan determinadas realidades, precisamente porque existen, pero pretendiendo que permanezcan ocultas e invisibles, aunque éstas, ya que existen, se rebelan y reaparecen antes o después como partes de la realidad humana, con la necesidad de emerger a través de la compleja dinámica que es el vivir, tanto personal como histórico-social.

Quienes lleguen o lleguemos a cruzar el dintel del siglo próximo, en tanto que mujeres de distintas generaciones y ya veremos si del mismo o parecido estrato socioeconómico, según los avatares al respecto, espero que participen o participemos en la eclosión de ese mundo más justo y mejor para todas, no a costa o en detrimento de los hombres, sino compartiendo *razonable y emocionalmente* todo tipo de capacidades y responsabilidades, de manera que todas las personas contribuyan o contribuyamos a hacer girar la rueda de la vida, sin que ello haga desfallecer a algunas a consecuencia del excesivo bienestar de otras.

Posiblemente las generaciones jóvenes seguirán aprendiendo de los errores y los aciertos de las precedentes y serán a su vez fuente de experiencias aceptadas y/o negadas por su descendencia, pero estimo que no deben abandonar a aquéllas de las que provienen en el camino de la vejez y hasta la muerte, porque ésa es también otra etapa vital, la última, por la que también transitarán seguramente y nunca sobran guías o ejemplos, a seguir o no, pero puntos de sustentación vital a fin de cuentas.

La liberación o el logro de las libertades y de la dignidad humanas se obtienen en tanto que se lucha por ellas y la propia lucha vivifica y va desatando nudos y opresiones. Si la afirmación de que «Dios ha muerto» corresponde a la verdad, razón de más para que todas las personas cuidemos las unas de las otras en este tiempo y espacio que denominamos vida, conservando el único hábitat planetario que hasta hoy nos es propicio.

Las mujeres que serán o que seremos «las del siglo pasado», cuando se inicie el próximo, y sobre todo las que batallamos y continuarán o continuaremos haciéndolo por un mundo más justo y más humano, seguro que seremos más viejas y estaremos algo más cansadas, pero también habremos alcanzado un poco más de sabiduría, gracias a lo vivido, reflexionado y compartido.

BIBLIOGRAFIA

Ackerman, Nathan W., *Family Process,* Basic Books Inc. Publish., Nueva York, 1970.

Adams, Margaret, *Single Blessedness,* Heineman, Books Ltd., Londres, 1976.

Adelson, Joseph (ed.)., *Handbook of Adolescent Psychology,* John Wiley and Sons. Inc., Nueva York, 1980.

Alberdi, Inés, *Historia y Sociología del divorcio en España,* C.I.S., Madrid, 1979.

Alberoni, Francesco, *Enamoramiento y amor,* Gedisa, Barcelona, 1980.

Aries, Ph., *L'Homme devant la mort,* Seuil, París, 1977.

—, *La Muerte en Occidente,* Argos Vergara, Barcelona, 1982.

Balbo, L., *Stato de famiglia,* Etas Libri, Milán, 1976.

Bardwick, J. M (ed.)., *Readings on the Psychology of Women,* Harper & Row Publish., Nueva York, 1972.

Beauvoir, S. de., *El Segundo Sexo,* Siglo XXI, Buenos Aires, 1975.

—, *La plenitud de la vida,* Edhasa, Barcelona, 1980.

Benet, M. K., *El ghetto de las secretarias,* Kairós, Barcelona, 1975.

Bock, G. y Nobili, G., *Il corpo delle donne,* Transeuropa, Bolonia, 1988.

Bohannan, P., *Divorce and After,* Doubleday, Comp. Inc., Nueva York, 1970.

Borrello, G. y Fiorillo, Cl., *El pensiero parallelo,* Liguori, Nápoles, 1986.

Burin, M., *Estudios sobre la subjetividad femenina,* Grupo Editorial Latinoamericano, Buenos Aires, 1978.

Campo, S. del., *La evolución de la familia española en el siglo XX,* Alianza Universidad, Madrid, 1982.

Conde, R. (ed), *Familia y cambio social en España,* C.I.S., Madrid, 1982.

Chorodow, N., *The Reproduction of Mothering,* Univ. California Press, 1987.

Dio Bleichmar, E., *La depresión en la mujer,* Temas de Hoy, Madrid, 1991.

Dominian, J., *Marital Breakdown,* Penguin Books, Londres, 1969.

Douglas, M., *Símbolos naturales,* Alianza Universidad, Madrid, 1988.

Erikson, E. H., *Historia personal y circunstancia histórica.* Alianza Editorial, Madrid, 1979.

—, *El ciclo vital completado,* Paidós, Buenos Aires, 1985.

Freedman, A. M., Kaplan, H. I. y Sadock, B. Y., *Tratado de Psiquiatría,* Vol. II, Salvat, Barcelona, 1982.

Friedman, B., *La mística de la feminidad,* Júcar, Barcelona, 1974.

Fromm, E., Horkheimer, M., Parsons, T. y otros., *La familia,* Península, Barcelona, 1974.

Goldthorpe, J. E., *Family Life in Western Societies,* Cambridge Univ. Press, Londres, 1987.

González Duro, E., *Las neurosis del ama de casa,* Eudema, Universidad Complutense, Madrid, 1989.

Gornick, V. y Moran, B. (ed.), *Women in Sexed Society,* Basic Books. Inc. Publish., Nueva York, 1971.

Grasso, L., *Madre, amore, donna,* Guaraldi, Florencia, 1977.

Heiss, J., *Family Roles and Interaction,* Raud McNally and Company, Chicago, 1968.

Heller, A., *Sociología de la vida cotidiana,* Península, Barcelona, 1977.

Hite, S., *Women and Love,* Alfred A. Knopf, Nueva York, 1987.

—, *Estudio de la sexualidad femenina,* Plaza y Janés, Barcelona, 1976.

Horney, K., *Nuestros conflictos interiores,* Psique, Buenos Aires, 1963.

—, *La personalidad neurótica de nuestro tiempo,* Paidós, Buenos Aires, 1968.

—, *Psicología femenina,* Psique, Buenos Aires, 1970.

Huber, J. (ed.), *Changing Women in a Changing Society,* Univ. Chicago Press, 1975.

Konopka, G., *The Adolescent Girl in Conflict,* Prentice Hall Inc., Nueva Jersey, 1970.

La Rossa, R. y La Rossa, M., *Transition to Parenthood,* Sage Publications, Londres, 1981.

Leslie, G. R., *The Family in Social Context,* Oxford Univ. Press., Nueva York, 1967.

López Pintor, R. y Toharia, J. J., *Separación y divorcio en España,* Ministerio de Trabajo y Seguridad Social, Madrid, 1989.

Mizrahi, L., *La mujer transgresora,* Grupo Editorial Latinoamericano, Buenos Aires, 1987.

Oakley, A., *Becoming A Mother*, Martin Robertson C. Ltd., Oxford, 1979.

Ortega y Gasset, J., *El tema de nuestro tiempo*, Espasa-Calpe, Madrid, 1935.

Rappoport, Rh. y Rappoport, R. (ed.), *Working Couple*, Routledge and Kegan Paul Ltd., Londres, 1978.

Reale, E., Sardelli, V. y Castellano, A., *Malattia Mentale e Ruolo della Donna*, Il Pensiero Scientifico, Roma, 1982.

Rossanda, R., *Le Altre*, Saggi Bonpiani, 1979.

Sáez Buenaventura, C. (ed.), *Mujer, Locura y Feminismo*, Dédalo, Madrid, 1979.

—, *Sobre Mujer y Salud Mental*, La Sal, Barcelona, 1988.

Sau, V., *Ser mujer: el fin de una imagen tradicional*, Icaria, Barcelona, 1986.

Schofield, M., *The Sexual Behavior of Young People*, Lohgmans Group Ltd., Londres, 1965.

Smelser, N. J. y Erickson, E., *Themes of Work and Love in Adulthood*, Harvard Univ. Press, Massachusetts, 1980.

Sullerot, E., *Pour le meilleur et sans le pire*, Fayard, París, 1984.

Watzlawick, P., Weakland, J. y Fisch, R., *Cambio*, Herder, Barcelona, 1976.

Weideger, P., *Menstruation and Menopause: The Mith and the Reality*, Alfred A. Knopf, Nueva York, 1976.

Otras publicaciones y revistas

Informe de la Juventud en España 1988, Ministerio de Asuntos Sociales, Madrid, 1988.

La Mujer en Cifras 1992, Instituto de la Mujer, Ministerio de Asuntos Sociales, 1991.

I Jornadas sobre Mujer y Salud Mental, Instituto de la Mujer, Ministerio de Cultura, Serie «Documentos» núm. 6, Madrid, 1986.

Las Familias Monoparentales, Instituto de la Mujer, Ministerio de Asuntos Sociales, Serie «Debate» núm. 5, Madrid, 1988.

La Mujer en la Comunidad de Madrid, Dirección General de la Mujer de la CAM, Madrid, 1989.

Encuesta Nacional de Salud, Ministerio de Sanidad y Consumo, Madrid, 1989.

La Salud de las Mujeres en Atención Primaria, Federación de Asociados para la Defensa de la Sanidad Pública, Madrid, 1991.

Revista *ELLE*, junio 1991.

Revista *Cosmopolitan*, agosto 1992.